Geheimnis der Namen

Wulf von Wolf gewidmet

Zoltán Szabó · Ingrid Szabó

Geheimnis der Namen

Runenkombinationen für Namensdeutung und Orakel

Stellungnahme des Verlages: Warum wir an der »alten« Rechtschreibung festhalten

Wir halten die »neue« Rechtschreibung für eine Fehlgeburt, und das konnte auch gar nicht anders sein, weil der Ansatz der Reformer war, das Schreiben einfacher zu machen. Wir als Verlag veröffentlichen unsere Bücher aber für Sie, liebe Leserin/lieber Leser - Sie sollen es als Leser einfach haben. Das Lesen und das Verständnis ist bei vielen Regeln der »alten« Rechtschreibung einfacher und klarer. (Denken Sie nur einmal, daß nach der neuen Rechtschreibung, zwei Autoren kein Buch mehr zusammenschreiben können, es hieße dann immer, sie hätten es zusammen geschrieben, auch wenn sie es zusammengeschrieben haben.) Im übrigen sind die neuen Regeln nun auch nicht eben frei von Widersprüchen. Auf Wunsch senden wir Ihnen gerne ein ausführliches Info mit den wichtigsten Ungereimtheiten am »Neuschrieb«.

1 2 3 4 5 6 7 14 13 12 11 10 09 08 07 06 05 04 03 02 01 00

Zoltán Szabó
Ingrid Szabó
Geheimnis der Namen
Copyright © Neue Erde GmbH, 2000

Lektorat: Andreas Lentz
Titelseite: Dragon Design
Satz und Typo: Dragon Design
Gesetzt aus der Minion

Gesamtherstellung:
Wiener Verlag, Himberg

Printed in Austria

ISBN 3-89060-033-6

NEUE ERDE Verlag GmbH
Rotenbergstr. 33 · D-66111 Saarbrücken
Deutschland · Planet Erde

Inhaltsverzeichnis

»Wort mich von Wort zu Wort führte«

HABENT SUA FATA NOMINA

Im Namen liegt Macht, das Benennen entspricht einer geistigen Inbe-
sitzname. Der Mensch bezeichnet die Erscheinungen der Welt, damit
er sie in seine Gedankenwelt einordnen und dadurch beherrschen
kann. Das Unbekannte erzeugt Angst. Ein Geräusch in der Nacht kann
mich erschrecken, es könnte ja ein Einbrecher sein. Sobald ich aber den
Grund der Störung erkannt habe, ach ja, es war nur die Heizung, kann
ich beruhigt weiterschlafen. Ein Arzt, der einen Kranken untersucht,
sucht nach dessen Krankheit, denn ohne die Benennung der Krankheit
kann er dem Patienten nicht helfen. Das ist zwar nicht immer die beste
Methode, doch der Arzt hat gelernt: ohne Diagnose keine Therapie.
Diese Zusammenhänge werden schon in der Bibel deutlich: Gott bringt
»allerlei Tiere auf dem Felde und allerlei Vögel unter dem Himmel« zu
dem Menschen, damit er sie benenne. »Und der Mensch gab einem
jeglichen Vieh und Vogel unter dem Himmel und Tier auf dem Felde
seinen Namen« und erlangte dadurch Herrschaft über diese, was im
Sinne des biblischen Gottes lag.

Mit der Benennung wurde also der Mensch innerlich Herr über
den Gegenstand. Deshalb liegt im Namen eine geheimnisvolle, zauber-
hafte Kraft verborgen. Ganz besonders gilt dies für die Namen von
Menschen, Göttern und Dämonen. Schon die Kenntnis des Namens
verleiht Macht über den Namensträger, wie es etwa im Märchen von

Rumpelstilzchen klar zum Ausdruck kommt. Es ist nicht gut, den Teufel beim Namen zu nennen, denn er könnte womöglich erscheinen, und wer weiß, was er dann veranstaltet. Genauso gefährlich könnte es sein, den Namen Gottes zu berufen. Zwar könnte Er helfen, Er könnte aber auch, falls Er schlechte Laune hat, einen auf der Stelle vernichten. Aus diesem Grunde erklären die Juden Gottes Namen für unaussprechlich, und alle Religionen verwenden Ersatz-Namen, um Gott sicherheitshalber nicht direkt mit Namen ansprechen zu müssen.

Um diese Zusammenhänge zu verstehen, müssen wir nicht unbedingt nach Gott und Teufel greifen. Daß der Name mit Macht und Verpflichtung verbunden ist, kennt jeder aus dem alltäglichen Leben. Jeder Verkäufer lernt in der Verkaufsschulung, daß er die Kunden möglichst oft mit dem Namen ansprechen sollte. Sobald der Kunde seinen Namen hört, fühlt er sich persönlich betroffen und ist womöglich auch leichter bereit, etwas zu kaufen. Dieses Phänomen funktioniert selbst dann, wenn man um diesen Mechanismus weiß.

Nomen est omen: Der Name deutet schon darauf hin. Der Name ist ein Zeichen, ein Vorzeichen, das auf etwas hindeutet, nämlich auf das Schicksal des Namensträgers. Im Namen liegt also eine Vorbedeutung, eine Antizipation, eine Vorwegnahme von Zukunft und Schicksal. Name ist Schicksal. Wer seinen Namen ergründet, erforscht sein mögliches Schicksal in einer möglichen Zukunft. Wer seinen Namen erfüllt, erfüllt auch sein Schicksal. Wie kommt das?

»Bei euch, ihr Herrn, kann man das Wesen
Gewöhnlich aus dem Namen lesen.«

Diese Worte läßt Goethe den Faust zu Mephistopheles sagen, doch sie gelten nicht nur für Höllenwesen, sondern auch für die meisten Menschen. Da der Mensch als Individuum durch seinen Namen bezeichnet und identifiziert wird, identifiziert er sich selbst gern mit seinem Namen. (»Wer sind Sie?« »Max Müller«). Der Name wird zur zweiten Haut, zu etwas Körperlichem. Die unsterbliche Seele sieht es zwar nicht gern, denn es ist nicht wahr, doch der Mensch verwechselt sich oft mit seinem Körper. (Blick in den Spiegel: Das bin ich. Mit anderen Worten: Ich bin mein Körper.) Diesbezüglich schreibt Goethe an Herder:

»Der Eigenname eines Menschen ist nicht etwa wie ein Mantel, der bloß um ihn her hängt und an dem man allenfalls noch zupfen und zerren kann, sondern ein vollkommen passendes Kleid, ja wie die Haut selbst ihm über und über angewachsen, an der man nicht schaben oder schinden darf, ohne ihn selbst zu verletzen.« Je mehr ein Mensch sich in diesem engen, körperlichen Sinne mit seinem Namen identifiziert, desto mehr wird der Name zum Schicksal und seine Zukunft im Sinne dieses Namens voraussehbar. Und das ist nicht immer von Vorteil.

Kann man denn diesem Fatum entkommen, indem man seinen Namen einfach wechselt? Ja, man kann, wenn auch nur zum Teil. Jeder neue Papst legt sich einen neuen Namen zu, um die unmögliche Funktion vom Stellvertreter Gottes auf Erden besser erfüllen zu können (was aber doch nie ganz gelingt). Viele berühmte Künstler wären nicht so erfolgreich, hätten sie nicht beizeiten ihre ursprünglichen Namen gegen wohlklingende Künstlernamen getauscht. Ordensbrüder und Ordensschwestern, Kriegsmänner und stillgelegte Spione usw. wechseln ihren Namen, um als neuer Mensch ein neues Leben beginnen zu können. Jede Ehefrau, die den Familiennamen ihres Ehemannes angenommen hat, hat damit das Schicksal ihrer Herkunftsfamilie abgelegt und das Karma der Familie ihres Mannes, zumindest zum Teil, angenommen. Bei der heutigen liberalen Namensgebung bei Eheschließungen kann es auch umgekehrt erfolgen, und der Mann nimmt am Schicksal der Familie seiner Frau teil. Aus esoterischer Sicht problematisch wird es bei den heutzutage beliebten doppelten Familiennamen. Als ob nicht schon *eine* Familie eine ausreichende karmische Last darstellte, belastet man sich noch froh und freiwillig mit dem Schicksal einer zweiten Familie. Nun, es kann auch Vorteile bringen, doch immer bedeutet ein Doppelname auch doppelte Verpflichtung.

»Wer seinen Namen wechselt, wechselt auch sein Schicksal« – so steht es im jüdischen Talmud. Aus solch wahrer Erkenntnis und Lebenseinstellung entstehen manchmal Bräuche, über die der moderne Zeitgenosse nur amüsiert lächeln kann. Aber wer weiß? So existiert, nicht nur im Judentum, der Brauch, in Krankheitsfällen dem Kranken einen neuen Namen zu geben. Hierdurch werden die Krankheitsdämonen verwirrt und irre gemacht, sie können den Patienten nicht mehr so schnell finden, und die Genesung kann schneller und besser erfolgen.

Freilich ist es für den Menschen am besten, seinen Namen und sein Schicksal mit Leben und Sinn zu füllen, und zwar positiv, so, daß man am Ende nicht allzu viel zu bedauern und zu bereuen hat. Trotzdem kann man manchmal, etwa durch Namensänderung, das Schicksal verändern, das Schicksal ein wenig selbst gestalten. Schließlich sind wir nicht nur vorbestimmte Wesen, sondern auch frei, frei in der Wahl unserer Entscheidungen. Wer im Laufe seines Lebens seinen Namen ändert, dessen Schicksal war es eben, seinen Namen zu wechseln. Und dennoch hat er dies freiwillig getan. Hier scheint das dialektische Verhältnis zwischen Vorbestimmtheit und Freiheit auf, und es wird auch schlagartig klar, wie lebenswichtig es sein kann, etwa einem Neugeborenen den richtigen, passenden Namen zu geben. Nennen Sie also Ihren Sohn niemals Blödel (Name von Attilas Bruder); obwohl der Name historisch belegt ist, würde das Kind schon in der Schule enorme Schwierigkeiten bekommen.

Im Namen liegt also ein großes Geheimnis. Um dieses zu ergründen, muß man die Tiefen von Wort, Begriff und Name mit Hilfe von Buchstaben, Lauten und Runen ausloten. Und manchmal muß man auch mit Worten spielen:

»Animus und Anima haben Animo,
Dominus und Domina spielen Domino.«

Wort, Begriff, Name

Die Lehre von der okkulten Namensdeutung heißt auch *Onomantie:* Weissagung aus Namen in Hinblick auf Wesen und Schicksal des Menschen. Die meisten Bücher zum Thema verwenden ausschließlich die Methode der *Arithmomantie,* das ist die Weissagung aus Zahlen. Dabei werden die Buchstaben des Namens in Zahlen umgewandelt, und diese dann als Zahlen des Namensträgers gedeutet.

Dieses kabbalistische Verfahren geht auf das griechische und hebräische Alphabet zurück, weil in diesen Alphabeten eine eindeutige Zuordnung zwischen Buchstaben und Zahlen vorhanden ist. Auch im germanischen Runenalphabet FUDORK haben die einzelnen Runen eindeutige Zahlenwerte, so daß eine Namensdeutung nach der Methode der Arithmomantie auch mit Runen möglich ist. Mit diesem germanisch-kabbalistischen Verfahren arbeitet zum Beispiel der therapeutische Philosoph und Runenforscher Manfred Graf Keyserling schon seit Jahrzehnten und erzielt dabei sehr interessante Ergebnisse. Wir in diesem Buch gehen bei der Namensdeutung einen anderen Weg. Die Zahlen spielen hier keine wesentliche Rolle, außer bei der Numerierung. Vielmehr werden die Buchstaben und Laute des Namens auf Runen zurückgeführt, welche dann als Runen des Namensträgers gedeutet werden. Das ist Onorunomantie.

Wort, Begriff und Name bilden eine dreifältige Einheit von Körper, Seele und Geist. Ähnlich verhält es sich mit der Dreiheit: Buchstabe, Laut, Rune (Buchenstab). Die Sprache ist älter als die Schrift, der Laut älter als der Buchstabe. Doch noch älter ist die Rune. Rune ist hier nicht nur im engen Sinn der germanischen Runen gemeint, sondern allgemein als Zeichen. Sprachlose müssen sich durch Zeichensprache verständigen, und bevor der Mensch eine komplexe Sprache entwickelte, ritzte er Zeichen in Knochen, Holz und Stein oder zog sie mit einem Stab in den Sand – zwecks Verständigung.

Rune ist Geheimnis: Zeichen und Laut, Symbol und Name. Der Wind raunt es im Wald. Zwar werden die Wälder immer kleiner, doch der Wind nimmt zu. So kommt es, daß man das Geheimnis immer noch hören kann. Der Wind im Wald raunt einen Namen, deinen Namen, dann einen anderen und noch einen …

Geist	Name	Rune
Seele	Begriff	Laut
Körper	Wort	Buchstabe

Alles in dieser Welt, ob Stein, ob Mensch oder Gott, ist dreifach: Körper, Seele und Geist. Gott hat einen Körper und ein Stein hat Geist. Die Einheit ist einfach, aber nicht zu begreifen. Die Zweiheit ist schwierig. Durch sie kommen Zweifel, Zwiespalt und Zwietracht in die Welt. Zwar macht die Zwei die Unterscheidung erst möglich, aber die Dualität von Schwarz und Weiß, Gut und Böse usw. ist gleichzeitig die

Wurzel allen Übels in der Welt. Erst die Dreiheit bringt die Lösung: Durch die Drei läßt sich die Polarität der Zwei als neue Einheit verstehen. Die Drei macht alles wieder einfach und läßt es begreifen.

Dies gilt auch für Namen. Ein Name entspringt erst einmal dem Geist, zum Beispiel den Gedanken der Eltern, die dem Kind den Namen geben. Durch das geschriebene oder gesprochene Wort bekommt der Name körperlichen Ausdruck und sichtbare beziehungsweise hörbare Form. Der dritte oder seelische Aspekt entsteht dadurch, daß das Wort eine Bedeutung hat. Durch die Bedeutung wird das Wort zum Begriff, und genau auf diese Weise läßt sich der Name begreifen. Die drei Aspekte von Körper, Seele und Geist sind also im Hinblick auf Namen: Wort, Begriff (Bedeutung) und Name, welche wiederum der dreifältigen Einheit von Buchstabe, Laut und Rune (Buchenstab) entsprechen.

Nomen est Omen. Der Mensch trägt ein Leben lang seinen Namen, wie er sein Schicksal trägt. Seinen Namen kann er erfüllen oder ändern, sein Schicksal manchmal auch. Den Namen hört oder liest, spricht oder schreibt man, der Name erscheint also als Ton und Licht. Diese Ton-Licht-Sphäre ist eine gewöhnlich unsichtbare zweite Haut des Menschen. Sie steht mit dem elektromagnetischen Feld oder der Aura des Menschen in Verbindung. Der Namensträger ist somit auch ein Auraträger. Name ist Geheimnis. Name ist *Kala*. Im Namen ist ein Geheimnis des Geistes verkalt (verhehlt, verhüllt, verborgen). Um einen Zipfel dieses Geheimnisses zu enthüllen, müssen wir vom Buchstaben über den Laut zur Rune vorstoßen, und schon wird der Name beginnen, zu erzählen …

Namen und Vornamen

Der Nach- oder Familienname zeigt das Schicksal der Familie, das Familienkarma, ist also eine kollektive Angelegenheit der Sippe. Wenn eine Frau bei der Heirat den Namen des Mannes übernimmt, nimmt sie an seinem Sippenschicksal teil. Heutzutage ist die Namenwahl bei der Heirat auch umgekehrt möglich, und auch Doppelnamen sind weit verbreitet. In diesen Fällen gilt dann Entsprechendes.

Der Vorname ist eine individuelle Angelegenheit. Er deutet auf das individuelle Schicksal seines Trägers, er ist das persönliche Karma, woran der Namensträger ein Leben lang zu arbeiten und das er im besten Falle zu erlösen hat. Früher war es verbreiteter Brauch, dem Erstgeborenen den Vornamen des Vaters zu geben. Damit kam der Wunsch der partriarchalischen Gesellschaft zum Ausdruck, den Sohn in die »Fußstapfen des Vaters« treten zu lassen und hierdurch die Erfüllung des Familienschicksals zu fördern. Genau besehen ist dies der Versuch einer Einschränkung der individuellen Freiheit. Die heute so beliebten doppelten und dreifachen Vornamen komplizieren das Schicksal ihrer Träger, ist es doch schon schwer genug, einen einzigen Namen mit Leben zu füllen, beziehungsweise dessen karmische Möglichkeiten zu erfüllen. Der einzige Vorteil von mehrfachen Namen ist, daß der Besitzer im Laufe des Lebens die Möglichkeit hat, sich für einen Namen seiner Wahl zu entscheiden.

Bei der systematischen Namensdeutung im Hauptteil des Buches wird zwischen Vor- und Nachnamen nicht unterschieden, das heißt etwa Adam Bauer und Berta Arbeiter bekommen die gleichen Initialrunen, nämlich AR und BAR. Es ist jedoch nicht schwer und wird dem Leser empfohlen, im Sinne des oben Erwähnten zwischen kollektiven und individuellen Schicksalsanteilen abzuwägen. Auch auf die Deutung von Doppel- und Dreifachnamen (mit mehr als zwei Initialen) können wir nicht ausführlich eingehen. In diesen Fällen kann man aber die Deutung paarweise vornehmen, zum Beispiel für A, B, C unter A und B, A und C sowie B und C.

Der vollständige Name, bestehend aus Vor- und Familiennamen, ist somit der Ausdruck des Zusammenspiels von individuellem und kollektivem Schicksal. Wenn jemand Max Müller heißt, so gibt es in der Regel einen Max und mehrere Müllers in der Familie. Max Müller ist also der Max von den Müllers, man kann ihn auch den Müllerschen Max nennen.

Eine erste Deutung dieses Namens ist leicht, handelt es sich doch bei Max Müller um einen sprechenden Namen. Müller ist ein Beruf, und damit liegt die Seele (Begriff, Bedeutung) des Namens klar auf der Hand. Natürlich kann nicht jeder Mensch namens Müller den Beruf eines Müllers ergreifen, denn so viele Müller, wie es Müllers gibt, braucht kein Land. Doch wenn Herr Müller sein Leben ganz genau beobachtet, wird er feststellen, daß er die besten Resultate erzielt, wenn er im übertragenen Sinne des Wortes wie ein Müller vorgeht: Er muß mahlen und mahlen und mahlen. Wenn ihm dabei das Leben wie eine sinnlose Tretmühle erscheint, so ist etwas schiefgelaufen, dann muß er vielleicht die Getreidesorten oder gar die ganze Mühle wechseln. Dann aber wird er durch seinen ständigen Fleiß das beste Mehl erzeugen und zufrieden und glücklich sein. Und weil er auch noch Max (maximal) heißt, kann er die karmische Chance ergreifen, einer der größten Müller weit und breit zu werden, ganz gleich, was er auch immer mahlt.

Ein weiterer, sprechender Name: Was soll man tun, wenn man Schneider heißt? Schneiden und nähen natürlich. Aber Vorsicht: Wenn ich alles sinnlos und destruktiv zerschneide und zerfetze, werde ich nicht viel Gutes bewirken. Ich muß geschickt und gescheit schneiden, schneidern und nähen, damit etwa ein schöner Anzug entsteht. Mit anderen Worten: Gefragt ist die gelungene Synthese nach sorgfältiger Analyse.

Auf diese Art und Weise lassen sich alle sprechenden Namen wie etwa Schmied, Hund und Henker, Fuchs, Blum und Baum und so weiter und so fort auf der Begriffs-Ebene der Seele trefflich deuten, und wir bekommen einen ersten Eindruck davon, worum es bei der Namensdeutung geht. Natürlich geht es noch weiter und tiefer. Bei weit verbreiteten Namen wie etwa Maier (Mayer, Meyer, Meier – alles Verwalter) trägt der Namensträger erst einmal am Gruppenkarma aller Maiers mit. Dann kommt, im engeren Kreis, seine Sippe und Familie, an deren Schicksal er ebenfalls mitträgt. Erst durch seinen Vornamen kristallisiert sich das Persönliche heraus. Wenn er dann auch noch Walter heißt, so sollte er vielleicht tatsächlich Verwaltungswissenschaften studieren.

Initialen und Runen

Ein Name (Vor- oder Nachname) ist zunächst – auf der körperlichen Ebene – ein Wort. Schreiben oder lesen wir das Wort, so besteht es aus einzelnen Buchstaben, die wir sehen können. Die Deutung eines Namens auf dieser Ebene ist *Lichtmagie*. Wenn man einen Namen ausspricht oder hört, so werden aus den Buchstaben Laute. Aus Licht wird Ton. Namensdeutung auf dieser (seelischen) Ebene ist mächtiger, sie ist *Tonmagie*, welche stärker als die Lichtmagie auf die stoffliche Wirklichkeit einwirkt. Beide Arten der Namensdeutung sind möglich und wirksam. Da aber die Tonmagie stärker ist, sollte man bemüht sein, die Deutung auf der Ebene des Tones vorzunehmen. Das heißt, man sollte genau prüfen, als welcher Laut der betreffende Buchstabe ausgesprochen wird.

Tonmagie: Laut = Rune
Lichtmagie: Buchstabe = Rune

Das Leben des Menschen beginnt mit dem Einatmen und endet mit einem Ausatmen. Die Astrologie arbeitet hauptsächlich mit dem Geburtshoroskop, welches den ersten Atemzug des Geborenen zeitlich und örtlich fixiert und die dann und dort gültigen kosmischen Konstellationen aufzeichnet. Das Horoskop gilt als Initialzündung des Lebens, und der Astrologe deutet daraus Charakter und Schicksal des Geborenen für das ganze Leben. Nach der astrologischen Lehre liegt also bereits im Anfangsmoment – zumindest potentiell – das Ganze beschlossen. Diese Vorgehensweise entspricht dem magischen Prinzip »Pars pro toto« (Der Teil für das Ganze).

Die Namensdeutung nach Initialen verfährt nach dem gleichen Prinzip. »Jedem Anfang wohnt ein Zauber inne.« (Hesse). Ähnlich wie im Samen potentiell der künftige Baum enthalten ist, trägt die Initiale das Geheimnis des ganzen Namens und damit das mögliche Schicksal des Namensträgers in sich. Diese Initiale ist in der Lichtmagie der Anfangsbuchstabe, in der Tonmagie aber der Anfangslaut des Namens.

Die Seele der Sprache bilden die Vokale (Selbstlaute), während die Konsonanten (Mitlaute) den zu Stoff kristallisierten Geist der Sprache darstellen. Die Konsonanten bilden das Gerüst (Knochengerüst), die Vokale aber sind die Füllung (Fleisch). Beginnt ein Name mit einem Vokal, so betont dieser Name mehr den seelischen Aspekt, und sein Träger wird die Welt mehr gefühlsbetont und subjektiv erleben als ein anderer, dessen Name mit einem Konsonanten beginnt. Dieser wird eher zu einer verstandesmäßigen Weltsicht neigen und die Dinge mehr objektiv betrachten.

Vokal	Runenname	Runenbegriff	Chakra
I	IS	Das Ich	Scheitel und Stirn
E	EH	Die Ehe	Hals
A	AR	Der Aar	Herz
O	OS	Der Odem	Bauch (Nabel)
U	UR	Der Ur	Sex und Basis

Die IS-Rune stellt als Sinnbild unter anderem das Rückgrat dar, sie versinnbildlicht den aufrechten Menschen. Wenn alle Chakras, welche sich entlang der Wirbelsäule befinden, gut funktionieren und die Lebensenergie frei fließen kann, ist der aufrechte Mensch auch aufrichtig – selbst wenn er sich schlafen legt und sich somit in der Horizontalen befindet.

Die fünf Vokale finden ihre Resonanz im menschlichen Körper, nämlich in den sieben Chakras. Sie können sich leicht von dieser Tatsache überzeugen, Sie brauchen nur die Vokale der Reihe nach laut auszusprechen und darauf achten, wo diese im Körper am besten resonieren. Im Herzen, dem Zentrum des Menschen, befindet sich das A. Darüber finden sich die hellen und kühlen Vokale E und I, darunter die dunklen und warmen Laute O und U. Da die Vokale seelischer Natur sind und damit die »Füllung« der Sprache bilden (im Gegensatz zu den Konsonanten = »Gerüst«), lassen sie sich leichter innerhalb eines Wortes austauschen, ohne dabei die Bedeutung des Wortes zu zerstören. Mundarten und Dialekte variieren je nach Mentalität gerne die hellen und dunklen Laute. Der eigentliche Herzenslaut A spielt die Rolle des Vermittlers zwischen hell und dunkel, kalt und warm. Nach dem esoterischen Grundgesetz: Mikrokosmos (Mensch) = Makrokosmos (Universum) erkennen wir den Herzenslaut A als eigentlichen Menschen-Ton, während die Götter zum Beispiel eher im I, die Steine aber mehr im U widerhallen. Selbstverständlich sind trotzdem alle Töne auf allen Ebenen des Seins vorhanden.

Die Vokale, die eigentlichen, selbständigen Laute (Selbstlaute), bergen ein weiteres großes Geheimnis in sich: Sie erneuern das *elektromagnetische Feld* des Menschen und halten es aufrecht. Dieses elektromagnetische Feld ist nichts anderes als die *Aura* des Menschen, die stets vorhanden ist und von Hellsichtigen auch wahrgenommen wird. Die praktische Folgerung: Nur wenn alle Vokale (Chakren) im Körper frei funktionieren und die Lebensenergie ungehindert fließt, bleibt die Aura intakt und der Mensch gesund. Andernfalls können entsprechende Vokalübungen erstaunlich gut helfen.

Diese Lehre von den Vokalen liefert einen weiteren Baustein für die umfassende Deutung von Namen. Untersuchen Sie, wie viele und welche Vokale der Name enthält. Überwiegen die Vokale oder die Konsonanten? Welchen Anteil haben die hellen, welchen die dunklen Selbstlaute? Welche Chakren (Vokale) werden beim Aussprechen des Namens aktiviert und miteinander verbunden? Die Antworten auf diese und ähnliche Fragen ergeben sich aufgrund der vorangegangenen Erklärungen fast von selbst und liefern einen wichtigen Aspekt der Namensdeutung. So sind zum Beispiel die Vornamen Ida und Uda beide gefühlsbetont (Vokale überwiegen), doch Ida ist kühler und heller (I = Kopf, A = Herz), während Uda wärmer und dunkler ist (U = Unterleib, A = Herz). Udo ist noch dunkler (Unterleib und Bauchnabel). Peter und Petra sind kopfbetonter (Konsonanten überwiegen), wobei Peter sich mit dem Halschakra (E) begnügt und das gesprochene Wort (Hals) betont, während Petra lernen muß, aus dem Herzen (A) zu sprechen (E). Bei den Götternamen ist der südgermanische Wotan (Uotan) wütend-emotional und geheimnisvoller als der nordische Odin, der aber dafür bestimmt jodeln kann, da sein Name den Bauchton O mit dem Kopfton I verbindet. Und Jehova nimmt für sich in Anspruch, alle Chakren miteinander zu vereinen (IEOUA). Dies können übrigens Katzen auch, indem sie einfach miauen (M-IEAOU).

In der Namensdeutung werden nun die 26 Buchstaben (eigentlich Buchenstäbe) des Alphabets auf 16 der 18 Runen des germanischen FUDORK zurückgeführt. Dies ist möglich, weil einzelnen Runen mehrere Laute des Alphabets entsprechen, und notwendig, weil erst die Rune die Deutung des Buchstabens ermöglicht. Runen sind vielfältiger als Buchstaben. Eine Rune ist erst einmal ein Zeichen, auch ein Schriftzeichen, weil man mit Runen Wörter und Worte schreiben kann. Die Rune ist aber auch ein Symbol: ein Wahrzeichen, ein Sinnbild. Darüber hinaus ist eine Rune vor allem ein Ideogramm, also ein Begriffszeichen. Jede Rune hat einen (oder mehrere) Namen, und hinter dem Runennamen stehen mehrere Runenbegriffe, die es ermöglichen, die Bedeutung der Rune zu begreifen. Jede Rune hat auch noch einen Zahlenwert, doch ist dieser Aspekt der Runen hier kaum von Bedeutung. Diese recht große Vielfalt der Runen ermöglicht es also, den Buchstaben Sinn und Bedeutung zu verleihen, sie auf diese Weise zu begreifen und zu deuten. Runenschrift ist Lautschrift (phonetische Schrift), Runendeutung ist Tonmagie. Darum muß der geschriebene Buchstabe mit großer Sorgfalt in den gesprochenen Laut umgewandelt werden, bevor man ihn mit Hilfe der entsprechenden Rune deutet. Nur auf diese Art sind befriedigende Ergebnisse der Namensdeutung zu erwarten, obwohl natürlich auch die Lichtmagie (Buchstabe = Rune) ihre Berechtigung und Bedeutung hat. Dies alles klingt vielleicht komplizierter, als es in Wirklichkeit ist. Die praktische Anwendung wird jedoch schnell Klarheit verschaffen.

Zahlenwert	Runenname	Lautwert	Runenbegriff
1	FA	F,V	Das Feuer, der Vater
2	UR	U,V,W	Der Ur, die Wut
3	DOR	D	Der Donner
4	OS	O	Der Osterhase
5	RIT	R	Der Ritter
6	KAN	C, G, K, Q, X	Das Können, das Gen
7	HAG	H	Das Heil
8	NOT	N	Die Not
9	IS	I, J, Y	Das Ich, das Jetzt
10	AR	A	Der Aar
11	SIG	S	Der Sieg
12	TYR	C, T, Z	Die Treue, das Ziel
13	BAR	B, P	Der Born, das Paar
14	LAF	L	Das Leben
15	MAN	M	Der Mensch
16	YR	Irrtum wird ausgeschlossen	
17	EH	E	Die Ehe
18	OD	Odin spricht nicht darüber	

Die Initialen eines Namens sind in der Regel zwei Buchstaben, nämlich der Anfangsbuchstabe des Vornamens und der des Familiennamens.

Auf der Ebene der Lichtmagie werden diese Buchstaben direkt in Runen umgewandelt, und die Deutung kann vorgenommen werden. Auf der Ebene der Tonmagie zählen nicht die geschriebenen oder gelesenen Buchstaben, sondern die gesprochenen oder gehörten Töne, also die Laute, die den Buchstaben entsprechen. In den meisten Fällen gibt es auch hier keine Probleme, denn den meisten Buchstaben entsprechen eindeutige Laute: Lichtmagie = Tonmagie. Es gibt allerdings Ausnahmen, und dann muß man aufpassen und Sorgfalt walten lassen. Gesucht wird der Initiallaut des Namens, der allererste Laut, mit dem der Name anlautet. Gerade bei zusammengesetzten Lauten und ausländischen Namen ist dies nicht immer ganz einfach, doch immer möglich.

Die Runen unterscheiden nicht zwischen B und P, BAR und PAR. Dies ist ein Teil vom »Sächsischen Dreh«. Da die Germanen von den Römern, später die Ostgermanen von den Franken arg bedrängt wurden, mußten sie sich dummstellen, indem sie so taten, als könnten sie zwischen B und P nicht unterscheiden. Dadurch erlangt man Vorteile nach dem bewährten Trick: »Nix verstehen, andere Baustelle.« Später wurde ihnen dann dieses Versteckspiel zur Gewohnheit. Noch deutlicher wird dieses Phänomen beim zweiten Teil vom »Sächsischen Dreh«: Keine Unterscheidung zwischen D und T. Dieser Brauch wurde in manchen Gegenden dermaßen verinnerlicht, daß er heute noch besteht. Mal werden beide Laute als D, dann wieder beide als T ausgesprochen. Wenn man so tut, als könnte man nicht zwischen Tür und Dür oder zwischen Dor und Tor unterscheiden, so kann man Zeit gewinnen, und man geht dort durch, wo es eben günstiger ist: durch das breite Tor oder die schmale Tür. Das Ganze dient einem uralten Instinkt der Existenzsicherung und ist sehr praktisch. Der Brauch geht auf Saxnot, den Stammvater der Sachsen und Thüringer (Düringer) zurück, als Prinzip ist es aber auf der ganzen Erde weit verbreitet. Saxnot wird im »Sächsischen Taufgelöbnis« genannt: »Ich widersage allen Werken und Worten des Teufels, Thor, Wotan und Saxnot, und allen Unholden, die ihre Gefährten sind«. Es handelt sich also um eine christliche Drohung gegen die germanischen Götter nebst und zuerst gegen den christlichen Teufel, datiert aus dem 9. Jahrhundert. Von den germanischen Göttern ist Saxnot der Dritte im Bunde, er ist also Tyr (Tür) – neben Wotan und Thor. Der Dritte ist aber der Dreier, der

Dreher, ihm entspricht die dritte Rune: DOR, Thors Rune. Saxnot ist also auch Thor (Tor). Er ist demnach beides, Tyr und Thor, Tür und Tor – der Sächsische Dreh. Odin (Wotan), der Ase, hat aber die vierte Rune: OS, Odin ist der Vierer, der Führer, der Feuerer. Er ist der Chef, während der Dreher der Offizier ist. Dies nur als okkulte Randbemerkung (Kala) zu den komplizierten germanischen Lautverschiebungen.

Die Praxis ist einfacher. Nachdem die Initialen auf die Initiallaute der Namen zurückgeführt worden sind, müssen diese noch den entsprechenden Runen zugeordnet werden. Es gibt dero 18. Wotan nennt 18 Runen, nennt sie aber nicht beim Namen, benennt nur ihre Wirkungen. Bei der 18. Rune nennt er nicht einmal die Wirkung, über diese Rune spricht er nur mit seiner Frau. Alles, was Odin von den Runen verrät, steht in der *Edda* (Zauberlieder), wobei zu berücksichtigen ist, daß die Reihenfolge der Zauberlieder nicht zwingend mit der Reihenfolge des FUDORK identisch ist. Möglicherweise schon, doch nicht sicher. Runen sind höchst geheimnisvoll, bedeutet doch das Wort Rune eben Geheimnis. Um diesem schwierigen Sachverhalt gerecht zu werden und vor allem Wotan nicht zu verärgern, müssen wir behutsam vorgehen.

Die 26 Buchstaben des Alphabets werden also auf 16 Runen zurückgeführt. Die 16. und 18. Rune des FUDORK, YR und OD, werden dabei nicht verwendet. Weil Odin selbst in der Edda über OD nicht spricht, wollen wir es auch nicht tun. YR bedeutet unter anderem Irrtum. Es kann also nur von Vorteil sein, wenn wir versuchen, Irrtum auszuschließen. Und wir haben Wotans Segen. Eine einfache Anleitung für die ausführliche Namensdeutung aller möglichen Initialen finden Sie am Ende dieses Kapitels.

Namen und Runen und das Orakel

Lesen Sie einmal Ihren Namen rückwärts, von hinten nach vorne. Man sagt, in Rom liegt die Liebe auf der Straße. Das mag schon sein, denn ROMA ergibt rückwärts gelesen AMOR. Der letzte Buchstabe (Laut) eines Namens wirft Licht auf Verborgenes im Menschen, auf die Schatten-Persönlichkeit des Namensträgers. Ähnlich den Initialen können

Sie die beiden Schlußlaute des Namens (Vor- und Nachname) bestimmen, diese in Runen umwandeln und im Deutungstext nachlesen. Die Deutung bezieht sich dann mehr auf die unbewußten Persönlichkeitsanteile des Namensträgers. Ein Beispiel: Peter Müller. Die Initialen sind P und M, in Runen BAR und MAN. Peter Müller hat also unter anderem etwas vom Wesen eines *Barmannes* in sich, ganz gleich, welchen Beruf er ausübt. (Für Petra Müller hätten wir BAR-MAN = Barmensch = Barfrau.) Die Schlußlaute für Peter Müller sind R und R, in Runen RIT-RIT. Bei so viel Rollen, Rotieren und Rattern entpuppt sich für die Schattenpersönlichkeit unter anderem eine Vorliebe für Rennen jeglicher Art sowie ein ritterliches Wesen. Für diejenigen, die es mit der Tonmagie ganz genau wissen möchten: Werden die beiden Schlußlaute hier verschluckt und der Name als Peta Mülla ausgesprochen, so erhalten wir die Schlußrunen AR-AR. In diesem Fall wird Peter Müller viel arbeiten müssen und – zumindest unbewußt – von edler Gesinnung sein.

Wenn man tiefer in Wesen und Bedeutung eines Namens eindringen will, als es die Deutung der Initialen ermöglicht, muß man den Namen in einzelne Silben zerlegen und jeder Silbe eine Rune zuordnen. Für Peter Müller erhalten wir auf diese Weise Pe-Ter und Mül-Ler, in Runen BAR-TYR und MAN-LAF. Die Deutung für diese beiden Runenkombinationen kann man ebenfalls im Hauptteil des Buches nachlesen. Oder es mit einer eigenen Deutung versuchen: An der Bartür (BAR-TYR) fängt der Mensch (MAN) zu laufen (LAF) an. Damit auch die Schattenpersönlichkeit des Barmannes Peter Müller auf ihre Kosten kommt, joggt er nach getaner Arbeit von der Bartür weg nach Hause.

Scheuen Sie sich nicht, mit der Sprache, mit den Worten, Begriffen und Namen zu spielen. Auch die Götter spielen (und haben Humor). Durch den spielerischen Umgang mit Sprache und Runen erlangt man Erkenntnisse in geistige (archetypische) Sphären, wie es mit tiefernster, wissenschaftlicher Analyse niemals möglich ist. Spiel führt zu Intuition und Kunst, und Odin ist nicht umsonst der Gott nicht nur der Sprache und der Runen, sondern auch der Künstler (und der Krieger).

Die ausführlichste, allerdings auch schwierigste Art der Namensdeutung mit Runen verlangt, daß man jeden Buchstaben (bzw.

Laut) des Namens in Runen umwandelt. Bei Peter Müller: P-E-T-E-R und M-U-L-E-R, in Runen BAR-EH-TYR-EH-RIT und MAN-UR-LAF-EH-RIT. (Die Umwandlung des Namens in Runen erfolgt phonetisch, aus Ü wird U, aus doppelten Buchstaben wird einfache Rune). Solch eine komplexe Deutung von mehreren Runen sei für Anfänger nicht empfohlen. Doch wenn Sie mit Zweier- und Dreierkombinationen von Runen genügend Erfahrungen gesammelt haben, werden Sie mit dieser Methode erstaunliche Einsichten gewinnen können. Hilfreich dabei ist, die Runennamen laut auszusprechen, wodurch sich intuitive Einfälle einstellen und die Bedeutung des Namens schlagartig klar wird. Am besten beginnt man mit dem eigenen Namen, schließlich kennt man sich selbst am besten. Und wenn nicht, so werden Sie sich mit Hilfe der Runen garantiert ein Stück besser kennenlernen.

Von sprechenden Namen war schon die Rede. Gemeint ist die offensichtliche oder verborgene Bedeutung von Namen, denn ursprünglich hatte jeder Name eine klare Bedeutung (magische Tiere und Pflanzen, Eigenschaften, Berufe, Ortsbezeichnungen, Götternamen, Gegenstände usw.). Auch bei den meisten heutigen Namen kann man die Bedeutung noch feststellen, wenn auch bei manchen diese verlorengegangen oder der Name nach amerikanischem Brauch einsilbig verstümmelt ist. Die Deutung des sprechenden Namens steht keineswegs in Widerspruch zu der Runendeutung, vielmehr ergänzen sich die verschiedenen Deutungen zu einer komplexeren Bedeutung des Namens. Der Name Peter zum Beispiel ist griechischen Ursprungs und bedeutet Fels und Stein. Damit wird Peter Müller zu einem Mühlstein, der, wenn er ins Rotieren kommt (siehe vorne), sicherlich sehr effektiv ist. Oder Gerhard: Der sprechende germanische Name bedeutet »starker, harter Speer«. Die Runendeutung nach Silben ergibt: Ger-Hard, KAN-HAG = kann heilen, kann hageln. Oder etwa die amerikanische Verstümmelung Sal: Der Name könnte auf Sally zurückgehen, Sally wiederum ist eine Lallform aus der Kindersprache für den hebräischen Namen Sarah, welcher Fürstin bedeutet. Aber Vorsicht: Sal könnte auch für Samuel, Salome oder Salomon stehen. Die Runendeutung der Initiale S ergibt jedoch für alle diese Namen den gemeinsamen Nenner: Sieg und Sonne.

Runen dienen nicht nur der Namensdeutung, man kann mit ihnen –
ähnlich dem I Ging und dem Tarot – auch orakeln. Orakel ist Weissagung. Man stellt eine Frage, wirft oder zieht Runen (meistens drei),
und dann muß man die Runen nur noch deuten, denn sie enthalten
die Antwort auf die gestellte Frage (siehe auch Zoltán Szabó: Buch der
Runen, München 1985; Neuauflage 2001 bei Neue Erde). Doch ist die
Deutung zweier oder dreier Runen nicht ganz einfach. Gerade hierfür
bietet unser Buch eine ausgezeichnete Hilfe, stellt doch sein Hauptteil
nichts anderes als eine systematische und ausführliche Darstellung
sämtlicher Zweierkombinationen von Runen dar. Will man drei Runen
zusammen deuten, so muß man (wie bei drei Initialen) paarweise vorgehen: A, B, C ergibt sich aus A, B und A, C und B, C. Die Synthese der
drei entsprechenden Texte aus dem Buch ergibt eine umfassende Deutung der Runen A, B, C. »Weiß du zu ritzen? Weiß du zu raten?«

Und nun möchten Ihnen beide Autoren viel Freude, gute Einsichten und großen Gewinn mit Namen und Runen wünschen! Einen
schönen Tag noch!

Anleitung zur Namensdeutung

Der Name besteht aus Vor- und Nachnamen. Bestimmen Sie die beiden Anfangsbuchstaben des Namens. Die Reihenfolge der Initialen spielt keine Rolle, also z. B. A. B. = B. A.

Jetzt müssen die beiden Buchstaben mit Hilfe von Tabelle 1 (siehe unten) in Runen umgewandelt werden. Dabei ist zu berücksichtigen, daß bei der Runendeutung der gesprochene Laut zählt und nicht der geschriebene Buchstabe. Buchstabe und Laut stimmen zwar meistens überein, aber nicht immer. Sprechen Sie den Namen laut aus und bestimmen Sie den Anfangslaut. Insbesondere bei zusammengesetzten Lauten ist der Anlaut sorgfältig zu ermitteln.

Einige Beispiele: Eugen wird als Ojgen ausgesprochen, also zählt hier O und damit die Rune OS. Bei Philipp (Filip) ist es F (Rune FA). Georg ist normalerweise G (Rune KAN). Wird dieser Name aber »englisch« ausgesprochen: Dschordsch, dann ist der Anfangslaut D, also die Rune DOR. Bei »französischer« oder »bayerischer« Aussprache: Schorsch, haben wir hingegen S (Rune SIG).

C ist meistens K (KAN), z. B. Cornelia, manchmal aber auch Z (TYR), z. B. Cäcilie, oder S (SIG), z. B. Cynthia. V ist manchmal W (UR), z. B. Viktor, manchmal F (FA), z. B. Volker.

Für die Umlaute gilt: Ä = A, Ö = O, Ü = U.

A	AR	N	NOT
B	BAR	O	OS
C	KAN / TYR	P	BAR
D	DOR	Q	KAN
E	EH	R	RIT
F	FA	S	SIG
G	KAN	T	TYR
H	HAG	U	UR
I	IS	V	FA / UR
J	IS	W	UR
K	KAN	X	KAN
L	LAF	Y	IS
M	MAN	Z	TYR

Tabelle 1:
Umwandlung der
Anfangslaute in
Runen

Nachdem die beiden Runen gefunden worden sind, ist es ein Leichtes, mit Hilfe der Tabelle 2 die Loszahl zu ermitteln. Es ist dabei gleichgültig, ob Sie in der Tabelle die horizontalen oder vertikalen Runen für den Vor- bzw. Nachnamen wählen, Sie treffen auf jeden Fall auf die gleiche Zahl. Unter dieser Nummer finden Sie dann im Buch die Namensrunen und ihre Deutung.

	FA	UR	DOR	OS	RIT	KAN	HAG	NOT	IS	AR	SIG	TYR	BAR	LAF	MAN	EH
FA	1	2	3	4	5	6	7	8	9	10	11	12	13	14	15	16
UR	2	17	18	19	20	21	22	23	24	25	26	27	28	29	30	31
DOR	3	18	32	33	34	35	36	37	38	39	40	41	42	43	44	45
OS	4	19	33	46	47	48	49	50	51	52	53	54	55	56	57	58
RIT	5	20	34	47	59	60	61	62	63	64	65	66	67	68	69	70
KAN	6	21	35	48	60	71	72	73	74	75	76	77	78	79	80	81
HAG	7	22	36	49	61	72	82	83	84	85	86	87	88	89	90	91
NOT	8	23	37	50	62	73	83	92	93	94	95	96	97	98	99	100
IS	9	24	38	51	63	74	84	93	101	102	103	104	105	106	107	108
AR	10	25	39	52	64	75	85	94	102	109	110	111	112	113	114	115
SIG	11	26	40	53	65	76	86	95	103	110	116	117	118	119	120	121
TYR	12	27	41	54	66	77	87	96	104	111	117	122	123	124	125	126
BAR	13	28	42	55	67	78	88	97	105	112	118	123	127	128	129	130
LAF	14	29	43	56	68	79	89	98	106	113	119	124	128	131	132	133
MAN	15	30	44	57	69	80	90	99	107	114	120	125	129	132	134	135
EH	16	31	45	58	70	81	91	100	108	115	121	126	130	133	135	136

Tabelle 2: Umwandlung der beiden Namensrunen in die Loszahl

Nomen est Omen
Kombination der Runen
(KdR)

A, B, C, D, E
Fröhlich fliegt die Fee

1.

FA – FA   FA – FA

Viehstand vorne

Das unterirdische Feuer bricht hervor und bahnt sich frisch, fröhlich und frei seinen Weg. Dabei läßt es sich nicht einengen oder von vorsichtigen Bedenken einschränken. Es ist voller Kraft und Frische und duldet keine Zügel. FA ist die Fruchtbarkeit und beinhaltet den instinktiven Willen zur Fortzeugung. Vorsicht ist da nicht gefragt, Einschränkungen werden nicht akzeptiert, FA ist der Macho, der nach Macht strebt.

Ergänzt wird diese rein »phallische« Kraft durch die Fruchtbarkeit der Liebesgöttin, die auch einen Aspekt der FA-Rune darstellt. Auch sie ist frei und fröhlich und hat feurige Energie, unterdrücken und bevormunden kann man sie nicht.

Eine große Lebenskraft geht von der doppelten FA-Rune aus. Mit solch unbändigem Feuer läßt sich der Urwald abbrennen und roden, so daß die Grundlage zum fruchtbaren Ackerbau entsteht. Auch Macht läßt sich erreichen, denn FA bedeutet auch Viehstand und Gold, »Währungen«, in denen die Germanen ihren Reichtum maßen. Der Besitz von Rindvieh und Goldreifen gab die Basis zu Freiheit und Verwirklichung der eigenen Fähigkeiten. Wer etwas besitzt, hat etwas zu sagen. Wer mehr besitzt, hat mehr zu sagen. Je mehr man zu sagen hat, je mehr wird man zur Vaterfigur, die den Weg angibt.

So wird aus dem Vater der Übervater, unter Umständen der Gründer einer Dynastie. Man wird dem Vater folgen, solange seine Macht anhält, solange, bis das »phallische Feuer« erlischt. Dann allerdings wird ein neuer »Fürst« gebraucht, der für diese Aufgabe wieder genügend Reichtum und Machtwillen mitbringen muß. Das war damals bei den Germanen so, das ist heute bei den »großen Tieren« der Wirtschaft nicht anders.

2.

FA – UR   UR – FA

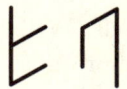

Urfeuer

Das Urfeuer brennt. Es ist die Sonne selbst. Das Feuer ist wild, die Flammen wirbeln herum, bis sich Feuerfetzen lösen und ins All fliegen. Dort kühlen sie ab: die Planeten entstehen.

Damit ist das Feuer aber nicht verloren. Der Sternenstoff aus dem All ist Bestandteil dieser Planeten geblieben, im Mittelpunkt der Erde glüht das Feuer immer noch. Es ist überdeckt von der Zeit und von neuen Erdschichten, doch bei jedem Vulkanausbruch kommt es mit all seiner ursprünglichen Kraft wieder zum Vorschein. Lange kann es im Erdinnern ruhig brennen, und fast vergißt man, daß es noch vorhanden ist. Aber wenn es dann mit der Kraft, die beim Ursprung der Welt waltete, hervorbricht, hat es verheerende Auswirkungen auf die entstandene Zivilisation und sorgt dafür, daß man es nicht vergißt.

Dieses Urfeuer ist in Form von Zeugungs- und Empfängniskraft auch auf den Menschen übergegangen. Das väterliche und mütterliche Feuer reichte in alten Zeiten nicht nur für eine einzige Familie, ein ganzer Stamm konnte entstehen und erhalten werden. Die Strukturen dieser Stammesverbände waren noch grob, dafür aber leicht durchschaubar und noch unkompliziert. Es galten ursprüngliche, dem Überleben am besten dienliche Regeln. Alles war mächtiger, stärker, noch unkultiviert, aber dafür natürlicher.

FA-UR hat die urwüchsigen Formen noch erhalten. Es ist kein moderner Mensch, der die FA-UR-Runen verkörpert. Er führt alles auf die Ursprünge zurück und läßt sich nicht durch modische, meist kurzlebige Lebensformen irritieren. Seine Energien nimmt er aus der Erfahrung, denn er besinnt sich auf die Anfänge. Das sind Kräfte, auf die er sich verlassen kann, denn sie haben unendliche Zeiten überdauert. Zwar abgewandelt, teilweise verfälscht, doch lassen sie sich immer wieder erkennen, wenn man sich nicht ablenken läßt. Die Macht der Vergangenheit stärkt den FA-UR-Menschen, sie ist ihm eine gesunde Basis für sein Wirken.

Leider hat er es oft schwer in der heutigen, schnell-lebigen modernen Welt. Wie ein Fels steht er im Wirbel der Zeit. Unerschütterlich, ursprünglich in seinem Denken, doch häufig unverstanden in seinen Ansichten und Vorlieben. Er ist für den direkten Zugang zu den Dingen. Doch wer macht sich schon die Mühe, einen Menschen verstehen zu wollen, der lieber Gold und Vieh oder doch wenigstens Bargeld hätte anstelle von Kontoauszügen oder Scheckkarten?

3.

FA – DOR   DOR – FA

Die Kraft des Vaters

Die Kraft des Vaters liegt zuerst einmal in der Zeugungsfähigkeit. Zeugen kann man Kinder, aber auch die Gründung von Gesellschaften, Firmen oder Staaten ist eine Zeugung. Kraftvoll wird etwas Neues in die Welt gesetzt. Zur Kraft der Zeugung kommt die Kraft des Geldes, denn Geld ist auch einer der FA-Aspekte, und Vermögen entsteht und damit Macht.

Feuerkraft ist vorhanden. Feuer gibt Wärme und damit Geborgenheit an Heim und Herd, oder es ist zerstörerisch. Es wird destruktiv sein, wenn es unkontrolliert ausbricht und ziellos wütet. Oft aber hat ein zerstörerisches Feuer auch eine reinigende Kraft. Ist erst einmal alles Hinderliche entfernt, läßt sich das Neue leichter durchsetzen. Es muß dann keine Rücksicht auf schon vorhandene Strukturen genommen werden. Kompromisse sind ohnehin nicht gerade das, was der Gründer von etwas Neuem liebt. Zwei Hirsche – FA steht auch für den Hirschgott – die miteinander kämpfen, kennen keine Rücksichtnahme, sie setzen ihre Kräfte schonungslos und direkt ein. Die tierische Kraft, die in ihnen steckt, ist instinkthaft, natürlich und stark. Kulturelle Überlegungen und Bedenken spielen noch keine Rolle. Trieb ist Trieb und Kraft ist Kraft.

Wenn der Vater »donnert«, das heißt, schimpft oder straft, denn auch das gehört zu seinen Aufgaben, sind die Betroffenen zuerst einmal erschüttert. Es ist wie beim Gewitter: erst der Krach des Donners, dann stellt sich plötzliche Ruhe ein, die beim »Strafgericht« des Vaters zum Nachdenken führt, und anschließend ist die Atmosphäre gereinigt, die Situation geklärt. Der Vater spricht mit donnernder Stimme, die Kinder sind zuerst erschüttert, dann denken sie nach, und schließlich tun sie, was er sagt.

Natürlich funktioniert das nur, wenn es ein gerechter Vater ist, der nicht sinnlos straft oder handelt. FA-DOR-Kräfte können einschüchternd wirken. Sie sind aber überzeugend, wenn sie gerecht eingesetzt werden. So, wie eben ein Vater durch kraftvolle Tat überzeugen und nicht sinnlos um sich schlagen sollte.

4.

FA – OS   OS– FA

Hirsch und Einhorn

Hirsch und Einhorn begegnen sich. Zuerst steht ein jeder am anderen Ufer des Baches und versucht, den anderen einzuschätzen. Der Hirsch ist voll Feuer und Leidenschaft, die Triebe bestimmen sein Handeln. Das Einhorn dagegen ist vergeistigt, die Triebe hat es längst überwunden oder verdrängt. Viel gegensätzlicher kann es gar nicht sein.

Diesen Gegensätzen begegnet man immer wieder. Zwei Prinzipien treffen aufeinander. Mit FA das Prinzip der unteren Elemente, die da sind: die Erde, das Wasser und das unterirdische Feuer. Mit OS das der oberen Elemente Luft und Feuer von oben, das Sonnenfeuer. Es beginnt schon im Alten Testament: »Gott schuf Himmel und Erde«. Er schuf aber hier noch etwas sehr Konkretes. Im Neuen Testament dagegen heißt es: »Am Anfang war das Wort«. Damit geht es gleich in die abstrakten, vergeistigten Bereiche. Auch wenn sich Wanen und Asen oder Kelten und Germanen begegneten, ging es unter anderem um das Aufeinandertreffen dieser zwei Prinzipien.

Es ist möglich, daß sich diese Gegensätze bekämpfen, bis der Stärkere die Oberhand gewinnt. Das wäre schade, denn FA allein ist völlig triebhaft. Die reine Leidenschaft würde zwangsläufig zum Leiden führen. OS allein ist völlig erdfern und kopflastig. Alles wäre reine Theorie. Am besten wäre es, Frieden zu schließen und sich zu arrangieren. Im Wanen-Asen-Krieg kam es durch Zusammenschluß zur Traditionsübergabe. Odin lernte die Magie der Wanen und war damit vielschichtiger und um einiges bereichert. Auch die Kelten und Germanen vermischten sich und lernten voneinander.

Werden beide Bereiche in der richtigen Dosierung miteinander verbunden, kommen Hirsch und Einhorn zusammen, kann die Leidenschaft reflektiert und konstruktiv, schöpferisch eingesetzt werden. Der Hirsch wird dann durch das Einhorn »erhöht«.

Ist die Verbindung zwischen Unterleib und Kopf hergestellt, profitiert die rein geistige Sprache vom unterirdischen Feuer, sie wird emotional und feurig. Wem es gelingt, die feurigen Kräfte hinüberzuretten in die geistigen Bereiche, der wird ein echter Künstler der Sprache sein. Dann ist der Dichter geboren. Er ist in der Lage, Leidenschaft nicht nur zu leben, sondern sie in Worten auszudrücken, womit beide Prinzipien sinnvoll verbunden wären.

5.

FA – RIT   RIT – FA

Wilde Reiter

Wenn das Feuerrad den Berg hinabrollt, ist das eine feurige Bewegung. Feuer ist auch Leidenschaft, und wenn Leidenschaft in Bewegung gerät, so bringt das manches zum Rollen.

Feurige Leidenschaft war es, die die Entdecker über die Ozeane trieb zu fremden Kontinenten, und leidenschaftlich waren auch die wilden Reiterhorden, die über die Ebenen jagten und alles niederbrannten, was ihnen in die Quere kam. Sie alle brachten Bewegung und Veränderung in die bis dahin geltenden Ordnungen. Oft zerstörten sie nur und zogen weiter, das war die schlechte Variante. Aber oft setzten sie ihre feurigen Energien auch schöpferisch ein, indem sie das Zerstörte wieder aufbauten: sie schufen neue Staaten und Kulturen.

Wie weit das für die Betroffenen gut oder schlecht war, ist nicht immer einfach zu sagen. Auf jeden Fall sorgten sie dafür, daß das Leben sich veränderte. Ging alles gut, blühte die Wirtschaft auf. »Der Rubel rollte«, und die meisten profitierten davon.

Solange die Viehherden über die Prärie ziehen, ist der Reichtum des Farmers sicher. Und solange das Geld in Bewegung bleibt, freut sich jeder Börsenmakler. Schlimm wird es allerdings, wenn die Sache zu sehr ins Rotieren kommt. Dann kann die Viehherde abstürzen in eine Schlucht, oder es gibt einen Börsenkrach.

Leidenschaftliche Bewegung muß Maß halten können. Bewegung sollte nicht der Bewegung willen ausgeführt werden, sondern kontrolliert sein. Feuer ist gut, wenn es nicht gleich alles verbrennt. Der Vater als Besitzer von Vieh oder Geld oder beidem muß seine Energie im Zaum halten, will er nicht über das Ziel hinausschießen.

RIT ist nicht nur Bewegung, RIT ist auch der Ritter und das Recht. Der ritterliche Vater muß rechtschaffen bleiben, er muß richtig reiten, sonst rollt alles »den Bach runter«, und die ganze eingesetzte Energie, das Feuer der Leidenschaft, brächte nur Verlust und Zerstörung. Feurige Leidenschaft ist gefährlich. Gezielt eingesetzt kann sie aber auch viel Positives in Bewegung bringen.

6.

FA – KAN   KAN– FA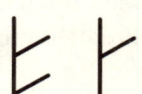

Der Vater kann

Die Potenz ist da – jetzt heißt es, sie auch zu nutzen. Was macht man mit einem feurigen Potential, mit so vielen Möglichkeiten, die – noch ungenutzt – zur Verwirklichung drängen? Am besten prüft man erstmal, was man kann, welche der vielfältigen Möglichkeiten man eigentlich nutzen, das heißt verwirklichen möchte oder sollte. Der Vater kann – aber er tut's noch nicht.

KAN ist auch die Königsrune. Der Potentat gründet eine Dynastie, er hat die Möglichkeit zur Zeugung ebenso wie die zur Gründung eines

Reiches. Auch Geld und Macht liegen in greifbarer Nähe. Es ist jedoch nicht gleich notwendig, ein Königreich zu gründen. Eine Firma tut es auch. Ist die Firma gegründet und genügend Geld vorhanden, kann man an Familiengründung denken. Firmen- und Familiengründung – der Vater kann und macht es auch. Der Macho kann.

Auch die elementare Künstlerkraft ist in KAN enthalten. KAN ist Können, und Können kann zur Kunst werden. Die Chance ist da, nun gilt es, sie zu nutzen. Der Könner zündet die Fackel an, das Feuer brennt, und das künstlerische Können entfaltet sich. Oder das »fähige Tier« eines großen Wirtschaftsunternehmens setzt sich durch. Gekonnt hätte es schon lange, aber der Anstoß mußte erst gegeben werden. Nun aber brennt das Feuer, und alle Möglichkeiten werden genutzt.

Daß sie auch genutzt werden, ist ungemein wichtig. Denn ungenutzte Potenz führt zu Impotenz und macht krank, schwach und unglücklich. Ist die Potenz verloren, kann keine Macht mehr erreicht oder erhalten werden. Der alte Potentat, den das Können verlassen hat, sollte sich zurückziehen und seine Macht weitergeben an einen potenten Nachfolger. Damit das volle Potential wieder genutzt und erfolgreich eingesetzt werden kann. Wer kann, dem gehört die Macht, und Möglichkeiten wollen wahrgenommen sein.

Freki und Geri, die Wölfe Odins, sind Sinnbilder für Hunger und Gier. Und sie nehmen jede Möglichkeit wahr, ihre Triebe zu befriedigen. Denn das Tier in der Natur und das »große Tier« bei den Menschen akzeptieren niemals eine Einschränkung ihres Potentials.

7.

FA – HAG   HAG– FA

Der Heilige und das Tier

Der Heilige und das Tier begegnen sich. Aus der Verbindung der Triebhaftigkeit des Tieres und der Vernunft des Heiligen entsteht der Mensch.

Im Grunde seines Wesens ist er triebbedingt, hat aber als vernunftbegabtes Individuum die Möglichkeit, über sich selbst hinauszuwachsen. Dann kann er sich bei Gebrauch von Verstand und Einsicht auf höherem Niveau verwirklichen und wird unter Umständen ein Heiliger. Wenn er das will.

Normalerweise will der Mensch jedoch nicht gleich heilig sein, normalerweise bewegt er sich zwischen dem Extrem des Tieres und dem des Heiligen. Je nachdem, wie weit er die Kunst beherrscht, diese Extreme harmonisch zu verbinden, befindet er sich näher am Tier oder näher am Heiligen. Im Idealfall steht der Mensch in der Mitte. Dann muß er weder das eine noch das andere unterdrücken. Wer das Feuer unterdrückt, wird zwar frei von der Macht der Triebe sich rein geistig entfalten können, dafür aber »saft- und kraftlos« sein. Wer dagegen nur seinem Trieb entsprechend lebt, wird niemals zu moralisch einsichtigem Handeln fähig sein. Der Mensch in der Mitte dagegen wird einer sein, in dem das heilige Feuer lodert und der fähig ist, dieses konstruktiv zu nutzen, um Sinnvolles zu bewirken. Er lebt auf der Erde mit der Verbindung zum Himmel und hat so Vernunft und Triebhaftigkeit harmonisch verbunden. Ist ihm das gelungen, ist er der vollkommene Vater, der zeugt und überzeugt und damit ein idealer Führer in Familie und Gesellschaft sein wird.

Gefahr besteht, wenn das Gleichgewicht gestört ist. Arbeiten das Feuer von FA und der Hagel von HAG nicht richtig zusammen, droht Unheil. So extrem wie Feuer und Hagel nun einmal sind, sind dann auch die Auswirkungen. Das Feuer kann alles verbrennen, der Hagel alles zerstören. Große Möglichkeiten bergen eben auch große Gefahren. Doch sind beide Kräfte richtig verbunden, steht der Mensch nicht auf der einen oder anderen Seite, sondern in der Mitte, kann er sehr viel erreichen.

8.

FA – NOT   NOT– FA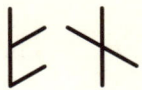

Notfeuer

Das Notfeuer brennt, und das ist beruhigend. Es wurde mühsam ent-facht, und nun wird es gehütet und erhalten, denn wenn in der größten Not ein Feuer brennt, ist noch nicht alles verloren.

Überhaupt gilt es, in Zeiten der Not das Lebensnotwendige zu sichern. Gleichgültig, ob in Form von Vieh, Gold oder Ernte – ein Not-groschen muß sein. In der Not, wenn alles verlorenzugehen scheint, entsteht beinahe zwanghaft der Wille oder der Trieb zur Zeugung. Nie werden so viele Kinder gezeugt wie in Kriegszeiten, die ja Zeiten der Not und des Zusammenbruchs sind. Das Überleben soll sichergestellt sein.

FA ist die Kraft der Zeugung, und NOT ist das Schicksal, das die Zeugung, will man nicht alles verlieren, notwendig macht. So wird die Fruchtbarkeit von FA etwas Neues aus der Not hervorbringen. Das kann auf körperlicher Ebene eine Nachkommenschaft, auf geistiger Ebene eine neue Idee oder auf weltlicher Ebene eine Firmengründung sein. Wichtig ist, daß dieses Neue überlebt und erhalten bleibt. Denn habe ich etwas in die Welt gesetzt, etwas Neues begründet, so habe ich auch die Verantwortung, mich darum zu kümmern. Besitz zwingt zur Erhaltung und dazu braucht man Mittel. Die Kraft der Zeugung wird durch die Not in die Verantwortung gezwungen. Kommt der Besitz in Not, müssen aus den Triebkräften Führungskräfte werden. Der Fürst weiß, was notwendig ist und führt sein Volk aus der Not, wenn er ein guter Fürst ist.

Ein schicksalhaftes Feuer kann aber auch alles verbrennen, und dann ist die Not groß. Da braucht es einen sicheren Überlebensinstinkt, um nicht im Feuer oder dessen Folgen umzukommen. Jetzt zwingt das Schicksal zur Flexibilität, neue Kräfte und Bereitschaft zu neuen Lebensbedingungen sind unerläßlich. Dann kann auch in der größten Not eine neue Existenz begründet werden, die sich mit frischer Kraft fortpflanzt und erhält.

9.

FA – IS   IS – FA

Feuer und Eis

Feuer und Eis sind grundsätzliche Gegensätze, viel größer kann ein Gegensatz nicht sein. Ist beides vorhanden, spielt die Verteilung der beiden Kräfte eine entscheidende Rolle. Ist das Feuer im Übermaß, wird das Eis schmelzen und verdampfen. Und ist das Eis im Übermaß, wird das Feuer gelöscht werden. Sowie der eine Teil überwiegt, wird der andere zwangsläufig vernichtet.

Auf den Menschen bezogen geht es um Trieb und Wille. Die Triebe sind allemal tierisch, der Wille dagegen ist menschlich bis göttlich. Ich bin ein Tier. Aber wieviel Tier? Bei zu viel tierischer Energie frißt mich das Feuer auf. Bei zu viel Wille, wenn die Triebe weitgehend unterdrückt werden, erstarrt mein Ich zum Eisblock. Alle feurigen Emotionen werden abgetötet, ein schöpferisches Dasein ist damit unmöglich geworden.

Die Kunst liegt darin, die beiden Gegensätze zu verbinden und auf konstruktive Art zu vereinigen. Für die Germanen entstand aus dem Feuer im Süden und dem Eis im Norden die Welt. Ist die Vereinigung der gegensätzlichen Kräfte gelungen, entsteht der freie Wille. »Tu, was du willst«. Ein freies Ich ist entstanden, das in der Lage ist, sein Glück selbst zu zeugen. Ich kann natürlich nur dann machen, was ich will, wenn ich mich an das halte, was mir zusteht.

FA – der Hirsch steht auf der Lichtung, sehr triebhaft zuerst noch. Setzt er so, nur von seinen Wünschen beseelt, rücksichtslos seinen Willen durch, wird mit Sicherheit Schaden entstehen. Doch jetzt erhält er hier Stärkung durch IS, er bekommt sozusagen »Rückgrat« und damit Charakter. Dynamisch vereinigt arbeiten nun Trieb und Wille zusammen, sie behindern oder bekämpfen sich nicht mehr. Wünschen und Wollen sind im Gleichgewicht. Auf diese Weise moralisch gestärkt, kann unser Hirsch seinen freien Willen entfalten und seine Triebe ausleben, und es wird keinerlei Schaden entstehen. Das Feuer des Triebes wird gekühlt von der Kälte des Willens. Das Gleichgewicht ist hergestellt.

10.

FA – AR   AR – FA

Arbeit am Feuer

Der Vater arbeitet. Das muß er auch, denn er hat eine Familie gegründet, und nun muß er sie ernähren. Vater zu sein heißt, Verantwortung zu übernehmen. Manchmal ist es harte körperliche Arbeit, die er vollbringen muß. Dann arbeitet er »wie ein Vieh«, und in dem Fall ist er wirklich arm dran. Die Arbeit mit der Harfe (AR-FA) dagegen ist schöpferisch und leichter. Als Musiker lebt es sich besser, nur gibt es da oft Schwierigkeiten mit der Finanzierung einer Familie.

Der edle Vater geht über die Ansprüche des Versorgens in materieller Hinsicht hinaus. Er fühlt sich nicht nur für die körperlichen, sondern auch für die geistigen und seelischen Belange seiner Familie verantwortlich. Er kümmert sich um seine Kinder und ist stets bemüht, ihnen in jeder Hinsicht ein Vorbild zu sein.

Auch die Arbeit am Feuer ist in FA-AR enthalten. Mit dem Feuer schafft man Pflug und Schwert, die Arbeit des Schmiedes kann entscheidend sein für Sieg oder Niederlage. So gebührt dem Schmied Respekt. Das wußten auch die Götter, sie gestanden ihm sogar halbgöttliche Eigenschaften zu, denn selbst Götter brauchten ihn. Der Schmied, der mit dem Feuer arbeiten kann, kann auch an seinem Bewußtsein, seinem »inneren Feuer« arbeiten. Das Feuer im Menschen ist sein Bewußtsein. Es ist formbar, wandelbar wie das Metall in der Glut des Schmiedefeuers. Der Schmied entscheidet über die Form. Und so, wie er am Metall arbeitet, es formt und wandelt, so formt er auch sein Bewußtsein. Durch sorgfältige Arbeit wird es verändert und veredelt. Wie auch der Alchemist aus Blei und Silber Gold gewinnt.

Arbeit am Feuer ist auch Arbeit am Herd. Der Vater arbeitet nur manchmal am Herd, meistens ist es Frau Freya. Die edle Freya ist dabei auch ein Alchemist, ein Alchemist des Herzens und des Magens.

11.

FA – SIG   SIG– FA

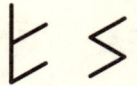

Sonnenfeuer

Der Hirsch muß mit dem anderen Hirschen kämpfen, und nur der Stärkste siegt, um dann das Rudel anzuführen. Es ist ein hartes Duell, das da am Waldrand bei untergehender Sonne stattfindet. Kraft und Geschicklichkeit sind gefordert, denn es gibt keine Kompromisse. Dem einen der Sieg und dem anderen die Niederlage, dazwischen gibt es nichts.

Enorme Energien werden gebraucht bei diesem Kampf um das Recht des Anführers. FA hat das unterirdische Feuer, SIG das Sonnenfeuer des Himmels. Unten Feuer, oben Feuer. Bei so viel Feuer ist der Sieg nahe.

Vater Sonne scheint hier auf Mutter Erde. Bevor der Vater siegt, hat schon längst die Frau gesiegt, Frau Freya und jede Frau, die den Mann zum Vater gemacht und das Tier mehr oder weniger gebändigt hat.

So viel Feuer macht schöpferisch und optimistisch, aber so viel Feuer muß man auch geschickt lenken können, damit es nicht zerstörend wirkt und alles verbrennt. FA-SIG hat die Kraft, diese feurigen Energien wohldosiert dort einzusetzen, wo es sinnvoll ist, damit es ein reinigendes Feuer wird, das nur das verbrennt, was überflüssig oder störend ist, und so Platz schafft für das Neue. Siegreich ist, wer sich das Feuer des Körpers und das der Sonne zunutze machen kann.

Wer das Feuer beherrschen will, muß sich auch mit dessen Unberechenbarkeit auseinandersetzen und am besten selber unberechenbar sein. Denn Unberechenbarkeit ist notwendig sowohl im Umgang mit dem Feuer als auch im Duell der Hirsche, um den Sieg zu erringen. Nur sie hält den Geist lebendig, läßt alle Möglichkeiten offen und kann dem Geschehen blitzartig eine neue Wendung geben.

Wer mit dem Feuer umgehen kann, ist schwer kontrollierbar, und im Überraschungseffekt liegt die Chance zum Sieg.

12.

FA – TYR   TYR– FA

Der Speer des Vaters

Die phallische Kraft des Vaters bekommt eine Ausrichtung. Das heißt, die natürliche Triebkraft wird einem Ziel unterstellt und kultiviert. Man kann natürlich viele Ziele haben und viele Wege zum selben Ziel. Hier kommt es ganz darauf an, wie man die TYR-Rune ausrichtet.

Stellt man sie auf den Kopf, wird sie zur Sturzrune, und die väterliche Kraft und Energie wird in den Boden geleitet und somit an das Materielle gebunden. Auf dieser Ebene läßt sich mit der feurigen Kraft der Rune FA viel erreichen. Wohlstand, ja Reichtum und Gold sind in greifbare Nähe gerückt, auch eine Firmengründung ist bei dieser Kombination kein Problem. Kraft und Feuer von FA sind gute Voraussetzungen dazu, und dem reichen Kindersegen steht auch nichts im Wege.

Allerdings ist TYR von Natur aus in den Himmel und nicht auf die Erde gerichtet. Eine gestürzte Rune ist keine glückliche Rune, und darum sollte man sie schnell wieder aufrichten und dem Erfolg eine geistig-moralische Ausrichtung geben. Denn wenn die Ausrichtung nicht geistiger Art ist, geht schnell die Moral verloren.

Die aufrecht stehende TYR-Rune dagegen steht im Einklang mit dem Himmel. Der Gründer-Vater wird zum treuen Vater, der seine Erfolge nicht nur am Geld mißt und dessen ethische Vorstellungen bei der Zielrichtung seines kraftvollen Potentials eine entscheidende Rolle spielen.

FA und TYR – der Vater bleibt seinen Idealen treu und übt Sorgfalt bei der Zielrichtung zum Erfolg, auf daß die TYR-Rune nicht stürzt. Vielleicht braucht der Erfolg dadurch etwas länger oder wird nicht ganz so verheißungsvoll, was die materielle Ebene betrifft. Auf geistiger Ebene wird der treue Vater dafür zu Transformation und Einweihung gelangen können.

Solange die TYR-Rune zum Himmel zeigt, kann der Weg nicht verfehlt werden.

13.

FA – BAR   BAR– FA

Die Birke brennt

Wenn Vater und Mutter zusammenkommen, paaren sich Macht und Weisheit. Das Feuer der Macht mit dem Brunnen der Weisheit ergibt einen Feuerbrunnen. Und wenn man nicht aufpaßt, kommt es zum Vulkanausbruch, und die Birken brennen. Doch auf die Zerstörung des Ausbruchs folgt das Entstehen fruchtbaren Bodens, aus dem Felder mit reicher Ernte hervorgehen.

Der Bauer mit Tatkraft ist ein Gründer, und er wird die günstige Gelegenheit nutzen, einen großen Hof oder gar ein Gut zu gründen. So wird der Machtausbruch von FA nutzbringend auf die Fruchtbarkeit des Bodens zurückgeführt, denn bei FA-BAR wird die männliche Macht an die weibliche Weisheit gebunden, und aus Kraft und Wissen wird Gutes entstehen, wie aus Zeugung und Empfängnis das neue Leben geboren wird.

FA ist wild und bedenkenlos, BAR dagegen weiß um die Folgen und geht verantwortlich vor. So, wie der Vater mit phallischer Kraft die Welt erobert und das Leben zeugt, wird die Mutter das Eroberte bewahren und das Leben schützen. Aus dem unebenen Pfad wird durch das Zusammentreffen väterlicher Kraft und mütterlicher Fürsorge ein befahrbarer Weg.

FA und BAR: Das Vieh steht am Brunnen. Es ist wild, unbeherrscht und stark. Den ganzen Tag ist es unterwegs gewesen auf neuen Weiden. Frei auf großen Wiesen, nur den Himmel über sich. Doch am Abend kommt es zurück an den Brunnen, müde und erschöpft gewinnt es neue Kraft aus der Frische des Wassers. So wie auch der Wanderer nach langer Reise und bestandenen Abenteuern heimkehrt zu Haus und Hof, wo er mütterliche Geborgenheit und Fürsorge findet.

Dann sitzen Vater und Mutter, Mann und Frau, am Feuer beim Brunnen, schöpfen aus dem feurigen Born, genießen die sanften Stunden und lieben sich.

14.

FA – LAF   LAF– FA

Das Tier will leben

Es lebe die Freiheit! Wer will frei sein? Eigentlich jeder: Mensch und Tier und das Tier im Menschen. FA-LAF hat das lebendige Feuer und die tierische, noch ungezähmte Energie in sich. Die wollen gelebt werden und lassen sich, wenn überhaupt, nur kurzfristig unterdrücken. Frey und Freya, Liebesgott und Liebesgöttin, die der Rune FA zugeordnet sind, waren frank und frei. Sie lebten ihre Liebe, spontan und frohgemut, denn sie konnten lieben und lassen, wie sie wollten. Sie waren wild, fröhlich und ungezwungen. So lebten sie frei wie die Hirsche im Wald.

In der kultivierten, städtischen Welt mit all ihren Beschränkungen und Regeln wird es schwierig, ja beinahe unmöglich, sich dieses lebendige, freie Leben zu bewahren. Wie soll der Hirsch in der Stadt glücklich sein? Nun, er muß sich gelegentlich von den Zwängen befreien und sich ausleben. Auch wenn das innere Tier den Umständen zufolge domestiziert und den kulturellen oder gesellschaftlichen Zwängen untergeordnet wurde, bricht es immer wieder hervor.

Damit das nicht überraschend zum unpassendsten Zeitpunkt und in seiner ganzen Wildheit geschieht, sollte man ihm regelmäßig etwas »Auslauf« verschaffen. Ein Zechgelage mit »Feuerwasser« ist eine gute Art, etwas Freiheit für sich und sein Tier zurückzugewinnen. Denn auch Feuer und Wasser enthält FA-LAF. Somit ist Feuerwasser ein guter Weg zur Befreiung, solange man Maß halten kann. Man könnte auch eine Kuhherde anschaffen, um das Tierische auszuleben, doch in der städtischen Gesellschaft hat man selten die Möglichkeit dazu.

Das Feuer will leben und sich frei entfalten. Es ist etwas Lebendiges, denn es atmet, ernährt sich und stirbt. Es abzuwürgen oder zu ersticken ist wie das Töten von etwas Lebendigem. Man wird nicht froh, wenn man das tut. Das Verhindern der feurigen Energie, des Feuers im Leben, macht melancholisch und depressiv. Der Mensch wird krank. Das Tier im Menschen will ein freies Leben wie die Hirsche im Wald.

15.

FA – MAN   MAN– FA   ᛒᛉ

Der Tiermensch

Frey, der phallische Fruchtbarkeitsgott, wird vermenschlicht. Er kommt nach Mittelerde, in die Menschenwelt, um sich unter den dort herrschenden Bedingungen zu entfalten. Wilde animalische Kräfte und ein starkes inneres Feuer bringt er mit, um sie hier auszuleben.

Jetzt muß er sich allerdings an die geltenden Regeln halten, um das Menschliche nicht zu verletzen. Denn menschlich zu sein bedeutet auch, sozial und gerecht zu handeln. Ein allzu feuriger Mensch wird leicht zum Choleriker, dem die Kontrolle über sein Feuer entgleitet. Zu viel Feuer verbrennt. Erlischt es aber ganz und gar, wird dieser Mensch zum lebendigen Toten. Starke Triebkräfte sind als Ansporn zu Kreativität und Schöpfung durchaus von Vorteil, müssen aber im Rahmen der menschlichen Möglichkeiten eingesetzt werden.

Der schöpferische Mensch ist die gelungene Verbindung von Trieb und Menschlichkeit. Dann können feurige Kräfte konstruktiv ausgelebt und eingesetzt werden. FA-MAN bringt Tier und Mensch zusammen, der Hirsch will beten lernen. In dieser Verbindung gewinnt das Tier im Menschen an Vernunft und Gewissen. Natur wird zu Kultur. Die wilden, tierischen Energien müssen so nicht verloren gehen oder unterdrückt werden, sondern arbeiten unter den gegebenen Möglichkeiten mit an der Entstehung der Kultur. So erhält die Kultur die notwendige Lebensenergie, um bestehen und fortdauern zu können.

Ist es möglich, die vorhandenen feurigen Kräfte menschlich zu kanalisieren, gehen Natur und Kultur eine fruchtbare Verbindung ein. Die Kultur bleibt schöpferisch, und unser Hirsch wurde kultiviert.

16.

FA – EH   EH – FA

Feen und Hirsche

FA und EH: das ergibt die Fee. Die Fee fliegt in den Wäldern zwischen Himmel und Erde, sie ist ein Zwischenwesen zwischen den Menschen und den Göttern und in der Lage, diese beiden Welten miteinander zu verbinden. Eine Fee zu treffen bringt Glück, denn sie weiß von den oberen Welten und gibt eine Ahnung von dem, was sein könnte, wenn man sich von der Erde dem Himmel zuwendet.

Der ewige Vater und das ewige Feuer. Der Mensch steht im ewigen Feuer seiner tierischen Naturkräfte und strebt nach oben, zum ewigen Vater, zum Himmel. Das Tier will sich von den Zwängen seiner Triebe befreien und höhere Ebenen erreichen. Doch wie kommt der Hirsch in den Himmel? Unter Umständen durch eine Anstellung beim Weihnachtsmann. Dann wird er jedes Jahr zu Weihnachten vor dessen Schlitten gespannt und bewegt sich zwischen Himmel und Erde, um die himmlischen Gaben an die Menschen zu verteilen.

Für den Menschen ist die Befreiung von den Trieben nur möglich, wenn er sich dem Geistigen zuwendet. Er muß sich von der Materie, in der er verhaftet ist, so weit wie möglich lösen, um dorthin zu gelangen. Das Streben zum ewigen Vater ist das Streben nach höheren Werten, nach ethischer Gesinnung und auch das Anerkennen eines höheren Gesetzes. Die Welt will nicht nur stofflich erlebt, sondern durch einen Sinn oder eine Aufgabe auch geistig bereichert werden.

Das bedeutet aber nicht, die irdischen Belange gänzlich zu leugnen. Denn der Hirsch wird auch vor Santa Claus' Schlitten nicht zum Engel, sondern bleibt ein Hirsch. Hirsch bleibt Hirsch, und Mensch bleibt Mensch. Die Kunst besteht darin, wie die Elfen beide Welten, die materielle wie die geistige, miteinander zu verbinden und in beiden zu Hause zu sein.

Das Gesetz des Feuers und des Bewußtseins verwandelt das ewige Tier in ein Wesen der Ewigkeit: A, B, C, D, E und fröhlich fliegt die Fee.

17.

UR – UR   UR – UR   ᚢᚢ

Urwut

Urzeit war es, da Ymir hauste. Mit der UR-Rune gehen wir zurück in die Urgeschichte der Menschheit und der Welt, zum Ursprung des Geschehens, als alles seinen Anfang nahm.

Da war die Urenergie, eine durchdringende Energie der freien spontanen Bewegung. Und die Wut, eine noch ungebändigte, starke und urwüchsige Kraft, die mit Gewalt hervorbrach und keine Einschränkung kannte. Diese Wut kann über alles hinwegfegen und zerstörerische Ausmaße annehmen. Doch ist sie nicht nur destruktiv, sondern auch der Urquell jeglicher schöpferischen Tätigkeit. Sie ist die wilde Kraft des Künstlers und des kreativen Menschen.

UR ist der Urquell. Uraltes Karma hat sich angehäuft im Laufe der Zeit. Alles wird zurückgeführt auf die Ursache der Ursache, bis der Ursprung erreicht ist. Unendlich viele Generationen stehen im Hintergrund, und ihre gesamten Erfahrungen stehen in der Erinnerung zur Verfügung. So erhält man den besten Überblick über alles Vergangene, und es wird leichter, über Gegenwart und Zukunft zu urteilen. Auch wer heilen will, ist gut beraten, wenn er nicht nur die Symptome beachtet, sondern zur Ursache des Leidens vorstößt.

Durch Erfahrung entsteht Wissen, und Wissen ist Voraussetzung, wenn ein Zustand richtig beurteilt werden soll. Erfahrung und Wissen brauchen Zeit, es ist ein langer Weg von Ursache zu Ursache bis zum Urquell. Doch das schadet nichts, denn UR hat alle Zeit der Vergangenheit zur Verfügung, und es wird keine Hektik entstehen.

Wotans Wut und des Auerochsen Schnauben stecken im Urdbrunnen* der Erinnerung. Wer Anschluß an die gesammelten Erfahrungen der Urahnen findet, begreift die Geschichte und baut machtvoll an der Zukunft.

Weisheit und Wut, das ist ein fast unerschöpfliches Potential. Wer damit umgehen kann, wird viel erreichen.

---

* Näheres zum Urdbrunnen siehe unter Text 29.

18.

UR – DOR   DOR – UR

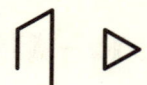

Thor am Urdbrunnen

Es ist eine mächtige Kraft aus Urzeiten, die hier vorliegt. Die Kraft des Auerochsen und die der Ur-Riesen, die die Welt beherrschten, bevor sie von den Menschen bevölkert wurde – eine überwältigende Urkraft.

Thor war im Besitz dieser Ur-Energien, und unbeirrt ging er auf Ostfahrt, um Riesen zu erschlagen. Wütend und unbeherrscht ließ er seinen Kräften freien Lauf, und der Erfolg war ihm sicher. Für den Augenblick jedenfalls. Doch um sich dauerhaften Erfolg zu sichern, müssen große Taten in einen Zusammenhang gestellt werden. So gelangte Thor an den Urdbrunnen, um sich bei den Nornen Rat für die Zukunft zu holen. Denn die Nornen kennen die Zukunft und wissen, was geschehen wird.

Doch ganz so einfach geht das nicht. Niemand kann die Zukunft begreifen, wenn er die Vergangenheit nicht versteht. Um seine Kräfte wirklich sinnvoll einzusetzen, muß die Verwurzelung in der Vergangenheit gesucht und gefunden werden. Nur über sie ist es möglich, Ur-Kräfte in die Gegenwart zu holen und vernünftig in die Zukunft einzuordnen. Besinnung ist unerläßlich, wenn so große Energien zur Verfügung stehen. Dazu ist es gut, einen Blick in die Tiefen des Urdbrunnens, dessen Wasser in die Urzeiten zurückreichen, zu tun. Durch den Blick in den Brunnen bekommt man Zugang zu Vergangenem und dadurch Ausblick in die Zukunft.

Die Zeit der Riesen ist vorbei. Abgesehen von Yeti, dessen Einfluß gering ist und von dem keine großen Taten mehr berichtet werden. Doch auch der heutige Mensch verfügt noch über diese Ur-Energien und kann auf sie zurückgreifen, wenn er große Taten plant. Sie sind durchaus erfolgreich einzusetzen, wenn man aufmerksam bleibt und geschickt mit ihnen umgeht.

Wer so große Kräfte besitzt, hat Macht zur Verfügung. Das kann Erfolg oder Gefahr bedeuten. Nur der Blick in die Vergangenheit bewahrt vor vorschnellem Handeln und unüberlegtem Tun. Behält man diese jedoch im Hinblick auf die Zukunft stets im Blickfeld, schöpft man aus den Urquellen der Kraft und gelangt zu Weisheit im Denken und Handeln.

19.

UR – OS   OS – UR

Ursprache

Die Ursprünge der Sprache liegen in Atlantis und noch davor, wie der Ursprung des Menschen auch. Welches die Ursprache war, kann keiner genau sagen. Lange hieß es, der Ursprung aller indogermanischen Sprachen sei das Sanskrit. Doch ist man sich da inzwischen nicht mehr so sicher.

Auf jeden Fall ist ein Ursprung der Sprache der erste Schrei des Neugeborenen. Er steht am Anfang eines jeden Lebens. Ursprüngliche, einfache Wörter wie Dada, Mama, Papa lernt das Kind zuerst; heute vielleicht auch schon Auto, ursprünglich sicher nicht.

Das Kind entwickelt sich weiter und mit ihm seine Sprache. Zuerst hat sie noch direkten Bezug und ist sehr emotional, später mit fortschreitender Bildung wird sie immer kultivierter und damit theoretischer und oft auch abstrakt. Da besteht dann die Gefahr, daß der Bezug verlorengeht, die Sprache wird verkünstelt und drückt nicht mehr das aus, was gesagt werden wollte. Modische Redewendungen tragen weiter dazu bei, die Sprache zu verfremden. Ebenso, wenn man sich aus Angst vor einer Stellungnahme so vorsichtig ausdrückt, daß es nichts mehr besagt. Dann ist die natürliche Ausdruckskraft und Vitalität der ursprünglichen Sprache verlorengegangen. Es ist höchste Zeit, sich zurückzubesinnen.

Die Ursprache ist eine ursprüngliche Sprache, ist wie die Sprache eines Auerochsen: urig und kräftig schnaubt er, und wenn er kräftig brüllt, hat das eine sofortige Wirkung.

Der Ursprung der Sprache war das Bedürfnis, sich mitzuteilen. Aber nur, wer wirklich etwas zu sagen hatte, durfte früher reden. Es wurde weniger geredet, dafür hatte alles Gesagte mehr Gewicht.

Die Ursprache ist Wotans Sprache. Sie ist nicht politisch korrekt, sondern ursprünglich, urig, manchmal auch wütend. Dafür aber direkt, ehrlich und mächtig wirkkräftig.

Und nur, wenn es gelingt, diese Ursprünglichkeit des Ausdrucks zu bewahren, ist eine echte Kommunikation, die für alle Beteiligten zufriedenstellend ist, möglich. Verliert sie sich dagegen in Floskeln, entsteht anstelle der Kommunikation nur leeres Geschwätz.

20.

UR – RIT   RIT– UR

Den Tiger reiten

Die germanische Mythologie erzählt uns von den drei Nornen Urd, Werdandi und Skuld, die am Urdbrunnen sitzen und die Runen werfen. Urd, die älteste der Nornen, ist für die Vergangenheit zuständig. Werdandi, die mittlere, bestimmt die Gegenwart und Skuld, die jüngste, kennt die Zukunft.

Auch die Griechen kannten drei Schicksalsfrauen, die Moiren. Diese drehen das Schicksalsrad, indem die erste den Lebensfaden spinnt, die zweite dessen Länge mißt und die dritte ihn abschneidet.

Wie auch immer: Gleichgültig, ob die Runen geworfen werden oder das Spinnrad sich dreht: Das Schicksal gerät in Bewegung, es »nimmt seinen Lauf«. Hier geraten starke Kräfte in Fluß. Wenn Ur, der Auerochse, sich auf den Weg macht, ist er nur schwer zu bremsen. Solchen Kräften gegenüber, die Symbol sind für die Kraft des Schicksals, das unbeirrbar seiner Bahn folgt, ist der Mensch relativ machtlos. Es sind höhere Gewalten, die da wirken. Der Mensch, der den Auerochsen vorwärts stürmen sieht oder die Macht des unbeirrbaren Schicksals spürt, fühlt sich meist ausgeliefert. Es ist ihm kaum möglich, diesen Ablauf zu stoppen.

Doch ganz so ausgeliefert, wie man leicht glauben könnte, ist der Mensch doch nicht. Der Auerochse läßt sich zwar nicht stoppen, aber mit etwas Geschick kann man ihn in gewünschte Bahnen lenken. Nicht mit Gewalt. Das wäre unklug, dazu ist dieses Tier zu stark. Auch eine Kraftprobe mit dem Schicksal ist nicht angebracht. Was man braucht, ist ein behutsames Einfühlungsvermögen. Man muß den »Tiger reiten« können. Dann kann man die Psychologie der Bewegung des Auerochsen sowie die Folgerichtigkeit des Schicksals verstehen. Und was man verstanden hat, kann man auch beeinflussen.

Den Auerochsen zu reiten, statt sich ihm in den Weg zu stellen, ist der bessere Weg; und sich mit ihm auseinanderzusetzen, während man unterwegs ist. So kann man die Richtung seiner Bewegung steuern oder eben sein Schicksal flexibel gestalten.

Der Ur-Ritter reitet den Tiger wie Wotan sein Wunderpferd. Klug und kräftig, gewaltig und kühn. Unterwegs tobt manchmal die Wut, doch wird am Ziel alles gut sein. Der Ur-Ritt ist ein Ur-Ritual, das uns das Wesen der Ur-Bewegung begreifen und nutzen läßt.

21.

UR – KAN   KAN– UR

Der König am Urdbrunnen

Es sind Ur-Potenzen vorhanden, die gelebt werden sollten. Denn KAN ist ein schwelendes Feuer, welches Gestalt und Form annehmen will. Ein altes Können oder vererbte Fähigkeiten und Begabungen wollen verwirklicht werden, damit aus der Möglichkeit die Wirklichkeit wird. Geschieht das nicht, werden diese Potenzen in ihrer Entfaltung gehindert, entsteht Schaden. Der Schmied muß sein Schwert schmieden, sonst wird er unglücklich und krank. Im schlimmsten Fall entwickelt sich anstelle der ererbten Talente eine Erbkrankheit.

Will man seine Fähigkeiten gut nutzen, muß man die Vergangenheit einbeziehen. Die Ur-Könige taten das. Sie führten sich auf die Götter zurück, die die Welt geschaffen hatten, und nahmen von daher ihre Kraft und Stärke. Im Bewußtsein, stellvertretend für diese die Menschen zu regieren, fühlten sie sich in der Lage, die Geschicke der Welt bestimmen zu können. Immer wieder ging der König zum Urdbrunnen und hielt Zwiesprache mit den Ahnen, um vom Schatz ihrer Erfahrungen zu profitieren. So baute er sein Reich von der Vergangenheit in die Zukunft. Er wußte, daß er auf alte Erfahrungen angewiesen war und ohne sie machtlos sein würde.

Viele Kulturen schätzten die Weisheit der Ahnen und die Möglichkeiten, die das Wissen um die Vergangenheit für die Zukunft bedeutet. Man muß nicht König sein, um sich auf alte Traditionen zu besinnen. Hausaltäre für die Vorfahren oder einfach ein Besuch der Grabstätte eines verstorbenen Elternteils dienen der Besinnung und der Rücksprache mit Vergangenem. An Gräbern oder Gedenkstätten mit den Toten zu reden, gibt Trost und Kraft in schwierigen Zeiten. »Was kann ich tun, welche Möglichkeiten liegen in mir?« sind Fragen, die man dort stellen kann. Dann kann dasselbe passieren wie bei den Königen am Urd-Brunnen: Man erkennt seine Fähigkeiten und weiß plötzlich, was man tun könnte und sollte. Und die Geister der Ahnen freuen sich, wird doch die Vergangenheit auf diese Weise in der Gegenwart erlöst.

22.

UR – HAG   HAG– UR

Auerochse im Schnee

Die Welt entstand aus Feuer und Eis. Als es schmolz, entstand Audhumla, die Urkuh. Sie leckte aus dem Eis das erste menschliche Lebewesen, den Riesen Ymir. Das war der Anfang der Welt und das Goldene Zeitalter am Beginn aller Dinge. Auch die späteren Auerochsen trafen noch auf eine relativ ursprüngliche Welt. Goldene Zeitalter und paradiesische Zeiten soll es immer wieder gegeben haben. Zeiten, in denen die Welt in Ordnung war. Ging diese Ganzheit verloren, wurde aus Heil Hagel, und Sintfluten und andere Katastrophen stellten das verlorene Gleichgewicht wieder her.

UR und HAG sind starke archaische Kräfte, und diese drängen nach Verwirklichung. HAG geht aufs Ganze, UR bis zu den Ursprüngen. Da kann eine heilige Wut entstehen, die sich über alles hinwegsetzt und die jeglicher Kontrolle entgleitet. Denn sie ist allumfassend und läßt nichts anderes zu. Heilig deshalb, weil sie ganz und gar ist und keine Einschränkung kennt. In heiliger Wut kann man viel zerstören, aber letztendlich befreit sie von allem, was störte, und bringt fehlgeleitete Entwicklungen wieder ins rechte Gleis. Ebenso ist sie der Urquell jeglicher schöpferischen Tätigkeit. So viel Energie muß sich ihren Weg bahnen – das wahre Kunstwerk setzt sich durch, allen Widrigkeiten zum Trotz.

Um die Gegenwart zu verstehen und die Zukunft sinnvoll zu gestalten, kehrt man am besten zu den Ursprüngen zurück. Selbst die Götter kamen jeden Tag auf die Erde, um die Nornen am Urdbrunnen zu befragen. Diese kannten die Vergangenheit, die Gegenwart und die Zukunft. An der Wurzel des Weltenbaums mit Blick auf die Urzeiten beratschlagten die Götter mit den Nornen über die Zukunft.

Die Archäologie kennt zwar die Zukunft nicht, doch auch sie versucht, aus den Ur-Anfängen Schlüsse für Gegenwart und Zukunft zu ziehen. Denn der Anfang war noch unverfälscht. Wer aber den Anfang versteht, versteht auch das Ende. Denn Anfang und Ende ergeben den geschlossenen Kreis, und wenn Vergangenheit und Zukunft zusammentreffen, ist die Ganzheit in der Gegenwart wieder hergestellt. Dann haben wir ein neues Goldenes Zeitalter.

23.

UR – NOT   NOT– UR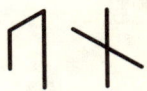

Die Ur-Not

Als die Ur-Nacht herrschte, waren Raum und Zeit schon da – das Licht aber noch nicht. Wohl und Wehe waren in Nacht und Nebel verborgen. Der Ursprung aller Dinge lag im Dunkeln. Tageslicht war notwendig, um die Ur-Nacht zu beenden, so wie Bewußtsein notwendig ist, um das Schicksal zu erhellen.

Fragt man nach den Ursachen des Schicksals, muß man erkennen, daß ein Teil davon altes Karma ist. Es begann bei den Ahnen und wurde durch die Vererbung der Gene weitergereicht. Das sind Generationsprobleme, die vor langer Zeit entstanden. Dieses Erbe muß übernommen und getragen und bestenfalls auch erlöst werden. Natürlich ist Vererbung nicht nur alte Schuld und Last, auch Talent oder Genie finden ihren Ursprung oft in einer langen Generationen-Kette. Dann profitiert man auf einmal vom Geiste seiner Ahnen oder von seinen früheren Leben und wird zum Genie oder zum »Wunderkind«.

Forscht man weiter nach den Ursachen des Schicksals, so muß man feststellen, daß man selbst zum großen Teil Ursache desselben ist. Unbewußt wurde der Anfangsstein gelegt, der Rest folgte zwangsläufig, und rückblickend erkennt man, seine Not selbst verursacht, verschuldet zu haben. Das ist dann allerdings auch der Anteil, der korrigiert werden kann. Gegen die Schuld der Ahnen vorzugehen ist schwerer, als eigene Fehler zu korrigieren. Entscheidend bleibt, die Ursache der Not richtig zu erkennen. Aber so, wie beim Aufgang der Sonne die Ur-Nacht beendet wurde, kann mit dem Erwachen des Bewußtseins auch die eigene Not erkannt und anschließend behoben werden.

Jetzt, da die Ursache des Schicksals bewußt geworden ist, kann das Leben hier und heute so gestaltet werden, daß man auch morgen noch damit zufrieden ist.

24.

UR – IS   IS – UR

Der einsame Wolf

Urzeit ist und Audhumla leckt am Eis. Archaische Zustände und Bedingungen walten, es herrscht das atlantische Bewußtsein. Das Ich ist noch in die Gemeinschaft eingebettet, und der Urwille entspricht dem Überlebenswillen und ist noch eher Trieb und Instinkt als Wille.

Heute wird das Ich isoliert verstanden. Der Mensch betrachtet sich als Individuum. Losgelöst von allen familiären Bindungen lebt er als Single in der Großstadt. Ein einsamer Wolf, der nur sich selbst sieht und alle Kraft braucht, um allein zu bestehen.

IS ist der Stamm des Baumes, doch ohne Wurzeln wird es nicht möglich sein, die Krone zu entfalten. IS allein: der Baum ohne Wurzeln oder der Wolf ohne Rudel. Der isolierte Mensch wird es schwer haben in der Welt, denn der Baum wächst nur so weit in den Himmel, wie die Wurzeln in die Tiefe reichen. Besser ist es, wenn sich der einsame Wolf wieder auf sein Rudel besinnt. So gewinnt er Anschluß an die Urkräfte, sein Ich wird eingebunden in Gemeinschaft und Ur-Instinkte, was ihm Stärke und Kraft verleiht.

Wer seine Ahnen nicht versteht, wird auch seine Nachfahren nicht begreifen können. UR-IS ist das Gruppen-Ich. Es ist das Ich, das die Ahnen ehrt und seine Kraft aus den vorhergehenden Generationen und dem Zusammenhalt der Gemeinschaft gewinnt. So wie der Baum ohne Wurzeln jeden Halt verlöre, ist auch das Ich ohne die Verbindung zu UR verloren. Die Pflege der Wurzeln ist entscheidend für das Gedeihen der Krone, denn diese tragen und ernähren den gesamten Baum.

Bezieht das der Mensch auf sein Leben und ehrt und achtet die Vergangenheit, aus der er entstand, so wird er aus ihr Kraft und Sicherheit für Gegenwart und Zukunft gewinnen. Dann hat der Wolf sein Rudel gefunden und ist nicht mehr allein.

25.

UR – AR   AR – UR

Arbeitserfahrung

Aus Erinnerung wird Erfahrung, aus Erfahrung Wissen. UR-AR ist die Verankerung am Ursprung der Arbeit. Hierbei geht es um die sogenannte »Erberinnerung« oder das »kollektive Unbewußte«. Auch, wenn ich mich nicht persönlich an meine gesammelten Erfahrungen die Ahnenkette entlang bis zu den Ursprüngen des Daseins erinnere, so ist diese Erinnerung doch da und gibt mir Routine und Sicherheit bei der Arbeit, mit der ich jetzt beschäftigt bin. Das Wissen aus der Vergangenheit ist mein Kapital für heute, ich kann darauf aufbauen und habe eine solide Grundlage für die Zukunft. Sind die Grundlagen eines

Gebietes vertraut, fällt es leichter, besondere Fähigkeiten zu entwickeln. Das UR-Wissen im Hintergrund, solide im Bewußtsein verankert, befähigt zum Spezialisten eines Gebietes, begründet das plötzliche Entstehen eines Talentes und macht manchen zum Genie.

Auch der »wütende« Arbeiter ist hier angesprochen. Wütend allerdings nicht in destruktiver, sinnloser Form, sondern in Form von überdurchschnittlicher Arbeitskraft. Der »wütende Arbeiter« steckt viel Energie und Schaffenskraft in seine Arbeit, er ist ungeheuer produktiv. Er fängt sein Werk von Grund auf an und führt es zu einem erfolgreichen Abschluß.

Artet diese an sich gesunde Arbeitswut ins Pathologische aus, entsteht der »Workaholic«, der immer und zu jeder Zeit schuftet, auch wenn es gar keinen Sinn mehr hat. Ihm ist jegliche Form von Ruhe und Entspannung fremd geworden. Ohne zu arbeiten fühlt er sich nicht mehr wohl.

Der edle Wotan kann wie ein Auerochse arbeiten, wenn auch nur selten und oft wütend. Wer diese archaischen Kräfte in die Gegenwart integrieren kann, hat UR-AR begriffen und wird gewaltige Leistungen erbringen können.

Der Ur-Adler war ein Dinosaurier. So wie dieser sich zum heutigen Adler entwickelt hat, so hat sich auch die Arbeitsweise stetig, immer im Rückblick auf gesammelte Erfahrungen bzw. Erinnerungen daran, weiterentwickelt. Von den ersten Anfängen der Steinzeit – oder noch früherer Kulturen – bis zu unserem heutigen modernen Arbeitsleben.

26.

UR – SIG   SIG– UR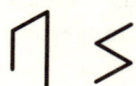

Der Drachentöter

Selbstbewußt steht der Auerochse im Gras und sonnt sich. Seit Urzeiten ist er in dieser Gegend zu Hause, und er braucht nichts zu fürchten – immer wieder war er siegreich im Kampf ums Überleben, er ist selbstsicher geworden. Doch die Zeiten änderten sich – der Auerochse verschwand von der Bildfläche, wie in den Anfängen der Zeit auch die Dinosaurier den Säugetieren weichen mußten. Der Sieg der Säugetiere über die Reptilien war der UR-Sieg, der den Weg frei machte zur Entstehung des Menschen.

Ur-Siege sind »klassische« Siege. Als klassisch gilt auch der Kampf Sigurds (Siegfrieds) gegen die Ur-Schlange, den Drachen. Als strahlender Held zog er aus, den Drachen zu töten, was ihm auch gelang. Doch er war blauäugig und ging unbedarft in das Abenteuer, ohne die Konsequenzen, die sich aus seiner Tat ergeben könnten, zu überdenken. Im Hinblick auf die Folgen fragt man sich allerdings, ob es gut oder schlecht war, den Drachen zu töten. Sieg allein ist eben nicht alles.

Die Vergangenheit siegt – wenn Gegenwart und Zukunft auf ihrer Grundlage aufgebaut werden. Und die Erinnerung siegt, wenn seit Generationen gehegte Kräfte und Wünsche plötzlich zum Durchbruch kommen und der Erbe des Geschlechts eine Schuld einlösen oder eine Sache zu Ende führen muß, die vor langer Zeit ihren Anfang nahm. Schon die Geschichte von Siegfried zeigt, wie problematisch es ist, mit Kräften, die weit in der Vergangenheit wurzeln, fertigzuwerden und alte Konflikte siegreich zu lösen.

Sigurds Ursieg über den Lindwurm verhalf der Waltung der Götter auf Erden zum Sieg. Solch ein Sieg des Helden über den Drachen ist nur sinnvoll, wenn er dessen Kräfte auf sich übertragen und damit die vormenschlichen Gewalten der Menschenwelt zur Verfügung stellen kann. Solche Siege sind auch heute für den modernen Helden jederzeit möglich, mit UR-SIG vor Augen werden sie auch gelingen.

27.

UR – TYR   TYR – UR

Thule – Runen

Der moderne Mensch bekommt jetzt Probleme, denn UR ist die Ursache und TYR das Ziel. Rückwärts gerichtet die Vergangenheit, vorwärts gerichtet die Zukunft. Anfang und Ende sind beide da, dazwischen steht der moderne Mensch und ist innerlich zerrissen. Soll er sich der Vergangenheit oder der Zukunft zuwenden? Beides gleichzeitig zu tun, erscheint unmöglich. Anfang und Ende zu vereinen, ist ihm unvorstellbar. Was soll er tun?

Er kann sich die Vergangenheit zum Ziel machen und Archäologie studieren, das wäre eine bescheidene Annäherung an die Aufgabe, Ursache und Ziel zu vereinen. Doch das ist keine allgemeingültige Lösung, denn nicht viele sind dazu geeignet oder sind bereit, ein Lebensziel daraus zu machen.

Besser ist es, das moderne Denken zu vergessen, denn UR und TYR sind Thule-Runen, alte Runen aus der Zeit von Atlantis, als man anders dachte als heute und die lineare Denkweise noch keine Rolle spielte. Alle alten Kulturen sahen die Entwicklung zyklisch statt linear, ihre Welt verlief im Kreis. Jeden Morgen sahen sie die Sonne aufgehen, jeden Abend ging sie unter, um am nächsten Morgen ihren Kreislauf über den Himmel wieder neu zu beginnen. Auf den Tag folgt das Jahr, immer wieder beginnt es im Frühling, gefolgt von Sommer und Herbst und endet im Winter. Um dann mit dem Frühling wieder neu zu beginnen.

Diese kreisförmige Entwicklung läßt sich auch am menschlichen Leben beobachten: die Entwicklung vom Kind zum Erwachsenen, dann zum Greis bis zum Tod. Und neues Leben entsteht und vergeht, die ewige Wiederholung. Betrachtet man die Welt so, stellt sich folgerichtig der Gedanke an das nächste Leben ein. Geburt und Wiedergeburt, der nicht endende Kreis. Wenn Anfang und Ende sich wieder treffen, kann neu begonnen werden. Ein neuer Anlauf ist zwar in gewissem Sinn die Wiederholung des Alten, doch nicht ganz: man hat etwas dazugelernt. Der Kreis verfolgt nicht dieselbe Bahn, die Entwicklung ist spiralförmig. Man kommt immer wieder zum Anfang zurück, doch mit mehr Erfahrung. Jeder neue Anfang enthält die Chance, es besser zu machen, das Gelernte einzubeziehen und nutzbringend zu integrieren.

So gesehen sind Anfang und Ende sinnvoll verbunden, und der Mensch kann beides zusammenfügen, ohne sich innerlich zu zerreißen.

28.

UR – BAR   BAR – UR

Born der Vergangenheit

Zuerst ist eine ungeheure Lebenskraft da – noch wild – und ihre Energie hat weder Richtung noch Ziel. Ungebändigt ist die Energie, die da vorhanden ist.

Die Urgewalten sind stark, aber in ihrer Wildheit nicht brauchbar. Der Dschungel muß erst gerodet und »urbar« gemacht werden, bevor das wilde Wachstum Pflanzen hervorbringt, die für den Ackerbau tauglich sind. Ebenso muß der wilde Auerochse durch Züchtung gezähmt werden, bevor das brauchbare Rind daraus entsteht. Durch die Kultivierung der Urkräfte werden diese dem Menschen nützlich gemacht und Neues wird geboren.

Urgewalt steckt auch in jeder schöpferischen Leistung. Doch um aus diesem starken Potential eine Schöpfung zu »gebären«, muß das wilde Talent in vernünftige Bahnen gelenkt werden. Nur so wird ein anwendbarer Gedanke oder ein brauchbares Werk dabei herauskommen.

UR führt zurück zu den allerersten Anfängen, UR-BAR ist der Born der Vergangenheit. Dieser gibt Weisheit, da er auf die Erfahrung der ganzen Ahnenkette bis zu den ersten Anfängen zurückgreifen kann. Mit Rückblick zu den Anfängen läßt sich das Schicksal besser verstehen, und aus diesem gesammelten Wissen heraus wird etwas Neues geboren.

Das wird naturgemäß nichts überwältigend Neues sein, nichts Revolutionäres. Es ist in den Traditionen verhaftet, denn es entsteht aus Erfahrung und nicht aus experimentellem Denken. Bodenständig, traditionsbewußt und zuverlässig ist diese Neugeburt, wie der urige Bauer auch kaum zu Experimentierfreude neigen wird. Er ist eher langsam, bedächtig und bedenklich, aber das Ergebnis ist, wenn auch nicht umwerfend neu, dafür jedoch beständig, qualitativ wertvoll und überzeugend.

Die Urbarmachung gelingt nur durch Rückbesinnung auf den Brunnen der Erinnerung, die gesammelten Erfahrungen aus der Vergangenheit sind dann der Garant für die befriedigende Bewältigung einer unbekannten Zukunft.

29.

UR – LAF   LAF– UR

Ursuppe

Das ist die Ursuppe, und die Wissenschaft sagt, damit fing alles an. Aber vielleicht lag der Beginn allen Lebens auch irgendwo im All, wer will das schon so genau wissen? Jedenfalls war irgendwann die Welt da, und das Leben entstand. Nach der germanischen Mythologie schöpfen seitdem die drei Nornen jeden Tag das Wasser aus dem Urdbrunnen, um den Weltenbaum zu gießen, damit die Welt erhalten bleibt.

Zu den frühen Lebewesen zählt auch der Ur, der Auerochse. Und ursprünglich wie der Auerochse ist auch das Leben desjenigen, der die Runen UR-LAF im Namen trägt. Die Erinnerung des Auerochsen reicht weit zurück, und er hat seine Erinnerungen über all die Zeit sorgfältig bewahrt und nichts vergessen. Er nutzt diese Erfahrungen für sein Leben, und da er ihren Wert zu schätzen weiß, wird er sich mit Entscheidungen Zeit lassen. Er wirkt etwas schwerfällig, wie er da steht, vor sich hinschnaubt und alles überdenkt, bevor er sich entscheidet. Doch seine Entscheidungen sind, wenn sie dann getroffen wurden, auf Dauer ausgerichtet und halten jeder Prüfung stand. Gradlinig geht der Auerochse seinen Weg durchs Leben, Umwege kann er sich sparen, denn er hat alles gut durchdacht.

UR-LAF neigt dazu, sich an seinen Vorfahren zu orientieren. Lebensläufe und Stammbäume werden untersucht, eine Gemeinsamkeit in den verschiedenen Biographien gefunden, und dann ein Leben im Sinne der Ahnen geführt. Traditionen werden bewahrt und neu belebt: UR-LAF kann seine Ahnen nicht verraten.

Durch das Forschen nach den Anfängen der Ahnen gelangt man zwangsläufig zu den Anfängen der Welt und somit auch zur Religion. Sie erinnert an die Ursprünge des Lebens und bringt den Menschen zurück zur Ursuppe – oder hinaus ins All.

Wotan lebt sein Urleben auch heute noch – in den Seelen der modernen Menschen. Wer dies versteht, begreift auch den Urlauf der Zeit – auch ohne laufende Uhren.

30.

UR – MAN   MAN– UR

Der Urmensch

Da ist die Geschichte, die Vorgeschichte und die Urgeschichte. Der Ur-Mensch ist der Mann aus Atlantis, der das allererste Wissen mitbrachte und weiterentwickelt hat von den Urzeiten bis zur heutigen, unsrigen Zeit.

Der ursprüngliche Mensch lebt in der Rückerinnerung an alle vergangenen Zeiten und bringt mit dem Urwissen ein großes Kapital aus der Vergangenheit mit. Das äußert sich in einer unverdorbenen, wuchtigen Kraft. Der urwüchsige Mensch ist stark und wild, oft auch wütend. Es ist eine große Energie vorhanden. Und die Frage ist: Was macht unser Urmensch damit?

Sein Denken und Handeln wird immer ursprünglich bleiben und sich nicht in leeren Gesten verlieren. Und wenn er seine Wut, die ihm als Kraft zur Verfügung steht, einem besseren Zweck zuführt, gewinnt er schöpferische statt zerstörerischer Energie.

MAN beinhaltet auch Verstand und Hand, unser Urmensch denkt und handelt stets im Einklang mit seinem Urwissen. Er hat den »Direktanschluß« zum Ursprung, was ihm Sicherheit im Denken und Handeln gibt. Und er ist ein Mensch, der sich mit der Vergangenheit beschäftigen muß. Seine Ahnen spielen eine wichtige Rolle, sie machen ihn durch die Kette der Erinnerungen zum wissenden Menschen. Kraft und Energie gewinnt er aus dem Erforschen des Vergangenen. Die Tradition, von Generation zu Generation weitergegeben, gibt ihm die nötige Sicherheit.

Ein kluger Mensch wird die Traditionen natürlich hinterfragen und überprüfen und nur solche fortführen, die seiner Prüfung standhalten und die für die Gegenwart und für die Zukunft geeignet erscheinen. Der weise Mensch von Tradition wird auf Bewährtes bauen, es zur Basis seines Denken und Handelns machen und konstruktiv weiterführen. Er unterscheidet zwischen leeren Bräuchen und lebendiger Vergangenheit und wird das Erbe seiner Vorfahren weitergeben, wenn es ihm sinnvoll erscheint. Oder aber sich anhand der Erfahrung des Vergangenen umorientieren.

Mit seinem ursprünglichen, natürlichen Denken wird der Urmensch, Wotans Mann, sich nicht täuschen lassen und den richtigen Weg finden.

31.

UR – EH   EH – UR

Auerochse und Reitpferd

Das ursprüngliche Gesetz, das Urgesetz, ist noch ausschließlich und instinktiv auf das Überleben ausgerichtet. Es enthält die urtümliche Wildheit der Natur, aber auch die Weisheit, die notwendig ist, das Leben zu erhalten. Noch herrscht rohe Gewalt. Es geht um elementare Triebe. Um Nahrung, Bewegung, Fortpflanzung. Es zählt nur eins: die Erhaltung der Art. Der Auerochse ist noch unkultiviert, und so stampft er kraftvoll vorwärts, Rücksicht ist ihm noch fremd, das Individuum ist noch nicht erfunden.

Doch der Auerochse mußte weichen – die Entwicklung nahm ihren Lauf. Die elementaren Gesetze wurden verfeinert. Aus Natur wurde Kultur, es gab keine Auerochsen mehr, dafür gab es Reitpferde. Mit der Zivilisation entdeckte man das Individuum. Immer mehr Lebensbereiche mußten gesetzlich geregelt werden. Das Urgesetz, das der Erhaltung des Lebens galt, wurde mehr und mehr verwässert. Es wurde mit fortschreitender Kultur sogar immer mehr aus den Augen verloren, bis man es fast vergaß. Weltfremde Gesetze entstanden, die mit Natürlichkeit wenig zu tun hatten. Die Pferde kamen in den Zirkus.

Das ist schön anzusehen, hat aber mit dem ursprünglichen Zweck des Daseins nichts mehr zu tun. Und wo das Gesetz der Natur vernachlässigt wird, geht auch die natürliche Lebenskraft verloren. Das Zirkuspferd ist nicht mehr so robust wie der Auerochse in seiner Wildheit, es ist empfindlich und anfällig gegen Krankheit geworden.

Auch der Mensch leidet, wenn die Verbindung zum Urgesetz verlorengeht. Überkultivierung führt zu Überempfindlichkeit, die Zeugungskraft schwindet, die Existenz wird in Frage gestellt. Denn das ursprüngliche Gesetz gilt immer, es darf niemals vergessen werden, und im Urgesetz ist alle Weisheit enthalten, die das Überleben möglich macht.

Der Auerochse ist natürlich, das Reitpferd kultiviert. Zusammen können sie nur in einer Welt bestehen, in der die Natur kultiviert wird und die Kultur natürlich ist.

32.

DOR – DOR   DOR – DOR   ▷ ▷

Riesenkräfte

DOR hat starke Kräfte zur Verfügung, zweimal DOR hat Riesenkräfte. Riesige Kräfte sind natürlich außerordentlich nützlich, und kommt noch Tatendrang dazu, was hier der Fall ist, ist das schon mal ein gutes »Startkapital«, wenn man etwas beginnen möchte.

Jetzt fehlt nur noch eine gute Strategie, und damit beginnt das Problem. Denn DOR-Kräfte sind zwar riesig, und wer Thor als Beschützer hat, braucht nichts zu fürchten, aber ein Stratege ist Thor eben nicht. Eher schon ein Tor. Die körperliche Stärke ist gepaart mit einer eher naiv-kindlichen geistigen Einstellung. So war denn auch der Gott mit dem Thorshammer zwar stark und in der Lage, Riesen zu erschlagen, aber keineswegs raffiniert. Sein naives, gelegentlich einfältiges Wesen machte ihn trotzdem zum beliebten Volksgott, denn er war ein starker Beschützer, dem man vertrauen konnte. Hinterhältigkeit kennt der Donnerer nicht.

Nun wäre es natürlich schade, solch gewaltige Stärke sinnlos oder verkehrt einzusetzen. Deshalb sollte der DOR-Mensch sich mit guten Beratern umgeben. Diese Berater können von außen kommen oder auch innere Berater wie Vernunft und Verstand sein. Es ist schließlich besser, zu versuchen, ein Tor erst mal zu öffnen, und es nicht gleich einzuschlagen. Mit einer guten beratenden Instanz sind die DOR-

Kräfte dann allerdings sehr geeignet für das konkrete Umsetzen eines Planes. Da paaren sich Kraft und Tatendrang, und der Ausführung eines Planes steht dann nichts mehr im Wege. Sind die Kräfte in die richtigen Bahnen gelenkt, wird die vorhandene Energie auch nicht vergeudet, sondern führt zu sinnvoller Tat. Es ist wichtig, die leicht sich zerstreuenden Kräfte zu bündeln und auf eine gute Sache zu lenken, damit sie nicht destruktiv werden und alles zerstören.

So gut Berater auch sind, es dürfen nicht zu viele sein, sonst wird der DOR-Mensch zum Spielball der Ereignisse, da er jedem Glauben schenken wird. Er ist treuherzig und zuverlässig, gut beraten kann er viel vollbringen, selbst Dornröschen aus dem Schlaf erwecken. Aber gut beraten sollte er eben sein. Sonst bleibt der starke Donar trotz seiner göttlichen Kräfte ein ewiger Tor.

33.

DOR – OS   OS – DOR

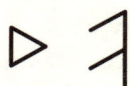

Sprachgewalt

Wissen ist Macht, das ist bekannt. Aber auch Sprache ist Macht. Große Worte und starke Sprüche haben oft eher überzeugt und mehr bewirkt als die Ausarbeitung eines logischen Denkmodells. Eine gewaltige Stimme hat schon manchen eingeschüchtert, und kräftiges Schreien oder Fluchen ebensoviele zum Verstummen gebracht.

Die gewaltige, doch noch richtungslose Kraft von DOR trifft bei DOR-OS auf die geistigen Kräfte von OS und wird so verfeinert, während OS von DOR kraftvolle Vitalität erhält. Eine sehr gute Ergänzung ist das. Zu Energie und Kraft kommen geistige Impulse, so daß aus einer gewaltigen Stimme eine mächtige Sprache wird. Mächtig nun auch im Hinblick auf den Sprachgehalt. Richtig eingesetzt kann man damit viel erreichen, denn auch die Kraft des Denkens spielt in dieser Runen-Kombination eine Rolle. Ein guter Gedanke mit kräftiger Stimme vorgetragen – wer will da schon Einwände erheben?

Es gibt die Überzeugung durch Taten, und es gibt die Überzeugung durch Worte – das ist die Macht der Sprache. Wer eine kräftige Sprache hat in Ausdruck und Inhalt, der wird schnell zum Wortführer. Ein Wortführer kann, je nach Veranlagung, beeinflussen, überzeugen oder auch verführen. Das ist dann die Wortmagie. Auch Magier arbeiten mit der Kraft der Sprache.

Überzeugung durch Rede galt bei den Germanen im Thing, der Versammlung, in der Recht gesprochen wurde, als Maßstab. Wer die überzeugendste Rede hielt, war der Gewinner. Auch im heutigen Gerichtsverfahren spielt die überzeugende Rede im Plädoyer eine sehr wesentliche Rolle. Denn die Geschworenen oder Richter sind Menschen, und die lassen sich nun mal durch Worte leichter gewinnen als durch bloße Indizien.

Die Kraft der Worte und der Sprache – die Asenkraft – spielt also heute wie damals und auch in Zukunft eine nicht zu unterschätzende Rolle.

34.

DOR – RIT   RIT– DOR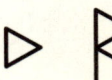

Gelenkte Kraft

Thor führt sein Bocksgespann, schwingt seinen Hammer, und der Donner rollt. Die Kraft ist in Bewegung geraten. Jetzt gilt es, sie in vernünftige Bahnen zu lenken, damit sie weder Schaden anrichtet noch ungenutzt vergeudet wird. Denn wo rohe Kräfte sinnlos walten, da kommt nichts Brauchbares dabei heraus.

Die einfachste Art, eine Kraft zu lenken, ist die Einhaltung bestimmter Rituale. In bestimmten Abläufen wird eine Handlung immer wieder rhythmisch wiederholt. Die Erfahrung hat gezeigt, daß so kein Schaden entsteht, und die Existenz wird im festen Ablauf verankert. So ist die vorhandene Kraft ans Ritual gebunden, und es besteht weniger Gefahr, daß sie unkontrolliert ausbricht und der Kontrolle entgleitet. Rituale geben Sicherheit und nehmen die Angst vor dem Unbekannten.

Das ist der einfachste, aber noch nicht der beste Weg, mit rotierenden Kräften umzugehen. Ist Sicherheit gewonnen, kann die vorhandene Kraft auf höhere Ebene gelenkt werden. RIT ist der Ritter, RIT-DOR die richtende Kraft. Jeder Ritter hat moralische Richtlinien, an die er sich halten wird, wenn er sein Urteil fällen muß. Das ritterliche Urteil ist seinem eigenen Gewissen unterstellt. Bevor er seine Kraft für eine Sache zur Verfügung stellt, muß er prüfen, ob sie mit seinem Ehrenkodex übereinstimmt. Moral und Ehre, das sind die Kriterien für sein Urteil, sie sind der Leitfaden für die Ausrichtung seiner Kräfte. Sorgsam geprüft wird DOR so in die richtige Richtung gelenkt.

Ist der innere Wegweiser gefunden, an dem sich beim Urteilen orientiert werden kann, kann man auf Rituale weitgehend verzichten. Dann ist man über sie hinausgewachsen und bestimmt eigenständig und verantwortungsvoll über die Richtung der Kraft, die zur Verfügung steht. Und Thor muß nicht mehr sinnlos rotieren, er kann sogar – was er eigentlich ungern tut – ein Pferd besteigen und seinen Hammer schwingend donnernd davonreiten.

35.

DOR – KAN   KAN – DOR   ▷ ⼁

Der Umgang mit der Kraft

König Thor hat die Chance, seinen Hammer zu werfen, und aufbrausend, cholerisch und unbedacht, wie er nun einmal ist, wird er die Möglichkeit sofort ergreifen und es auch tun.

Anschließend erhebt sich die Frage, ob das denn nun gut und sinnvoll war, doch dann ist es für solche Überlegungen zu spät. Was geschehen ist, ist geschehen. Das Einsetzen starker Kräfte hat auch entsprechende Folgen. Ist der Riese einmal erschlagen, ist er tot, da kann man nichts mehr machen. War es eine Fehlentscheidung, steht Thor betroffen da. Und Sprüche wie: »Dumm gelaufen« oder: »Tut mir leid, war keine Absicht«, helfen dann auch nicht weiter.

Potenten Riesen sollte man mit Vorsicht begegnen. Vor allem sollte man Riesen niemals reizen. Man weiß nie, wie schnell sie aufbrausen und zuschlagen. Eines steht fest: Sind sie erst einmal »in Fahrt« geraten, sind sie nur noch schwer zu bremsen. Deshalb hatte Thor immer seine Berater, die anderen Asen. Diese benutzten seine Kraft, wenn sie Probleme hatten, und sagten ihm, was zu tun sei. So konnte er seine Energien sinnvoll einsetzen und richtete nur selten Schaden an.

DOR-KAN: Hier paart sich eine starke Tatkraft mit Potenz und bekommt die Chance, sich zu entfalten. Es entsteht dabei eine vielversprechende Situation, weil die vorhandene Kraft die Möglichkeit bekommt, auch zu wirken. Und sie wird ihre Möglichkeiten wahrnehmen, denn geballte Kraft drängt einfach zur Tat. Starke Tatkraft will nun einmal Taten vollbringen, und das sollte sie auch.

Doch sollte sie nach Möglichkeit auch noch optimal eingesetzt werden. Einem tatendurstigen Menschen fehlt natürlich leicht die Geduld, abzuwarten und die sich bietenden Möglichkeiten zu prüfen. Er läßt sich ungern Zeit und hat auch häufig keine Lust, über die Folgen seiner Taten vorher nachzudenken. Doch das ist es, was er lernen sollte – es sein denn, er hat einen guten Berater zur Seite, auf den er sich verlassen kann. Ist das nicht der Fall, muß er sich wohl oder übel in Geduld üben. Erst einmal durchatmen, sich zum Nachdenken zwingen. »Erst denken, dann handeln«, ist die Lösung seines Problems. Es wäre ja schade, aus Ungeduld seine Chancen zu vertun. Geduld läßt sich lernen, und dann sind Kraft und Können vernünftig vereint. Chancen sind ohnehin genügend da, und wo liegt jetzt noch das Problem?

36.

DOR – HAG   HAG– DOR

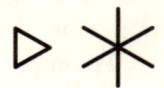

Der heilige Tor

Am Anfang war Parzival zwar jung und kräftig, aber noch ohne Lebens-erfahrung. Unbedarft ging er ins Leben, naiv auf sein Glück vertrauend, im Glauben, daß Kraft allein ausreichend sei. Mit Kraft kann man ja auch viel erreichen, aber eben nicht alles. Wer im wilden Rundumschlag alle Feinde erschlägt, hat zwar den Weg frei und einen schnellen Sieg errungen, doch mit Verhandlungen hätte er wahrscheinlich mehr erreicht.

Parzival war schon stark, aber noch dumm. Der tumbe Tor. Doch sein Schicksal war es, nicht für immer auf die rohe Gewalt zu ver-trauen. Er lernte das Leben kennen, erfuhr alle Aspekte des Daseins, hatte die Prüfungen des Lebens zu bestehen und erkannte die Ganz-heit, die allein zum Heil führt. So wurde aus dem tumben Tor der reine, heilige Tor. Heil, da er die Ganzheit erfahren hatte und nun nicht mehr gedankenlos wild um sich schlug, sondern erstmal Überlegungen anstellte, wie ein ganzer Erfolg, der so viele Aspekte wie möglich berücksichtigt, zu erringen sei.

Hat man solch starke Kraft wie DOR zur Verfügung, sollte man sie nicht einseitig einsetzen, denn dann gerät alles aus dem Gleichgewicht. Starke Kräfte wollen ausbalanciert sein, sollen sie nicht Schaden anrichten wie der Hagel, der alles zerstört.

Richtet man die vorhandenen starken Kräfte im Sinne der Ganz-heit aus, entstehen Heilkräfte. Das sind gesunde Kräfte, die in alle Rich-tungen wirken und so zu einer ganzheitlichen Heilung beitragen. Sie gehen zwar in viele Richtungen, werden aber doch auf eine bestimmte Aufgabe ausgerichtet, so daß sie sich nicht wirkungslos zerstreuen. Gesunde Kraft, richtig verteilt, führt zu kräftiger Gesundheit. Starke Naturkräfte kommen zum Zug. Die Natur heilt sich selbst, wenn man sie sich frei entfalten läßt, ohne einseitig einzugreifen.

DOR-HAG, die Dornenhecke, ist stark. Sie bildet einen guten Schutz vor fremden Eingriffen und sorgt dafür, daß die Ganzheit, welche zu umgeben und zu schützen ihre Aufgabe ist, erhalten bleibt.

37.

DOR – NOT   NOT– DOR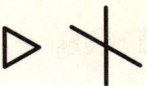

Kraft aus der Not

Die Kraft der Verneinung. Wer nein sagen kann, läßt nicht alles mit sich machen, was die anderen wollen, sondern bewahrt seine Kraft für das, was er selber will.

Leider wird die Kraft, die man zur Durchsetzung seiner Vorstellungen einsetzen will, oft vom Schicksal gebremst. Es stellt mir etwas in den Weg, an dem ich nicht vorbeikomme. Steht man plötzlich vor einem unüberwindlichen Hindernis, kann man empört aufbegehren und mit dem Schicksal hadern, was nichts ändern wird. Oder man setzt wilde Kraft ein, um die Wand, vor der man steht, niederzureißen. Das wird vergeblich sein; gegen das Schicksal ankämpfen zu wollen, wäre Kraftvergeudung.

Ist eine Grenze gesetzt, nützt kein Klagen. Wer etwas erreichen will, ist zum Handeln gezwungen. Jetzt ist es sinnvoll, die ganze Kraft aufzubringen für das, was noch zu tun bleibt, sich auf das Notwendige voll und ganz zu konzentrieren. Nun, da die Energie schicksalhaft gebunden ist und sich nicht frei entfalten kann, kann man sie auf das Wesentliche ausrichten. Es kann zum Ansporn werden, über sich selbst hinauszuwachsen. An den Hindernissen wächst die Kraft, wird geschliffen und gestählt.

Mitunter muß man auch die Kraft des Verzichts aufbringen können, was nicht leicht fällt. Einsicht für das wirklich Notwendige, das Unumgängliche, muß aufgebracht werden. Mitunter müssen lange gehegte Wünsche aufgegeben werden. Verzicht zu üben, stärkt den Charakter. Innere Kraft wird gewonnen.

Wird die Kraft mit dem Schicksal konfrontiert, gibt es keine Ausflucht. Das Schicksal muß erfüllt werden, und es bleibt einem nur, seine Kräfte in diesem Rahmen sinnvoll einzusetzen.

Die Kraft der Not, Notkraft und Nicht-Kraft, ist auch die Kraft der Nacht. Achte auf die Nacht! Um Mitternacht könnnte aus der tiefsten Dunkelheit plötzlich die neue Kraft aufscheinen.

38

DOR – IS   IS– DOR

Starkes Ich

DOR, der Donner, steht für unbändige Kraft. DOR und IS ergeben ein kraftvolles, starkes Ich, aber auch die große Idee, die keine Rücksicht kennt und sich notfalls mit Gewalt durchsetzt.

Soviel Kraft birgt, wenn ungezügelt, natürlich Gefahren in sich. Sie sollte gelenkt werden. Aber so weit ist DOR-IS noch nicht. Es ist die Kraft, die einfach da ist und sich frei entfaltet. Zügellos, zerstörend oder erneuernd, das starke Ich will sich einfach durchsetzen. Es ist die Kraft, die den Weg freimacht für neue Ideen, wobei nicht nachgefragt wird, ob die Idee gut oder schlecht, schon ausgereift oder noch unausgegoren ist. Sie lebt aus dem Augenblick und fragt nicht nach den Konsequenzen.

Das große Tor wird eingeschlagen, der Weg ist frei. Die schmale Tür, die nicht nur grobe Kraft, sondern schon Einfühlungsvermögen und mehr Feingefühl verlangt, ist noch nicht erreicht. Doch die Tür ist nur durch das Tor zu erreichen, und ohne die starke Idee wäre jeder Versuch einer Erneuerung zum Scheitern verurteilt. Ist das Tor geöffnet, suchen DOR und IS eine neue Kraftprobe. Sie machen den Anfang, für die Feinarbeit haben sie nichts übrig. Gewaltig ist ihre Stärke, doch ihnen fehlt die Richtung. Sie beschützen und zerstören, sie fragen nicht nach den Folgen oder der Moral. Doch sind sie niemals hinterhältig oder schlecht, eher gutgläubig und ein bißchen naiv. Sie können viel erreichen und alles zerstören. Das starke Ich ist Segen oder Gefahr, es sollte unbedingt gelenkt werden, damit die Kraft dem Guten dient. Denn DOR-IS hat die Kraft, die – fast – alles möglich macht.

Ich bin ein Riese, ich bin der Donnerer, denke ich, und schlage mit meinem unwiderstehlichen Hammer das Tor ein. Dabei war ich nur der Tor, denn nun ist das schöne Tor kaputt. Wenn aber DOR-IS als Willenskraft, als starker Wille erscheint, so wird das Tor von selbst aufgehen – denn wo ein starker Wille ist, ist auch ein gangbarer Weg.

39.

DOR – AR   AR – DOR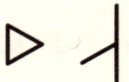

Arbeitskraft

Mit kräftigem Flügelschlag erhebt sich der Adler über die Berge und verschwindet in den dunklen Wolken, die sich langsam am Himmel zusammenziehen. Donner grollt in der Ferne, das Gewitter naht.

Energie ist da jede Menge vorhanden. Wer solche für seine Arbeit einsetzt, hat große Tatkraft zur Verfügung. Wenn Arbeitskraft in starkem Maße da ist, erleichtert das das Leben schon einmal erheblich. Der praktisch veranlagte Mensch wird sie einsetzen, um sich seinen Lebensunterhalt zu verdienen und auch, um Werte zu schaffen. Er baut ein Haus oder erarbeitet sich einen eigenen Betrieb oder legt das verdiente Geld vernünftig für spätere nützliche Anschaffungen zurück. Mit seiner Arbeitskraft schafft er Besitz und Wohlstand.

Doch manchem reicht die Vermehrung der Quantität nicht aus, mancher will zusätzlich oder auch ausschließlich einen Sinn in seiner Arbeit sehen, eine moralische Erhöhung. Diesem Menschen liegt mehr an der Qualität, wenn er seine Kräfte einsetzt. Edle Arbeit ist das, was er sich wünscht und für das er bereit ist, auch Opfer zu bringen. Mit ganzer Kraft widmet er sich den Aufgaben, die seiner edlen Gesinnung entsprechen. Er opfert all seine Energie, Zeit und auch sein Geld für dieses Vorhaben. Er hat nicht nur Arbeitskraft, sondern dazu auch noch Opferkraft. Angetrieben von idealistischen Vorstellungen wird dieser Mensch sich bis zum äußersten einsetzen für das, was ihm wichtig und sinnvoll erscheint. Finanzieller Gewinn ist ihm zwar angenehm, aber für seine Entscheidungen nicht ausschlaggebend. Er investiert viel und bekommt dafür Sinn und damit Zufriedenheit.

Mit Riesenkräften bei der Arbeit läßt sich viel erreichen. Wenn Riesen arbeiten, können Monumente entstehen, die ewig dauern. Über deren Sinn, seien es die Pyramiden oder andere Steinbauten, rätselt man immer noch. Doch eins ist sicher: Wer so viel Kraft eingesetzt hat, um etwas entstehen zu lassen, der wird auch einen Sinn darin gesehen haben.

Sinnvolle Arbeit ist edle Arbeit. Und dafür seine Kräfte einzusetzen, lohnt sich immer.

40.

DOR – SIG   SIG– DOR   ▷ ⟨

Blitz und Donner

Wenn Blitz und Donner zusammenkommen, werden ungeheure Kräfte frei. Wenn das gewaltige Potential der DOR-Kraft eingesetzt wird, kann man viel erreichen. Auch mit Kraft allein ist schon allerhand getan, doch mit der Geschicklichkeit und plötzlichen Eingebung von SIG hat der Spieler eine weit größere Chance, durch einen überraschenden Spielzug den Gegner auszutricksen und das Tor zu treffen.

DOR und SIG ergänzen sich gut, denn die starke DOR-Kraft allein ist zwar stabil, aber träge. Durch SIG kommt Lebendigkeit und Flexibilität hinzu. Blitzartiges Eingreifen, kraftvoll und geschickt ausgeführt, kann die Situation schnell verändern und zum Sieg führen.

Es ist die Kraft der Sonne, die von SIG ausgeht, eine helle Kraft und starke Energie, die alles Leben auf Erden begründet. Auch wirtschaftlich läßt sich Sonnenenergie gut verwenden und konstruktiv einsetzen. Allerdings ist sie unbeständig, unberechenbar und damit oft unzuverlässig. Durch DOR bekommt sie Durchhaltevermögen und Beständigkeit.

DOR und SIG, das sind Donner und Blitz, ein reinigendes Gewitter zieht über die Erde hinweg und vertreibt Schwüle und Trägheit. Ist es hinweggezogen, hat sich die Welt erfrischt, neue kräftige Energien und neuer Tatendrang entstehen. Der Tor lag träge in der Sonne, da kamen Blitz und Donner, und er wurde aufgeschreckt, erleuchtet, hatte eine Idee und sprang auf, um zu handeln. Denn eine neue Kraft war entstanden, und der Tor brennt darauf, sie auszuprobieren und einzusetzen. Und jetzt ist er kein Tor mehr.

Die Kraft zum Sieg war schon vorhanden, doch jetzt gilt es, sie geschickt anzuwenden. Blitz und Donner haben gemeinsam alles, was nötig ist, den Sieg zu erringen.

41.

DOR – TYR   TYR – DOR

Die zielgerichtete Kraft

Wer TYR und DOR im Namen hat, dem stehen Tür und Tor offen, denn Riesenkräfte stehen ihm zur Verfügung und gewisse Zielvorstellungen hat er auch. DOR ist das breite Tor, TYR die dahinterliegende Tür.

Das Tor ist noch öffentlich, breit und meist mit einem einfachen Schloß oder Riegel versehen. Es ist kein großes Problem, es zu durchschreiten. Bei der Tür ist das schon anders, sie befindet sich bereits im privaten Bereich, ist schmaler und hat ein komplizierteres Schloß. DOR ist der breite Weg, eine mächtige horizontal ausgerichtete Kraft steht zur Verfügung, mit der man sich den Weg erstmal grob frei schlägt. Besondere Rücksichten auf Moral oder Sinn gibt es noch nicht, die pure Kraft herrscht vor. Doch ist der Weg erstmal frei, kommt TYR aus dem Verborgenen und gibt der sinnlos waltenden Kraft eine Orientierung, denn TYR ist vertikal ausgerichtet, am Polarstern orientiert.

Aber TYR kann erst walten, wenn DOR die Voraussetzungen geschaffen hat, da es nicht über die enorme DOR-Stärke verfügt. Dafür bringt die TYR-Rune die Weisheit mit – die Verbindung beider Runen macht die verfügbare Kraft zielgerichteter und effektvoller, indem sie ihr einen Sinn oder ein Ziel gibt. Wo rohe Kräfte bedenkenlos agieren, würde sonst Schaden entstehen, doch TYR wendet den Schaden ab, das breite Tor führt zur schmalen Tür.

Man muß schon achtgeben, um hindurchzugelangen. Nur mit dem komplizierteren feinen Schlüssel ist das möglich. Ohne Zielgerichtetheit kein Einlaß, ohne Moral kein Zugang zur Weisheit. Wenn zur kräftigen Tat Sinn und Treue kommen, wird aus der starken Energie eine treue und loyale Kraft.

Thor und Tyr, Söhne Odins, sind die beiden Schlüssel zum Erfolg: Thor, der brave Tor, öffnet das Tor mit dem Hammer (Körperkraft), Tyr, der treue Ziu, öffnet die Tür mit dem Schwert (Geisteskraft).

42.

DOR – BAR   BAR– DOR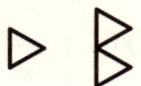

Mutter Erde

Thors Mutter war Jörd, die Erde. So stand Thor der Erde nahe und war der Gott der Bauern.

Stolz steht der Bauer am Tor und blickt über sein Anwesen. Kräftig sprießt das Korn. Pflanzen und Tiere gedeihen. Viel Arbeit und unermüdliche Energie waren notwendig, um dies alles zu erreichen. Nichts wurde dem Bauern geschenkt, er hat alles aus eigener Kraft geschaffen. Daß es ihm gelang, ist nicht nur auf ausdauernden Arbeitseinsatz zurückzuführen, sondern vor allem auf sein Gespür, seinen Bezug zur Natur. Er spürt die Quellen der Kraft, die dem Boden innewohnen, und weiß sie umsichtig und konkret zu nutzen. Seine Frau hat eine große Kinderschar geboren, alle sind gesund und voller Tatendrang. Bauer und Bäuerin sind ein starkes, naturverbundenes Paar.

Die Kraft des Bauern liegt in seiner Arbeit, die der Mutter mehr im emotionalen Bereich. Während der Vater für die äußeren Bedingungen sorgt, gibt die Mutter gefühlsmäßige Sicherheit und Geborgenheit. Sie hat Verständnis und Geduld, ihre Stärke liegt im Verzeihen. Die Kraft der Mutter ist beständig. Wie aus einer unversiegbaren Quelle scheint sie immer neue Energien zu erhalten, wenn sie erschöpft und ermüdet ist.

Doch nicht jeder ist ein Bauer. Die Kräfte, die hier im Spiel sind, können auf vielen Ebenen wirksam werden. Gleichgültig ob Bauer, Mutter oder Künstler oder etwas ganz anderes: Wesentlich sind hier starke, gebärfähige Kräfte, die verwirklicht werden wollen. Und was auch immer daraus entstehen wird, es wird in jedem Fall stark und naturverbunden sein. Denn die Kraft kommt aus der Quelle der Erde. Aus ihr wird immer wieder Neues geboren – und Thor wird das neu Entstandene gern beschützen. Ist er doch selbst mit Mutter Erde verwandt.

43.

DOR – LAF   LAF– DOR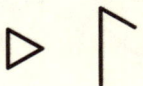

Thor muß lernen

Thor lebt, aber er schlägt gleich mit dem Hammer zu, denn er hat eine starke, doch gleichzeitig eckige und rohe Kraft.

Geht DOR allerdings eine Verbindung mit LAF ein, muß Thor sich mäßigen. Denn LAF ist das Fließende des Wassers. LAF fließt, statt zuzuschlagen, doch ohne Kraft würde alles zerfließen und im Sande verlaufen. Beide Runen zusammen bringen Harmonie in die Kraft oder Kraft in den steten Fluß.

Thor setzt seine Energien harmonisch ein, und aus dem fließenden Wasser wird ein starker Strom. Die Energie verliert ihre Eckigkeit und wird zur lebendigen Kraft. Lebendig zu sein heißt, Natürlichkeit zu bewahren. Lebendige Lebenskraft braucht keine Rollen zu spielen und ist auch nicht darauf angewiesen, etwas darzustellen. Ein lebendiger Mensch folgt niemals steifen Regeln, seine Kraft ist spontan und einfallsreich. Er hat eine Menge Energien zur Verfügung, die nicht durch Einengung in Rollen gehemmt werden, sondern frei fließen können.

Um sie gut und sinnvoll einzusetzen, sollten sie planvoll und gut durchdacht reguliert werden. Ein Staudamm kann die Kraft des Wassers auch nur dann gut nutzen, wenn die Energien, die in der Ansammlung des Wassers enthalten sind, reguliert werden. Mal wird die Kraft gesammelt, dann wieder abgeleitet. Das muß harmonisch erfolgen, sonst trocknet der Stausee aus, oder das Wasser überschwemmt und zerstört alles, statt dem Leben zu dienen. Dann hat Thors Hammer wieder einmal unbedacht zugeschlagen. Die Kraft war groß, der Schaden ist es ebenfalls.

Vernünftig gelenkt, kann mit den vorhandenen Energien, sorgsam aufgespart, gesammelt und verwaltet, eine große Lebenstat vollbracht werden. Es ist möglich, etwas zu vollbringen, das den höchsten Ansprüchen genügt, die man an sich selber stellen kann. Dann hat Thor seine großen Kräfte nicht vergeudet, sondern harmonisch eingesetzt – die schönste Verwirklichung der Lebenskraft.

44.

DOR – MAN   MAN– DOR

Mann am Tor

Thor war der Gott, der den Menschen am nächsten stand. Mit seinem starken Hammer ging er auf Ostfahrt, um Riesen zu erschlagen. Bei dieser Tätigkeit war es nicht notwendig, viel Verstand einzusetzen, Kraft allein war ausreichend. Die Menschen liebten ihn, weil er oft auch unüberlegt zuschlug. Seine Torheit machte ihn menschlich. Vor allem aber war er ein guter Beschützer, denn wer sonst außer ihm wagte es schon, sich mit den Riesen anzulegen?

Der Mensch, der DOR-Kräfte, Thors Kraft, in sich hat, kann sich leicht aufspielen und den starken Mann markieren. Stärke wird immer bewundert. Doch sind Riesenkräfte auch gefährlich, wenn nicht der Verstand eingesetzt wird. Wer DOR in sich hat, sollte bei der Ausübung seiner Kräfte aufpassen und nicht dumm handeln. MAN-DOR macht aus der wilden Kraft die menschliche Kraft. Der kräftige Mensch denkt nach. MAN betont den Oberkörper, das Denken und Handeln. Der Mensch steht aufrecht und reckt die Hände zum Himmel. Zur Sonne oder auch zum Mond. So erhält er mentale Kräfte. Seine Energie wird menschlich, das heißt, mit Verstand eingesetzt.

Der Mensch steht am Tor und bewacht es. Kraft genug hat er, jeden abzuwehren, der es nicht durchschreiten soll. Kraft ist für einen guten Torhüter unerläßlich. Schon sein Auftreten hält manch Unbefugten vom Eintreten ab. Doch will er ein wirklich guter Torhüter sein, sollte er auch in der Lage sein, entscheiden zu können, wer befug und wer unbefugt ist. Dazu muß er seinen Verstand einsetzen und menschlich entscheiden.

Sollte es nicht sein Schicksal sein, das Tor zu bewachen, so kann er immerhin auch das gegnerische Tor stürmen. Kraft und Energie sind genügend vorhanden. Doch sollte er nicht sinnlos vorwärts stürmen, sondern zuerst seinen Verstand gebrauchen und prüfen, ob es zweckmäßig sei. Sinnloses Einsetzen starker Kräfte bringt oft genug nur Schaden, das gezielte, durchdachte Handeln dagegen führt, wenn menschlich vorgegangen wird, fast immer zum Erfolg.

45.

DOR – EH   EH – DOR

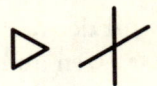

Das Gesetz der Kraft

Für Thor war das Gesetz ganz einfach: Wurde er beleidigt, schlug er mit dem Hammer zu. Er war ziemlich oft beleidigt, und so starben etliche Riesen unter der Wucht seines Hammers.

Das ist die simple Anwendung der Kraft, sie ist stark und noch an die Materie gebunden. EH gibt dieser Kraft die Möglichkeit zum Aufstieg von der Erde zum Himmel; dann wird aus der erdgebundenen Energie die Kraft der Erlösung.

Was kann man tun, wenn DOR und EH zusammentreffen? Man könnte z. B. erst einmal heiraten. Dann fließt diese Kraft in die Ehe ein. Natürlich nur, wenn der richtige Partner gewählt wurde. Sonst kommt es zum destruktiven Ausbruch dieser Kräfte, und Thors Hammer schlägt zu. Dann kracht und donnert es in der Ehe, und alles wird zerschlagen. Ist aber der richtige Partner gefunden, findet eine gegenseitige Stärkung statt. Jeder gibt dem anderen Energie, und so entsteht ein starkes Paar, das auf ewig zusammenbleiben wird. Dann sind die DOR-Kräfte nicht mehr zerstörerisch, sondern stärken diese Ehe, so daß in ihr vieles verwirklicht werden kann, was dem Einzelnen nicht möglich gewesen wäre. So wird diese Ehe zur ewigen Kraftquelle.

Wem die Ehe nicht liegt, denn nicht jeder ist für sie geeignet, kann seine Kraft auch für das Gesetz einsetzen und zur Polizei gehen. Denn EH ist nicht nur die Ehe, sondern auch das Gesetz. Bei der Polizei sind starke Kräfte gefragt, und so wären diese auf der weltlichen Ebene sinnvoll eingesetzt.

Dann ist man allerdings in der äußeren Welt, der Materie, verhaftet. Für DOR-EH gibt es aber auch die Aspekte der geistigen Welt und der inneren Gesetze. Es ist nicht gleich nötig, von der Polizei ins Kloster zu gehen, aber eine Entwicklung in dieser Richtung wäre gut, denn die Kraft zur Befreiung ist da. Eine Vergeistigung ist möglich, und mit der gegebenen Kraft kann man über die materiellen Notwendigkeiten hinausgelangen in die Vergeistigung.

Wird die Energie mehr geistigen als stofflichen Zielen zugeführt, wird der Mensch freier. Er entscheidet nach seinen eigenen inneren Gesetzen und übernimmt die Verantwortung für das, was er tut.

46.

OS – OS   OS – OS   ᛏ ᚼ

Luftgötter

OS ist Odin, der Ase. Er hauchte den ersten Menschen, Ask dem Mann und Embla der Frau, die Seele ein. Als das Christentum siegte und die heidnischen Religionen verboten wurden, bekam Odin Tabu- oder Tarnnamen. Er war der »Graue« oder auch der »Hase«, was nichts anderes heißt als der »Hohe Ase«. Hasen schlagen Haken und sind daher schwer zu fangen. Odin lebte im Verborgenen weiter.

Kam schlechtes Wetter auf, drohten Sturm oder Gewitter, erinnerte man sich an ihn. Furchtsam wurden Fenster und Türen geschlossen, und man hielt sich im Haus auf, bis die »Wilde Jagd« am Himmel vorübergezogen war. Jäger- und Reitervölker, die die Ebenen bevölkerten und stets die Weite des Himmels über sich sahen, beteten Luftgötter an. In ihrer Angst, der Himmel könne über ihnen einstürzen und alles Leben vernichten, huldigten sie ihnen mit größtem Respekt.

Mit der OS-Rune befinden wir uns in den oberen Luftbereichen. Fliegen ist somit ein naheliegender Wunsch. Fliegen per Flugzeug oder im Geiste, das ist Geschmackssache oder eine Sache der Veranlagung. Mitunter hängt es auch von den Umständen ab. Flugzeuge sind ja nicht immer verfügbar und Flugreisen nicht immer möglich.

Fliegen im Geiste sollte bei OS-OS dagegen kein Problem sein. »Die Gedanken sind frei«, heißt es in einem Lied. »Sie fliegen vorbei wie nächtliche Schatten«, geht es weiter. Doch der Flug der Gedanken sollte richtig dosiert sein. Sonst endet man in weltfremden Gefilden oder verliert sich im Wahnsinn. Behält man aber die Kontrolle, können geniale Ideen entstehen, während man gedanklich in göttliche Bereiche vorstößt.

Jeder, der fliegt, sollte auch landen. Genialität zu erreichen, ist zwar schön, aber noch besser ist es, sie auch noch ins Leben zu integrieren, bevor man wieder aufbricht in neue Bereiche.

47.

OS – RIT   RIT – OS   ᛨ ᚱ

Der Ritter spricht

Die Sprache wird hier zur Rede. Das heißt, daß der göttliche Gedanke über RIT, den Ritter, als Mittler praktisch weitergegeben wird. Das höhere Prinzip wird so auf verständliche Weise dem Volk vermittelt. RIT bringt die Himmelskräfte auf die Erde.

OS-RIT: Im Geist entsteht Bewegung. Neue, ja wilde Ideen und Gedanken kommen hervor, und bei so viel Dynamik des Geistes muß man aufpassen, daß man nicht aus dem Rhythmus gerät. Denn wenn das Denken zu schnell und unkontrolliert rotiert, verliert man leicht den Faden und wird verwirrt und wahnsinnig. Deshalb ist der Rhythmus wichtig, damit das Denken sich nicht in sinnlosen Spekulationen verliert und »abdriftet«, sondern effektiv bleibt.

So, wie der Ritter gleichmäßig und stetig weiterreist und das Land erkundet, sollen auch Sprache und Denken beweglich und damit lebendig sein. Der Ritter wird viel Neues sehen und viele verschiedene Sprachen hören, während er unterwegs ist. Und so werden ihm weder Sprache noch Gedanken in Routine erstarren. Seine eigene Sprache wird er stets nicht nur lebendig erhalten, sondern durch die Vielfältigkeit des Geschehens ständig erweitern und auch neue Sprachen leicht erlernen. Er wird flexibel sein im Denken, Reden und Handeln. Stets aber eine ausgewogene, gerechte Rede halten, wenn es darauf ankommt, Recht zu sprechen, denn er ist ein Ritter. Ritterliche Sprache ist auch eine gehobene Sprache. Er muß seine Rede sorgfältig überlegen, will er sicher sein, vom Volk verstanden zu werden. Seine Rede gilt gleichwohl Herrschern und Beherrschten, darum muß seine Wortwahl sorgfältig und verständlich sein.

Wer Reden halten will, muß das Atmen üben, sonst kommt er plötzlich »aus der Puste«. Nur der richtige Atemrhythmus macht eine längere Rede möglich. Den richtigen Rhythmus einzuhalten, ist für die Gesundheit des Körpers genauso wichtig wie für die Umsetzung der Gedanken in eine verständliche Rede.

48.

OS – KAN   KAN– OS

Sprachtalent

Der Osterhase kann Eier legen und ist für Überraschungen gut. Auch Odin, der Luftgott, sorgte stets für Überraschungen – man mußte auf der Hut sein. Der Osterhase versteckt die Eier unter den Büschen, Odins Eier waren die Runen, er fand sie unter dem Weltenbaum. Und damit brachte er die Schrift zur Vermittlung der Sprache in die Welt.

OS/OD ist auch der Atem, der Odem. Odin hauchte mit dem Atem die Sprache ein. Atmen und Sprechen gehören zusammen, und beides will gelernt sein, um sprechen zu können. Sprechen können heißt atmen können. Wird das Atmen nicht beherrscht, bleibt das Sprachtalent aufs Schreiben beschränkt. Odin konnte beides, atmen und sprechen, und er konnte dichten. Um ein Gedicht aufzusagen, darf man nicht durch falsches Atmen aus dem Takt kommen, denn das würde das beste Gedicht verderben.

Wenn man sprechen kann, kann man, im richtigen Umgang mit der Sprache, auch überzeugen. Man muß sich klar ausdrücken können, wenn man verstanden werden will.

OS-KAN: die Sprache der Könige. Die Könige müssen geschickt mit der Sprache umgehen können, damit folgenschwere Mißverständnisse vermieden werden. Oder eben auch so sprechen können, daß jeder sich angesprochen und verstanden fühlt. Wer diplomatisch vorgehen muß oder will, muß die Feinheiten und Nuancen der Sprache einsetzen. Er muß so sprechen können, daß er die Zuhörer im Bann hält und sich nicht vom Thema ablenken läßt.

Die Sprache ist heilig, denn sie kommt von den Göttern, der Umgang mit ihr muß geübt werden. Denn will man über die bloße Mitteilung hinauskommen, will man »ansprechen«, so muß man überzeugend sprechen können, und das ist eine Kunst.

49.

OS – HAG   HAG – OS

Der Osterhase

Das Heil oder die Ganzheit in der Sprache. Die Sprache ist heilig und mächtig, denn sie kann alles erklären oder auch verschleiern.

HAG-OS, der hohe Ase, ist Odin selbst. Später wurde der heilige Hase, der Osterhase, daraus. Der Osterhase, Tarnname für die hohen Asen, bringt das Weltei in Form von Ostereiern. Deshalb sind Ostereier so gesund.

Die Sprache hat die alte Bedeutung verschleiert, und nur Eingeweihte wissen noch, worum es im Grunde geht. Eingeweihte wissen um die Ganzheit der Sprache, und wie wichtig sie ist. Ein Wort kann, oberflächlich betrachtet, relativ unbedeutend und in Wahrheit doch voller Symbolkraft sein. Die ganzheitliche, ja vollständige Sprache kann in nur einem Satz mehrere Ebenen des Bewußtseins ansprechen und verschiedene Bedeutungen zulassen. Große Literaten wissen das und arbeiten mit der Vielschichtigkeit der vollkommenen Sprache. So wird der Wert des Werkes erhöht, da man in denselben Sätzen immer wieder neue Aspekte entdeckt.

Sprache bringt Heil und Unheil. Ein rechtes Wort zur rechten Zeit kann aufklärend, beruhigend, ja heilend sein. Das falsche Wort schafft Mißverständnisse und führt zum Unheil. Daher sollte die Sprache mit Bedacht angewandt werden. Sie ist heilig, und heilige Dinge verdienen Respekt. Man sollte niemals unbedacht mit ihnen umgehen. Mit der Sprache kann Heil und Unheil entfesselt werden, also ist ein sorgsamer Umgang damit in jedem Fall empfehlenswert.

Auch zur Heilung wird die Sprache eingesetzt. Die sprach-thera-peutische Behandlung kann ebenso wie die atem-therapeutische Behandlung zur Ganzheit des Menschen beitragen. Richtiges Atmen führt zur Gesundheit, richtige Sprache zum Heil. Vernünftig mit Atem und Sprache umzugehen ist ein guter Schritt in Richtung Ganzheit. Und nur in der Ganzheit liegt das Heil.

50.

OS – NOT   NOT – OS

Die Not vor Augen

Wer Not und Tod immer vor Augen hat, wird sich stets auf das Not-wendigste beschränken, im Denken wie im Handeln. Denn nur die schnelle und richtige Tat zählt, und die muß dann auch noch so effektiv wie möglich sein, soll sie die Not wenden.

Wenn »Not am Mann« ist, verbieten sich überflüssige Diskussionen, womöglich noch in Konjunktiven, ganz von selbst. Reden um des Redens willen kann in der Notlage tödlich sein. Der Mensch, der OS-NOT im Namen trägt, bedient sich der Not-Sprache. Das heißt, er beherrscht ein rationales Denken und konzentriert sich sofort und ohne Aufhebens auf die Lösung eines Problems, begleitende Umstände sind nicht von Interesse. So bekommt sein Wort eine schicksalhafte Note, denn er wird nur solche Anordnungen treffen, die auch etwas bewirken. Er macht kein Aufhebens von seiner Rolle des Eingreifens in das Schicksal, und er läßt sich nicht ablenken. Seine eigene Bedeutung bedeutet ihm nichts, er ist bescheiden. Das sind gute Voraussetzungen für eine Führungskraft, sie führen zum Erfolg, aber nicht zur Gesellig-keit. Ein Sprechen, das von der Notwendigkeit beherrscht wird, ist für Konversation nicht sonderlich geeignet.

Doch das schadet nichts. OS-NOT begnügt sich mit dem Notwen-digsten und richtet das Augenmerk nur auf das wirklich Notwendigste. »Besitz belastet« ist eine Einstellung, die dem Träger dieser Runen eigen ist, und Geselligkeit bedeutet ihm nichts. Lieber beschäftigt er sich mit Gedanken an Tod und Wiedergeburt – der Seelenwanderung gilt sein Interesse. Mit dem Tod vor Augen ist ihm karmisches Denken selbstverständlich.

Oft führt solch Leben zur Askese; da auf einmal nichts mehr von Bedeutung zu sein scheint. Allerdings nicht zur Selbstaufgabe, denn die notwendige Lebenskraft bleibt immer erhalten. Es sei denn, der Mensch gerät in Atemnot. Doch das kann durch Meditation behoben werden.

51.

OS – IS   IS – OS

Ich spreche

»Ich spreche«, das Individuum meldet sich zu Wort, es hat eine eigene Meinung und will sie kundtun. Doch wenn ich spreche, sollte das Gesagte auch von Bedeutung sein. Es muß überlegt sein, ob das, was ich für wichtig halte oder von dem ich überzeugt bin, auch für die anderen, die ich anspreche, von Bedeutung ist. Das »Ich« muß verdient sein, und was ich sage, soll zuerst durchdacht werden. Nur, wenn das Gesagte auch sinnvoll ist, wird es den anderen erreichen. Bin ich dagegen grundlos von mir überzeugt, wird das Gesagte zum Gerede und damit wertlos sein und ohne Bestand.

IS gibt dem Wort Rückgrat, und das Denken wird gradlinig sein. Ob recht oder unrecht, ob moralisch oder nicht, ist noch nicht festgelegt. Aber das Wort steht in jedem Fall im Einklang zu der persönlichen Überzeugung. Es wird nicht gelogen und auch nicht phantasiert. Sprecher und Sprache stimmen überein. Das sprechende Individuum sollte lebendig im Geiste sein, sonst entsteht durch starres Denken eine »eisige« Sprache, die niemanden berührt, und der Sprecher zerbricht an seiner Starrheit.

I – O = Input – Output. Ich will etwas und melde mich zu Wort. Wenn ich etwas will, muß ich es erstmal sagen. Der Wille zum Wort ist da, ich füge mich nicht wortlos in die Gegebenheiten oder Umstände, sondern ich will mitreden und so auch mitgestalten. Ich lasse nicht alles mit mir machen , denn »ich will«, und ich sage, was ich will.

Denken und Wollen motivieren zur Tat. Und wenn das, was ich denke und will und letztendlich auch sage, einen Hintergrund hat und sinnvoll und lebendig ist, wird auch etwas geschehen. Und zwar im Sinne dessen, was ich gesagt habe.

52.

OS – AR   AR – OS

Adlerhaupt

Hoch oben am Himmel zieht Odins Adler seine Kreise. Und wo Odins Adler ist, ist auch der Gott nicht weit. Beide bleiben stets in Verbindung zueinander, und wie weit oder wie hoch der Adler auch fliegen mag, so kehrt er doch immer wieder zu Odin zurück. Manchmal aber wird auch Odin selbst zum Adler – dann erhebt er sich in die Lüfte und betrachtet die Welt aus höherer Sicht.

OS-AR: An der Sprache muß gearbeitet werden, um sie vom bloßen Instrument der Mitteilung zur edlen Sprache zu erheben. Die edle Sprache ist vielfältiger im Wortschatz und differenzierter in der Ausdrucksweise. Es wird möglich, eine Angelegenheit auf unterschiedlichen Ebenen auszudrücken. Feine Nuancen in der Ausdrucksweise geben dem Gesagten einen unterschiedlichen Sinn.

An der Sprache zu arbeiten, ist ein Spiel mit Gedanken, Worten und Möglichkeiten. Eine ungeheure Kombinationsfähigkeit ist gegeben, das Spiel kann immer wieder neu durchdacht und kombiniert werden. Jedesmal entsteht etwas Neues. Eine Gefahr besteht allerdings darin, daß vor lauter Freude am Sprach- und Denkspiel der Wirklichkeitsbezug verlorengeht. Dann hat man Denken um des Denkens willen oder Sprache um des Sprechens willen. Damit kann man zwar sein Vergnügen haben, aber weder ist es realitätsbezogen, noch führt es zur Tat.

So, wie Odins Adler immer wieder zurückkehrt zur Erde, so sollte auch derjenige, der mit der Sprache umzugehen weiß, immer wieder auf den Boden der Tatsachen zurückkehren und sich nicht in Höhen verlieren, von denen aus er den Angesprochenen nicht mehr erreicht.

Wer genügend an der Sprache gearbeitet und Übung im Umgang mit ihr hat, kann nun auch mit der Sprache arbeiten. Odin beherrschte die Sprache und mit ihr die Kunst des Dichtens. Bei weniger poetischer Gabe ist aber auch ein Arbeiten mit verschiedenen Sprachen denkbar. Man kann die Worte von einer Sprache in die andere übersetzen oder auch sprachwissenschaftlich tätig werden.

Will man aber auf das Spiel mit der Sprache nicht verzichten, hat man Freude daran, die Feinheiten herauszuarbeiten, so wird aus Denken und Sprache vielleicht ein literarisches Werk.

53.
OS – SIG   SIG– OS

Odin und Sigurd

Ein Gedanke oder eine Idee wollen bewußt werden. Die Idee an sich ist noch unpersönlich und abstrakt für den Menschen, er kann damit allein nichts anfangen.

Auch Odins Geist ist viel zu allgemein, um von den Menschen verstanden und gelebt zu werden. Er, der Luftgott, braucht den Sonnenhelden als Mittler, um seinen Vorhaben auf der Erde zum Siege zu verhelfen. So wurde Sigurd zum Werkzeug für Odins göttlichen Willen. Sigurd war der Held, der sich mit Odins Gedanken identifizierte und sie auf der Erde durchsetzen sollte und konnte. Nur durch das persönliche Wollen des Individuums ist es möglich, die an sich abstrakte Idee zu verwirklichen und den Menschen nahe zu bringen. Sie muß vom Einzelnen begriffen werden, und das Erfassen des Gedanken wie auch das Erfaßtwerden vom Gedanken machen Sigurd zum Helden, der sogar den Drachen töten kann.

Doch der Weg des Helden ist schwer. Man will ihn nicht verstehen, und er muß Übermenschliches leisten, will er sich oder den Geist, der ihn beseelt, auf der Erde durchsetzen. Alles braucht er dazu:

Wendigkeit, Schnelligkeit und die Unberechenbarkeit und List der Schlange. Natürlich auch das beste Werkzeug, das zu haben ist. Lange schmiedete der Zwerg an Sigurds Schwert, bis dieser damit Sieg um Sieg errang.

Aber Odin, der Beschützer des Helden, ist launisch. Hat der Mensch seine Aufgabe erfüllt, muß er abtreten. Doch auch, wenn der Held sterben muß, ist etwas erreicht worden. Die Idee wurde verwirklicht und der Allgemeinheit zugänglich gemacht, so daß sie konkrete Formen annehmen kann.

Odin lenkt, Sigurd waltet. Wer sich auf Odin einläßt, ist ihm ausgeliefert in Sieg und Niederlage. Das ist nun einmal das Schicksal des Helden. Überlegungen, ob es »sich rechnet«, wie man heute sagt, sind überflüssig, denn Helden haben keine Wahl.

54.

OS – TYR   TYR– OS

Wort-Treue

OS ist die Sprache, und TYR zeigt in den Himmel. Denken und Sprechen werden an der Weltachse ausgerichtet, und da beide Runen in den Himmel zeigen, ergibt sich eine kosmische Ausrichtung.

Der Geist erhebt sich in phantastische Höhen und gelangt zur göttlichen Weltanschauung, wenn alles gutgeht. Es kann allerdings auch passieren, daß bei so viel Geistigkeit der Boden unter den Füßen verloren wird. Das wäre schade, denn dann würde aus dem idealistischen Denker nur ein »Spinner«. Stürzt man die TYR-Rune, um das zu vermeiden, gewinnt man zwar Bodenhaftung, verliert aber den Bezug zu den Göttern. So ist es schon besser, beide Runen himmelwärts gerichtet zu lassen und den Umgang damit zu üben.

Mit OS-TYR hat man ein mächtiges Werkzeug in der Hand. Der Verstand ist scharf und zielgerichtet, und so, wie Odins Speer nie sein Ziel verfehlt, wird hier auch das Denken und Sprechen sein Ziel nie verfehlen. Ein scharfer Verstand ergibt oft eine scharfe Zunge. Man muß achtgeben, den Angesprochenen nicht zu verletzen. Es ist besser, diese Eigenschaft heilend einzusetzen, indem man eine Angelegenheit klärt, indem man sie treffend »auf den Punkt« bringt.

TYR ist auch die Treue. Das gesprochene Wort ist ausgerichtet auf ein Ideal und moralisch gebunden. Mit diesem Wort geht man nicht leichtsinnig um, denn man bleibt seinem Wort treu, man »steht zu seinem Wort«. «Ein Mann, ein Wort», heißt es auch, und das trifft die Bedeutung von TYR-OS sehr gut. Ich habe einen scharfen Verstand und muß mir gut überlegen, was ich sage, denn zurücktreten kann ich nicht. Wort-Treue ist selten geworden in der heutigen schnell-lebigen Zeit, aber ihren Wert hat sie nicht verloren. Im Gegenteil, in Zeiten, in denen sich alles schnell ändert und auch die Ideale nicht mehr von Dauer sind, hat die Treue zum Wort einen hohen Stellenwert bekommen.

55.

OS – BAR   BAR– OS

Muttersprache

»Am Anfang war das Wort«, beginnt das Johannes-Evangelium, und aus dem Wort wird die Sprache. Die Luftgötter brachten die Wortmagie und die Dichtkunst – und eine Befreiung des Geistes durch das Denken.

Trifft die OS-Rune nun mit BAR zusammen, sorgt diese Konstellation dafür, daß das Denken nicht allzu abstrakt wird, denn hier wird der Verstand an die Wirklichkeit gebunden. Während das rein männliche Denken der OS-Rune durchaus in Kauf nimmt, für eine Idee in den Tod zu gehen, gibt BAR den Gedanken immer wieder den Bezug zur Erde. BAR-OS ist bodenständig, es entsteht die Muttersprache, die Heimatgefühl und Geborgenheit vermittelt.

»Der Bauer spricht.« Wenn der Bauer spricht, wird es sich nicht um phantastische Luftschlösser oder abstrakte Gedankengänge handeln, sondern immer im Zusammenhang mit dem täglichen Leben, mit dem Boden, den er bearbeitet, stehen. Und mit der Umgebung, in der er lebt und dessen Sprache bzw. Dialekt er von Kindheit an kennt und gebraucht.

Aber nicht nur der Bauer, auch der Historiker spricht von den Dingen der Erde. Der Rahmen ist weiter gesteckt, es geht um größere Zusammenhänge und Entwicklungen, aber auch er verliert sich nicht in Träumereien, sondern bleibt auf dem Boden der Tatsachen, wie der Bauer es tut.

OS-BAR ist ebenfalls ein sprachliches Gebären. Die Geburt aus dem Geiste, so daß Dicht- und Erzählkunst und damit Gedichte und Romane entstehen können. Allerdings wird es sich nicht um skurrile Verse oder Science fiction handeln, eher um Frühlingsgedichte oder historische Romane. Obwohl erdgebunden, wird die Sprache dieser Schöpfungen stets lebendig und abwechslungsreich sein, denn BAR ist auch die Quelle, aus der immer neue Worte »geboren« werden.

56.

OS – LAF   LAF– OS

Lebendige Sprache

Ein lebendiger Geist ist die Voraussetzung für eine lebendige Sprache. Ist der Geist müde oder träge, können keine lebendigen Gedanken und damit auch keine lebendige Sprache entstehen. Eine lebendige Sprache ist auch eine fließende Sprache, sie hat eine Richtung und ein Ziel, wie der Fluß, der in der Quelle entspringt und im Meer endet.

Die Quelle der Sprache sind die ersten Laute, die das Kind vernimmt. Zuerst sind es nur wenige Silben oder Worte, die stockend und unzusammenhängend sind. Doch plötzlich fängt die Quelle, die erst nur zaghaft aus der Erde sickerte, an zu sprudeln. Ganze Sätze, Geschichten, Erzählungen entstehen. Hat der Sprecher einen beweglichen Geist, wird der Fluß der Sprache harmonisch sein. Hindernisse werden umspült und umgangen, neue Ufer bringen neue Erfahrungen – der Fluß wird tiefer und breiter. Die Gedanken fließen – mal schneller, mal langsamer. Es gibt Seitenarme, Nebenflüsse und neue Impulse aus dem Zusammenströmen verschiedener Flüsse. Wasserfälle unterbrechen den gleichmäßigen Lauf und geben der Sprache unterschiedliche Höhen und Tiefen. Strudel wirbeln alles durcheinander, ein tiefer Sog kann ein paar Gedanken verlorengehen lassen. Aber schließlich und endlich mündet der Fluß im Meer, das Wasser des Flusses verliert sich im Ozean, wie die Gedanken der Dichtung sich im Universum verlieren.

Die lebendige Sprache ist die Sprache der Poeten und Dichter, Dichtkunst macht die Sprache zum Kunstwerk. Lebendige Dichtung schwebt himmelwärts und erreicht die Engel, das Wasser des Flusses verteilt sich im Ozean und erreicht die Ufer neuer Kontinente. Lebendiges kann nicht verlorengehen. Nicht in Gedanken und nicht im Wort.

Aber es gibt auch träge Flüsse und verschmutzte Tümpel, die mit der Zeit austrocknen und verschwinden. Träge Gedanken, träge oder verwässerte Sprache bringen nichts weiter und erreichen nichts. Auch gute Gedanken können durch überflüssiges Reden verwässert und nichtssagend werden. Nur das lebendige Wort hat die Möglichkeit, auch in der Unendlichkeit weiter zu bestehen.

57.

OS – MAN   MAN – OS

Osmanen

Osman gründete das Osmanische Reich der Türken, das sich über große Gebiete erstreckte und über einen langen Zeitraum bestehen konnte. Die Asen kamen aus Asien, vielleicht war Osman ein Asenmann.

Der höchste Ase ist Odin, der Allvater. Aus dem Holz der Esche schuf er Ask, den ersten Mann, aus dem der Ulme Embla, die erste Frau. So entstand das Geschlecht der Menschen Odins.

Obwohl Odin viele Künste beherrschte, war er vor allem der Gott der Schlachten und der Sprache und wurde so von Kriegern und Dichtern gleichermaßen verehrt. Odins Männer waren bewandert in der

Kriegs- und Wortkunst. War mit Odins Geschick die Schlacht gewonnen, mußte verhandelt werden. Jetzt brauchte man die Männer, die das Wort, die Sprache, beherrschten, um den größten Vorteil aus der gewonnenen Schlacht herauszuholen. Hatte die Kriegskunst versagt, waren die Männer des Wortes noch wichtiger, um die Niederlage nicht allzu schmerzlich ausfallen zu lassen. So ergänzten sich Odins Männer in Kriegs- und Wortkunst.

»Osmanen« gibt es auch heute noch. Sie sind immer und überall vorhanden. Es sind diejenigen Menschen, die durch Wort und Geist eine innere Befreiung erleben. Beim Aufsagen von Zaubersprüchen oder Mandalas berühren sich das Göttliche und das Menschliche. Der Mensch gibt den Göttern die Anerkennung und Verehrung, dafür erhält er die göttliche Gabe des Wortes, der Sprache.

»Wort mich von Wort zu Wort führte, Werk mich von Werk zu Werk führte«, sprach Odin. Eine Entwicklung nicht nur der Sprache, sondern damit einhergehend auch des Bewußtseins findet statt. Der Mensch sieht das Leben aus einer neuen Perspektive. Nicht die Veränderung der Wirklichkeit, sondern die Veränderung der Sicht bringt die Befreiung. Doch wie auf das Wort das Werk folgt, verändert die neue Sicht schließlich auch die Wirklichkeit und macht sie freier.

58.

OS – EH   EH – OS

Odins Pferd

Odins Pferd, das ist Sleipnir, das Pferd der Asen. Odins achtbeiniger, grauer Schimmel, der die Götter in die Unterwelt und überall hinträgt. Ein schneller Läufer ist Sleipnir, kein anderes Pferd erreicht seine Geschwindigkeit. Als Schamanenpferd steht es immer in Beziehung zum ekstatischen Erlebnis. Doch was ist Ekstase? Es gibt da viele Formen, aber es geht immer darum, die Normalität zum Geist hin zu verlassen.

Die germanische Mythologie kennt zwei Formen der Magie, durch die man zur Ekstase kommt. Die weibliche Magie, das Seidwerk der

Wanen, verwendet Sex und Drogen; die männliche Magie der Asen ist das Galdwerk, die Magie des Wortes und des Blutes.

Bei den Runen OS und EH geht es um das Letztere, das Galdwerk. Es ist die Sache der Luftgötter, sich mit der Wort- und Sprachmagie zu befassen. »Deine Geisteskraft macht dich frei«, das ist das ewige Gesetz der Asen. Odin fand die Runen und brachte die Sprache, durch die das Denken logisch zusammengefaßt und verständlich gemacht wird. Die Dichtkunst stand bei den Germanen hoch im Ansehen. Die Skalden dichteten die Edda, und alles, was von Belang war, wurde in dichterische Form gebracht und vorgetragen. So zogen die Dichter durch das Land und berichteten von Krieg und Niederlage und allen wichtigen Dingen, die sich im Land ereigneten. Auch die Heldensagen entstanden so und wurden dichterisch weitergegeben.

Heute ist zwar die Dichtkunst nicht mehr so wesentlich wie damals und dient auch nicht mehr der Nachrichtenübermittlung. Aber trotz alledem gilt auch heute noch das ewige Gesetz der Asen. Gerade in Zeiten der kurzgefaßten Mitteilungen und Informationen ist derjenige gefragt, der das Gesetz der Sprache beherrscht. Vielleicht werden in 30 Jahren, in der kommenden Computerwelt, die wenigen, die noch schreiben und lesen können, als Schriftgelehrte verehrt. Sprachkunst ist immer noch Magie und Macht, und wer die Sprache beherrscht, hat die Götter auf seiner Seite.

59.

RIT – RIT   RIT – RIT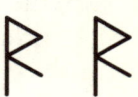

Bewegung ist alles

»Einst ging, sagt man, grüne Wege ein kluger Ase, kräftig und alt, gewaltig und kühn, der Wanderer Rig.« Mit Rig betritt der Ase als alter Wanderer die Menschenwelt. Ohne Rast und Ruh ist er unterwegs, lehrt die Runen und steht den Menschen mit Rat und Tat zur Seite.

So geht der alte Ase durch den Wald und zeugt auf seinem Wege drei Söhne, welche die drei Stände der damaligen Gesellschaft begründeten:

die Knechte, die freien Bauern und als obersten Stand die adligen Krieger. Ordnung kehrte ein in das Zusammenleben der Menschen, es gab Regeln und daraus abgeleitete Rechte, die von Rittern und Richtern gewahrt wurden. Denn wenn ein Luftgott die Erde betritt, werden Ideen verwirklicht und in die Tat umgesetzt. Ebenso, wie die Gesellschaft geordnet wurde, aus der Idee die Tat folgte, entwickelte sich die Sprache zur konkreten Rede. Rede ist die angewandte Sprache, wie man sie braucht, um Recht und Ordnung vor Gericht zu begründen und zu verteidigen.

Mit dieser Rune, RIT, erfolgt der Übergang von der Theorie zur Praxis. Die Ideen aus dem Luftreich nehmen Gestalt an, es kommt Bewegung in das Dasein. Doch die Bewegung machte nicht Halt mit dem Schaffen der Stände. Mit der Zeit veränderte sich alles, Bewegung kam auch in die wohlgeordneten gesellschaftlichen Schichten: Nach und nach verschwanden die Stände, es kam zu Klassenkämpfen, selbst Recht und Gesetz gerieten in Bewegung. Aus den Privilegien der Stände wurde gleiches Recht für alle.

Dieser Verlust der Stände brachte dem Einzelnen neue Möglichkeiten: Er mußte nicht mehr in der vorgegebenen Situation verharren, er kam in die Lage, seine Ausgangssituation zu verändern. Durch Willens- und Tatkraft konnte er nun viel erreichen und seinen Weg, seine Reise durchs Leben, relativ frei und unabhängig gestalten.

Für RIT ist es nicht wichtig, die Ursachen dieser Lebensreise ergründen zu wollen. Was zählt, ist die Bewegung: Der Weg ist das Ziel. Es ist die Einstellung des Kriegers: stets auf der Reise zu sein, stets bereit zu sein, die Lebensumstände zu ändern, vorwärts zu blicken, statt zurückzuschauen. So unterwegs, erhält er eines Tages seine Vision vom Leben, der er folgen kann.

60.

RIT – KAN   KAN– RIT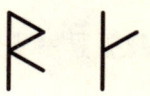

Reiten können

Der Ritter kann reiten, auch die Germanen waren Reiter. Viele Ritter waren unabhängig voneinander über das ganze Land verteilt. Doch befand sich dieses in Not, kamen sie zusammen und wählten einen von ihnen zum König. Den Besten aus ihrer Mitte hoben sie hoch auf den Schild. Dieser mußte dann alle anführen, um Bewegung in die Landesangelegenheiten zu bringen. Schließlich sollte die Situation ja verändert werden, und da helfen starre Gewohnheiten nicht weiter.

Jemand, der Recht sprechen oder von seinem Können als König überzeugen will, muß reden können. RIT-KAN hat die Begabung zum fähigen Redner, dessen Rede ansprechend und konkret ist, so daß man ihm gerne zuhört und sich auch überzeugen läßt von notwendigen Veränderungen. Wer reden kann, bringt Bewegung ins Bewußtsein seiner Zuhörer und erhält die Möglichkeit, fest eingefahrene Rituale zu verändern.

Wer geistig beweglich ist, hat auch vielfältige mögliche Begabungen, die sich auch weiterentwickeln und ändern können. Das kann zu Generationsproblemen führen, wenn der Vater z. B. an festen Vorstellungen oder Bräuchen festhalten will, der Sohn sich aber längst »weiterbewegt« hat. Er kann mehr, er hat die Möglichkeiten dazu und will sie ausprobieren. Ein beweglicher Mensch läßt sich nicht in starre Formen pressen, er wird sein Können umsetzen wollen.

Der Ritter konnte sich an seinen Idealen orientieren, der moderne »Ritter«, der RIT-KAN im Namen hat, wird seine Möglichkeiten zu nutzen wissen. Dazu muß er beweglich sein und »reiten« können. Nicht unbedingt auf dem Pferd – obwohl dies auch vielfältige Erfahrung bringt -, auch die Anpassung an die wechselnden Gegebenheiten der Umgebung ist wie ein rhythmischer Ritt, der den Reiter vorwärtsbringt. Man sollte »reiten« können.

61.

RIT – HAG   HAG – RIT

Die heilige Reise

HAG stellt den Weltenbaum dar, der alles umfaßt. Auch der heilige Kristall (Krist im All) im Raum ist HAG. Mit RIT kommt Bewegung in das Ganze. Im ewigen Kreislauf der Planeten, die um die Sonne kreisen, in der rotierenden Bewegung der Galaxis steckt das Streben nach Ganzheit. Spiralenförmig dreht sich das Universum, Sternenstücke und Sonnen mit sich reißend, und strebt nach der vollkommenen, runden Form.

Und mitten in der allumfassenden Bewegung steht der Mensch. Auch er ist in Bewegung, auch er braucht die Ganzheit. So, wie die Welt im Gleichgewicht gehalten wird, braucht auch er die Ausgewogenheit seiner Kräfte. Wird eine Seite oder ein Aspekt übertrieben, muß ein Ausgleich geschaffen werden. Sinnvoll ist, selbst auf ausgleichende Kräfte zu achten, sonst greift das Schicksal ein und stellt die Ganzheit unter Umständen mit Gewalt wieder her. Denn diese wird immer angestrebt. Gleichgültig, um welchen Preis.

RIT-HAG ist der Weg zum Heil. Heil ist nichts anderes als Ganzheit. Ist der Mensch ganz, ist er auch heil. Ganzheitliches Heilen erreicht mehr als das Kurieren an einzelnen Symptomen. Das Heil zu erreichen, ist allerdings ein hoher Anspruch. Man kann daran scheitern, scheinheilig, stolz oder hochnäsig werden. Dann wird aus Heil Hagel, und die heilige Reise endet im Unheil.

Der Weg zum Heil ist ein heiliger Weg, eine heilige Reise. Im heiligen Auftrag wurden die Kreuzzüge begonnen. Eine heilige Idee setzte die Ritter in Bewegung, um allen Menschen das zu bringen, was ihnen ihrer Meinung nach noch zur Ganzheit fehlte. Doch die Kreuzzüge konnten ihren heiligen Anspruch nicht erfüllen. Sie brachten mehr Unheil als Heil, denn die »heilige Idee« strebte mehr nach Macht als nach Ganzheit. Aus dem Guten wurde das Böse, und als statt Heil nur noch Hagel kam, waren die Kreuzzüge gescheitert.

Und doch haben sie zwei Kulturen verbunden, das alte Wissen kam wieder nach Europa zurück, und so wurde auf eine gewisse Weise dann doch noch eine Wiederherstellung der Ganzheit erreicht. Wenn auch anders, als man dachte. Aber wer eine Reise antritt, weiß eben nie im voraus, wie sie enden wird.

62.

RIT – NOT NOT– RIT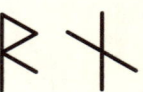

Ritter der Nacht

Wer reitet so spät durch Nacht und Wind? Diesmal ist es der Ritter, dessen Schicksal es ist, nachts unterwegs zu sein. Auf seinem Schild sind Mond und Sterne, das unterscheidet ihn sogleich von den anderen Gestalten, die unterwegs sind. Ist er ein guter Ritter, der ausnahmsweise nachts unterwegs ist, oder ist es der Schwarze Ritter, der die Nacht braucht, um unerkannt zu bleiben? Das kann man nicht gleich sagen, denn nachts sind alle Ritter schwarz. Man muß schon genau hinschauen, um zu wissen, mit wem man es zu tun hat.

Die Nacht lähmt die Bewegung, der Ritter kommt nur langsam vorwärts und muß behutsam sein, um nicht anzuecken. Dunkle Gestalten sind unterwegs, die ihm schicksalhaft werden können. Akzeptiert er sein Schicksal, bewegt sich vorsichtig und hält sich an seine Ideale, wird er ohne Schwierigkeiten die Prüfungen der Nacht bestehen. Ist er aber unbedacht und verrät die ritterlichen Prinzipien, holen ihn die Nachtdämonen.

Der nächtliche Reiter befindet sich auf seiner Schicksalsreise. Auf dieser ist er den Umständen schicksalhaft ausgeliefert. Wenn er sich gegen seine Bestimmung auflehnt, eckt er an und gerät in Not. Stellt er sich aber auf die gegebenen Umstände ein, schwingt er sozusagen mit dem Schicksal mit, kann er die Not wenden. Und nach Wendung der eigenen Not sich der Not der anderen zuwenden, zum »Retter aus der Not« werden. Das Schicksal des Ritters ist es nun einmal, seine Ideale zu leben und Not zu lindern.

Auch Notärzte sind helfende Ritter, die in der Nacht unterwegs sind, um der Not abzuhelfen. Wieweit sie von ritterlichen Motiven oder der Befriedigung einer gewissen Abenteuerlust oder auch nur von der Freude an der schnellen Bewegung – Notarztwagen sind schließlich schnelle Wagen – motiviert werden, weiß man nicht immer.

Die Ritter der Nacht hüllen sich in geheimnisvolles Dunkel. Erst wenn es hell wird, weiß man, wie schwarz oder weiß sie tatsächlich sind.

63.

RIT – IS   IS– RIT

Ich reite

Ich reite – doch wohin führt der Weg? Das ist verschieden, das Ziel ist gar nicht mal so wesentlich, die Bewegung zählt. Der Weg ist das Ziel, und auf dem Weg ergibt sich so allerlei.

Da RIT auch den Ritter versinnbildlicht, ist das Anliegen ein edles. Eine nur am Profit orientierte Geschäftsreise kann es nicht sein, nicht ausschließlich um Gewinn geht es, eher um das Recht und um die Ordnung. Der Ritter hat Ideale. Ich darf sie, wenn ich als Ritter unterwegs bin, nicht verraten. Ich reise als Ritter, ich sehe viel, ich komme in der Welt herum. Das Recht ist verschieden in den verschiedenen Ländern, als Ritter bin ich letztlich nur meinem Gewissen gegenüber verantwortlich.

Ich brauche die Stabilität von IS, um bei so viel Bewegung nicht zu rotieren oder die Übersicht zu verlieren. IS gibt mir innere Gewißheit im Kampf wie auch in der Rede. Redend muß ich meine Ideale verteidigen, auch die Rechtssprechung ist nur bei überzeugender Rede möglich. IS gibt die nötige innere Sicherheit im bewegten Leben, im Wechsel der Ereignisse, im Rad des Lebens.

Dieses dreht sich von der Geburt bis zum Tode unablässig, das Leben ist in ständiger Bewegung, ändert sich, die Ereignisse stehen niemals still. Man kann sich leicht verirren, vergessen, wo man steht. IS gibt RIT festen Halt. Nur so gerät der Ritter nicht unter die Räder, sondern bleibt standhaft und fähig zu ritterlichem Rat und Recht.

Andererseits sorgt die Beweglichkeit von RIT dafür, daß ich (IS) nicht zu einer Eissäule erstarre und der erste grobe Schlag mich wie einen Eiszapfen zerbricht. Ich bleibe flexibel. Obwohl ich aufrecht – man sitzt schließlich gerade auf dem Pferd – und aufrichtig bin, ist mein Rückgrat doch beweglich und nicht starr. Dies hilft mir auch, mich den Bräuchen und Gepflogenheiten der verschiedenen Länder anzupassen. Ich reite, ich fahre, ich reise – ich will die Bewegung, und die Bewegung stählt meinen Willen.

64.

RIT – AR   AR – RIT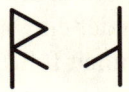

Rhythmische Arbeit

Der Edle reitet, der Adler fliegt: Beiden ist die Bewegung gemeinsam. Ebenso der Rhythmus der Bewegung. Der Reiter bewegt sich im Rhythmus des Pferdes, auch der Flügelschlag des Adlers unterliegt einem bestimmten Rhythmus. Und so kommen beide gut voran.

Auch die Arbeit kommt gut voran oder geht gut von der Hand, wenn sie in einem bestimmten Rhythmus erfolgt. Das wußten auch die Sklaven auf den Feldern und Galeeren, wenn sie im Arbeitstakt sangen und ihre Arbeit im Takt des Gesanges ausführten. Ist der richtige Rhythmus gefunden, läuft die Arbeit fast von selbst. Manche Tätigkeit, wie z. B. die Arbeit am Fließband, ließe sich ohne diese Regelmäßigkeit gar nicht aushalten.

Die Arbeit unterliegt natürlich vielen Rhythmen: dem des Tages, dem der Woche, des Jahres, auch dem Lebensrhythmus des Arbeitenden. Ist dieser an die natürlichen Tages- und Lebensverhältnisse angepaßt, fällt die Arbeit leichter. Morgens frisch zu beginnen, mittags eine Pause einzulegen, gegen Abend das »Tagewerk« langsam ausklingen zu lassen, ist natürlich und gut. Ebenso, wie es normal ist, sich in der Jugend mit Schwung und viel Energie in die Arbeit zu stürzen, mit zunehmendem Alter vielleicht etwas weniger Elan, dafür mehr Gelassenheit zu zeigen und es kurz vor der Berentung langsamer angehen zu lassen.

Gerät dieser natürliche Ablauf aus dem Takt, entsteht Streß: Der Arbeiter rotiert, bis er erkrankt oder zusammenbricht. Schlecht ist auch der gegenteilige Fall: Plötzliche Arbeitslosigkeit führt zu unerwartetem und noch nicht angebrachtem Stillstand. Auch das schadet Körper, Seele und Geist. Dann ist nach Möglichkeit ein Berufswechsel zu überlegen, um wieder Bewegung ins Arbeitsleben zu bringen.

Manchmal stellt man auch fest, in einen zwar gleichmäßigen, aber schädigenden, ungesunden Rhythmus geraten zu sein. Man dreht sich im Kreis: Eine negative Handlung hat negative Folgen, die zur selben negativen Handlung zurückführen. Dann muß der Rhythmus unterbrochen und ein kurzer Stillstand herbeigeführt werden, bis sich wieder ein Takt findet, der angemessen ist und zu entspannter Zufriedenheit führt.

65.

RIT – SIG   SIG– RIT

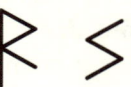

Ritter und Schlange

Die Sonne scheint, und der Ritter ist unterwegs auf siegreicher Reise. Er wird immer siegreich bleiben, solange er dem Sonnenprinzip folgt und sein Weg von edlen Motiven geleitet wird. Dann ist er der Weiße Ritter, der hohe Ideale verkörpert und Licht und Sieg bringt.

Doch wo viel Licht ist, ist auch viel Schatten. Der Ritter muß auf seine Schlange achten, daß sie ihn nicht in Versuchung führt. Die Schlange ist klug und schnell, aber sie hat auch dunkle Kräfte. Und wer so lange allein unterwegs ist wie ein Ritter, der muß schon aufpassen, daß er nicht plötzlich von der Sonne in den Schatten gerät. Klugheit und Schnelligkeit kann jeder Ritter gut gebrauchen auf dem Wege zum Sieg.

Diese Schlangenkräfte lassen sich natürlich auch zum eigenen Vorteil einsetzen. Die Schlange des Ritters ist unberechenbar. Sie hilft ihm zum Sieg, wenn er ihre Kräfte moralisch richtig verwendet, aber sie hat eben auch die Eigenschaft der Verführung. Sie stachelt an, die eigenen selbstsüchtigen Ziele zu verfolgen und den moralischen Anspruch zu vergessen. Dann hat der Ritter Probleme mit seiner Schlange. Gibt er ihr nach, wird aus dem Sonnenritter ein Schlangenritter. Ihm scheint die dunkle Sonne, die seine Siege unmoralisch und damit wertlos macht. Dann sollte der Ritter blitzschnell umdenken – sonst wird er noch vom Blitz erschlagen.

Der Sieg des Rades, auch eine Bedeutung von SIG-RIT, brachte Fortschritt, und die Welt kam in Bewegung. Der Handel kam in Schwung, der revolutionäre Sieg der Mobilität machte den Menschen noch mehr zum Reisenden. Diesmal nicht zu Pferde wie zu Ritterszeiten, sondern durch technische Fortbewegungsmittel. Aber die Schlange reiste mit, sie ließ den Menschen im Rausch des Tempos die Ideale vergessen, die einst den Ritter zu seinen Reisen motivierten.

Doch die Ideale gelten noch, vielleicht ging alles nur etwas zu schnell. Mit der Klugheit der Schlange läßt sich vielleicht auch eine Bewußtseinsstufe erreichen, die wieder moralische Aspekte in den Vordergrund stellt. Denn was hat man schon vom Sieg, wenn man anschließend vom Blitz erschlagen wird?

66.

RIT – TYR   TYR – RIT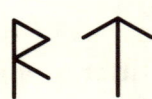

Der treue Ritter

Hier geht es um eine sinnvolle Reise mit einem würdigen Ziel, um die zielgerichtete Bewegung. Denn TYR, der Speer, ist ausgerichtet, und bevor er geworfen wird, muß das Ziel anvisiert sein.

Es gibt viele Ziele und viele Möglichkeiten, zu reisen. Auch zielloses Herumirren ist Bewegung, aber weder im Sinne von TYR noch im Sinne von RIT. Der Ritter sucht eine Aufgabe, ein Ziel, das zu verfolgen sich lohnt. Auch wenn es nicht immer erreichbar ist, wird er diesem Ziel treu bleiben, denn Treue ist seine höchste Tugend.

Nun ist Treue heute nicht mehr so gefragt, das heutige individuelle Leben läßt Treue zu einem anderen Menschen als Hindernis der

Selbstverwirklichung erscheinen. Dabei muß Treue nicht unbedingt an eine Person gebunden sein, es gibt auch die Treue zu sich selbst, zu einem Ideal, einer Religion oder einfach die ethisch-moralische Treue.

Der treue Ritter will etwas erreichen, will seine Ideale, denen er immer treu sein wird, unter die Menschen bringen, will sie weitertragen, denn dafür ist er unterwegs. Er kann auch in einen Krieg geraten, in Auseinandersetzungen verschiedener Fronten. Aber er ist gut gewappnet, er hat ja seinen Speer bei sich, und er wird sich nicht einschüchtern lassen, denn er kennt sein Ziel.

Er ist tugendhaft, der Ritter auf seiner Reise. Er läßt sich weder ablenken noch verführen, denn er besitzt Mut, Stärke und Standhaftigkeit. Und da er stark ist und fest zu seinen Idealen steht, wird er immer der Beschützer der Schwachen sein. Er ist nicht auf den Sieg oder seinen Vorteil ausgerichtet, es geht ihm immer um die Sache. Bevor er seine Seele verkauft, gibt er sein Leben, denn er ist ein Ritter und hat ein Ziel, und nichts anderes zählt.

67.

RIT – BAR   BAR– RIT

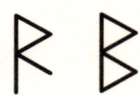

Ritter und Bauerstochter

Nur ein einziger Strich trennt RIT von BAR oder umgekehrt – und doch sind da zwei völlig verschiedene Welten.

Der Ritter, frei vom unteren Strich, lebt oft ein keusches Leben, das er höheren Zielen weiht. Ungebunden an Frau und Kind zieht er durch das Land. Immer unterwegs, um Recht zu sprechen und für Gerechtigkeit zu sorgen. Auch die Armen und Entrechteten finden bei ihm Schutz und Recht, denn redegewandt wird er sich für sie einsetzen. Hohe Ziele und ideale Vorstellungen strebt der Ritter an. Doch manchmal verliert er sich vor lauter Begeisterung in höheren Bereichen, die nicht mehr viel mit der Wirklichkeit zu tun haben. Dann ist er zwar immer noch edel in seinem Ansinnen, aber etwas weltfremd geworden. Und das nützt dann keinem mehr.

Der Bauer dagegen wird durch den zusätzlichen Strich zum Zeuger und damit erdverbunden. Er bearbeitet die Mutter Erde, sät und erntet und zeugt Kinder mit der Bäuerin. Natürlich ist er damit weniger beweglich, denn die heimatliche Scholle will das ganze Jahr hindurch gepflegt werden, und auch die Familie fordert ihr Recht. Wer den Boden bearbeitet und Frau und Kinder zu versorgen hat, hat weder Zeit noch Lust zu geistigen Theorien oder intellektuellen Ausflügen. So wird er mit der Zeit etwas wortkarg und uninteressiert am Geschehen in der übrigen Welt.

Soll eine sinnvolle Synthese gefunden werden, muß der Bauer auf einen Strich verzichten bzw. der Ritter den fehlenden annehmen. Dann kommt es zur Vereinigung der Gegensätze. Niemand verliert sich mehr im Extremen, Bauch und Kopf ergänzen sich konstruktiv. Der Bauer wird beweglicher im Geiste, und der Ritter gerät nicht in Gefahr, gegen Windmühlen kämpfen und weltfremde Ziele verfolgen zu wollen. Statt dessen heiratet er die Bauerstochter, verbindet sich mit der Scholle und bringt dafür mehr Weltoffenheit ins bäuerliche Leben.

68.

RIT – LAF   LAF– RIT

Leben als Reise

Ein Leben in ständiger Bewegung. Das kann ein Handelsvertreter sein, ein Abenteurer, der die Welt erobert, ein Zirkusartist oder auch ein Fernfahrer »auf Achse«. Es gibt viele Varianten eines Lebens in Bewegung. Auch ein bewegtes Leben kann es sein. Dann wechselt nicht der Ort, sondern die Geschehnisse mit all ihren Höhen und Tiefen halten das Leben in Schwung.

Man kann auch haltlos rotieren. Auch, wenn ich mich ständig im Kreis drehe, ist das Bewegung. Aber sie bringt – außer bei den wirbelnden Derwischen der Sufis – nicht weiter, Reisen sollten vorwärts gerichtet sein. Wenn sich das Leben immer wieder nur wiederholt, wird es zum sinnlosen Ritual ohne Inhalte. Ein Rhythmus sollte in der

Bewegung sein. Bei der Reise durch das Land oder das Leben sollte man auf den Rhythmus achten, um nicht aus der Bahn geworfen zu werden.

Auch der Ablauf des Lebens von der Geburt über das Erwachsensein und das Alter bis zum Tod unterliegt einem bestimmten Rhythmus. Jede Altersstufe muß ausgelebt werden, soll das Leben nicht ins Stocken geraten. Überspringen kann man nichts, auch nichts wiederholen. Es geht immer weiter, gleichmäßig und folgerichtig.

Natürlich hat eine Reise bequeme und unbequeme Abschnitte, es darf auch mal gerastet werden. Doch man sollte nicht verharren wollen. Alles verändert sich, nichts kehrt wieder, und nichts bleibt, wie es war. Das Leben geht weiter, der Reisende erfährt täglich neue Eindrücke, lebt in ständiger Anpassung an die Gegebenheiten, gewinnt eine neue Weltanschauung, verändert durch veränderte Umgebung auch sich. Gelingt es ihm, geistig in Bewegung zu bleiben und sich dem natürlichen Rhythmus des Lebens anzupassen, blickt er am Ende der Reise auf ein erfülltes Leben zurück.

69.

RIT – MAN   MAN– RIT

Der Mensch in Bewegung

Dieser Mensch ist in Bewegung. Vielleicht ist er einfach nur auf Reisen. Aus beruflicher Notwendigkeit oder aus Abenteuerlust oder weil die äußeren Umstände es nun einmal erfordern. Vielleicht steckt aber auch mehr dahinter. Eine gewisse Unruhe, die ihn vorwärts treibt, neue Erfahrungen zu sammeln, neue Eindrücke zu gewinnen und so seinen Horizont zu erweitern, seinen Geist beweglich zu halten.

Das Recht ist ihm wichtig. Schon der Ritter war unterwegs, um sich unter anderem um die Rechte der Menschen zu kümmern; heute sind die Menschen im Namen der Menschenrechte unterwegs. Damals auf dem Pferde, heute per Flugzeug. Gleichgültig. Hauptsache, der Mensch bleibt in Bewegung. Und er sorgt sich um die rechtlichen Belange. Was ist Recht und was ist Unrecht? Oft eine schwere Aufgabe, das zu ent-scheiden. Aber: Was recht ist, muß auch recht bleiben. Und so wird dieser Mensch, ein Mann des Rechts, sich umsehen und Erfahrungen sammeln müssen, um recht zu entscheiden. Auch das Recht ist in Bewegung. Andere Länder, andere Sitten. Was gestern Recht war, ist heute vielleicht Unrecht. Auch die Sitten und Gesetze ändern sich, sind ständiger Erneuerung unterworfen. Geistig beweglich muß man sein, wenn man da auf dem Laufenden bleiben will. Erstarrte Rechtsvorstel-lungen helfen da nicht weiter.

Recht allein genügt jedoch nicht, man muß auch überzeugen kön-nen. Wer Recht sprechen will, sollte redegewandt sein. Eine mitreißende Rede, welche die Zuhörer tief bewegt oder sogar von den Sitzen reißt, hat schon immer viel bewirkt. Ein guter Redner hält sein Publikum in Bewegung. Es denkt dann mit und läßt sich durch gute Argumente überzeugen.

Auch der Rennfahrer ist ein Mensch in Bewegung. In sehr schneller Bewegung sogar. Doch er hat keine höheren Ziele, seine Beweglichkeit ist allein auf die Fortbewegung beschränkt. RIT-MAN hat aber auch den Ritter in sich. Das heißt, Bewegung allein genügt nicht – sie sollte auch sinnvoll sein. Der menschliche Ritter von einst ist der ritterliche Mensch von heute.

70.

RIT – EH   EH – RIT

Der ewige Reiter

Der Reiter und sein Pferd sind auf der Reise, um das Gesetz zu schützen und ihm zu Recht zu verhelfen. Alles rotiert und ist in Bewegung. Nicht nur Pferd und Reiter ändern sich, auch das Gesetz bleibt von Veränderungen nicht ausgenommen.

Einstmals waren es der Ritter und sein Roß, die unterwegs waren, Recht und Gesetz zu wahren. Dann war es der Sheriff auf seinem Pferd. Der Ritter hatte bestimmte Vorstellungen von Ehre und Moral als

Grundlage seiner Rechtssprechung. Der Sheriff hatte Vorgesetzte, die das Gesetz festlegten. Auch motorradfahrende Polizisten sind Wahrer des Rechts. Der Ritter auf seinem Pferd und der Polizist auf seinem Motorrad verkörpern das Gleiche, nur die äußere Form hat sich verändert. Sie sind die ewig Reisenden, die ein Gesetz vertreten, das ebenso wie sie je nach Gesellschaftsform und Zeitgeist andere Formen annimmt.

Schwierig ist es, sich in dem steten Wandel zurechtzufinden. Oft sind die Gesetze bei der Abreise anders als bei der Ankunft. Alles rotiert. Gesetze einzuhalten ist relativ in Zeiten, in denen sich alles immer schneller verändert. Die Helden von gestern können die Verbrecher von heute sein, die Systemgegner von heute die Vorbilder für morgen. Recht scheint beliebig zu sein, »Rechtsverdreher« nutzen die verworrene Lage und bringen noch mehr Rotation in die ständige Bewegung.

Wie soll sich da ein »Ritter« noch auskennen? Der echte Ritter ist nämlich, gleichgültig in welcher Form er auftreten mag, nicht der buchstabengetreue Gesetzesvertreter. Ihm sind bloße Paragraphen zu wenig: Er hat noch das ewige, innere Gesetz verinnerlicht. Sein Gewissen ist ausschlaggebend für die Auslegung der Vorschriften. Dieses ist ihm wie die Nabe eines Rades, um die sich die vielen Gesetze drehen. Der wahre Standpunkt liegt unveränderlich in der Mitte der Rotation.

Doch um dieses zu erkennen, ist es notwendig, vom Rad der Bewegung abzusteigen und erstmal »Nabelschau« zu halten. Nur so findet sich der eigene Standpunkt, der moralisch vertretbar ist und sich am ewig gültigen Gesetz orientiert: an der Verbindung von Erde und Himmel. Um diese Verbindung dreht sich alles, und wer das erkannt hat, wird sich in jeder Bewegung zurechtfinden.

71.

KAN – KAN   KAN– KAN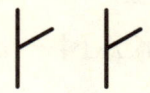

Wer kann, der kann

Wer kann, der kann. Doch das Können zu nutzen, ist eine Kunst. Die Chancen kommen und gehen, man kann sie ergreifen oder auch nicht. Mit dem Können ist noch nichts getan, und vom Können über das Wollen zum Tun ist ein langer Weg.

Die Potenz ist da. Sie kommt aus dem ganzen Menschen und sollte genutzt werden. Wer vieles kann, muß sich auch entscheiden können, sonst wird er sich hoffnungslos verzetteln im Rahmen so vieler Möglichkeiten. Dann wird zwar alles gekonnt, aber nichts davon richtig getan. Und das wäre schade, ja schädlich, denn brachliegendes Potential führt in die Krankheit.

Der Könner kann vieles. Er kann ein ganzes Geschlecht generieren, Künstler und auch Kenner sein. Das sind die Möglichkeiten der drei Ebenen Hirn, Herz und »Hokuspokus«. Wer etwas kennt, ist kundig. Er beherrscht z. B. die Sternenkunde oder die Kunde vom Menschen. Er kann diese lehren und weitergeben, denn Wissen soll »kund« getan werden. Auch Kunst kommt vom Können, jedenfalls sollte das so sein. Der Künstler hat seine Fähigkeiten im Herzen, auch die Gabe des Gebens ist dort verankert. Geben können ist auch eine Kunst.

Zweimal KAN, das ist der König der Könige und damit der Kaiser. Oder der Leiter eines großen Konzerns, wenn schon nicht die Möglichkeit da ist, ein Land zu regieren. Dieser muß dann aber den Weg vom Können zum Tun gegangen sein, wenn er »oben« bleiben will.

Auch Can-Can muß gekonnt sein. Oft führt erst langes Üben zum wirklichen Können. Wenn dazu noch die Kunde vom Tanz kommt, ist man auch ein Kenner. Es ist nötig, sich über das Fach seines Könnens kundig zu machen. Wissen, Erfahrung und Übung machen dann den Könner zum König seines Gebietes. Dann beherrscht er wirklich, was er kann.

Wirkliche Könner gibt es nicht viele, aber gebraucht werden sie überall. Und zwar dringend. Drum – komm, wenn du kannst!

72.

KAN – HAG   HAG– KAN

Heilkunst

Es liegt eine Situation vor, die die Chance zur Vollkommenheit bietet. Natürlich möchte man diese Möglichkeit auch nutzen. Man kann auch gar nicht anders, denn sonst würde man ewig darunter leiden, etwas Großes versäumt und wichtige Dinge nicht vollbracht zu haben.

Also, die Möglichkeit ist da, und man möchte sie wahrnehmen. Doch wie soll man vorgehen? Man muß aufs Ganze gehen, denn es geht um alles. Alles oder nichts. Große Chancen bergen ein großes Risiko. Es geht um Extreme, der Weg ist gefährlich und kompromißlos. Die Verantwortung ist groß, man kann alles erreichen, aber auch alles zerstören. Man sollte sich rüsten, immer »auf der Hut« sein und behutsam vorgehen, will man nicht das Gegenteil von dem erreichen, was man eigentlich erreichen wollte. Heil und Hagel liegen sehr dicht beisammen, man kann sich keine Fehler leisten. Man muß darum sehr aufpassen, denn es gibt keine Kompromisse auf dem Weg zur Ganzheit.

Wer selber ganz und damit heil ist, kann auch andere heilen. Auch dies ist eine große Chance, die eine ebenso große Verantwortung mit sich bringt. Es ist eine Kunst, richtig zu entscheiden. Gerade beim Heilen geht es oft um alles oder nichts. Wird die falsche Diagnose gestellt oder die verkehrte Therapie verordnet, kann der Kranke daran sterben. Es geht um Leben und Tod. Darum sollte der Heiler auf die richtige Fragestellung achten. »Was haben Sie?« ist zwar der direkte Weg, führt aber nicht weiter im Sinne der Ganzheit, die ja auch Gesundheit bedeutet. »Was fehlt Ihnen?«, ist dagegen der indirekte Weg, der mit dem Ziel der Vollkommenheit vor Augen zur Ganzheit und damit zur Gesundheit führen kann.

Falsche Fragestellung kann aus Heil schnell Unheil werden lassen. Alles muß vorsichtig angegangen werden, denn wer sich schon am Anfang einen Fehler leistet, wird im Hagel enden. Es ist nicht leicht, Großes zu erreichen, aber bei der richtigen Vorgehensweise ist es immerhin möglich. Das allein kann und sollte Ansporn genug sein, es auf jeden Fall zu versuchen.

KAN – NOT   NOT– KAN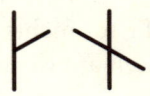

Das Opfer

»Ich kann nicht.« Ich möchte ja gerne, ich habe auch bestimmte Vorstellungen, aber leider, leider … Die anderen, die Bedingungen, die Außenwelt, ja sogar das Schicksal lassen mich nicht. Ich werde gehindert, alle sind schlecht zu mir, es ist einfach unmöglich, meine Vorstellungen zu verwirklichen. Spätestens im letzten Augenblick kommt etwas dazwischen. Ich bin das Opfer der anderen und ein Opfer der Umstände. Ich würde ja so gerne, aber es geht nun mal nicht. Ich kann wirklich nichts dafür.

Der Mensch, der so denkt, hat sich voll und ganz in die Opferrolle begeben. Er erleidet das Leben, statt es zu gestalten. Er fühlt sich nun zu recht unfähig, etwas zu verändern. Seelisch, und manchmal auch körperlich, ist er impotent. So sehr er unter dieser Opferrolle leidet, so gefällt sie ihm doch – was er weder sich noch anderen eingestehen könnte – in gewissem Sinne ganz gut. Denn »er kann ja nichts dafür«, gleichgültig was passiert. Und wer nichts dafür kann, der ist auch frei von jeder Verantwortung. Wie kann man ihn schließlich verantwortlich machen, wo er doch nur auf die Umstände reagiert oder von ihnen, allem guten Willen zum Trotz, gehindert wird?

Geht dieser Mensch jedoch in sich, wird er erkennen, daß er die Opferrolle aus Scheu vor Verantwortung angenommen hat. Und nun leidet er darunter. Doch das muß ja nicht so bleiben. Hat er den Mechanismus erkannt, kann er die Lage verändern. Indem er seine passive Opferrolle verläßt und beginnt, selbst Verantwortung für sein Schicksal zu übernehmen. Dann wird er vom Opfer zum Täter. Natürlich geht das nicht von heute auf morgen, auch mit Gewalt ist gegen die Umwelt auf Dauer nichts zu erreichen.

Bei den Indern heißt es: Tat tvam asi, »Das bist du«. Zwischen dem Individium und der Außenwelt ist keine endgültige Grenze, alles hängt mit allem zusammen. Auch die Welt bist du. Auch dein Schicksal bist du. Wer dies begreift, kann die Welt verändern, denn er verändert nur sich selbst. Und so wird aus »Ich kann nicht« – »Ich kann mein Schicksal meistern«.

Auf der höchsten Stufe dieser Einstellung steht der neutrale Weise. Er tut nichts, er läßt aber auch nichts, doch er wird stets zur rechten Zeit am richtigen Ort sein.

74.

KAN – IS   IS– KAN

Knecht oder König

Kann ich? Ich kann. Wenn ich kann, dann habe ich Möglichkeiten und immer wieder im Leben auch Gelegenheiten, etwas zu tun. Es sind spezielle Fähigkeiten, Talente oder Begabungen in mir, mit deren Hilfe ich vieles machen könnte.

Ich bin also in vielerlei Hinsicht potent. IS-KAN entspricht IS-GEN, ich kann also generieren, das heißt, mich fortpflanzen – auch in größerer Zahl – und Generationen erschaffen. Das wäre dann Potenz auf der körperlichen Basis. Doch ich kann noch viel mehr. Auch seelisch und geistig sind unendlich viele Möglichkeiten aufgezeigt.

KAN: Können allein heißt noch nicht müssen, sollen oder tun. Nicht einmal mögen oder wollen. Kommt IS zu KAN, kommt der Wille zum Können. Wollen können ist eine besondere Kunst, die nicht viele beherrschen. Sie liegt schon eine Stufe höher als das bloße Wollen, denn sie setzt ein Ich-Bewußtsein voraus. Ich will dann nicht nur das, was mein Körper, meine Gefühle oder meine Gedanken wollen, sondern das, was mein Bewußtsein will.

Doch man könnte so vieles, man wollte so vieles. Die Auswahl ist einfach zu mannigfaltig, zumal zu den Talenten auch noch die Wünsche dazu kommen. Ich könnte und wollte eigentlich – fast – alles machen. Und da liegt das Problem. In der Neigung, alles Mögliche auch zu tun, liegt die Gefahr, sich zu verzetteln. Ich muß unbedingt noch etwas können: Manche Möglichkeiten ausschlagen und nicht wahrnehmen, damit ich mich auf die wichtigen Dinge konzentrieren kann. Sonst fange ich alles an, was ich kann und will, und bringe nichts zu Ende. Dann bin ich der Knecht, der nichts Eigenes erreicht hat.

Habe ich aber die wesentlichen Möglichkeiten mit meinen Fähigkeiten und meinem Wollen verbunden, und kommt noch genügend Tatkraft dazu, um meine Wünsche Wirklichkeit werden zu lassen, dann bin ich ein König.

75.

KAN – AR   AR – KAN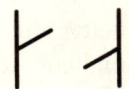

Arbeitstalent

AR-KAN: Arkanum heißt Geheimnis. Setzt man beide Runen zusammen, entsteht die EH-Rune. Das Geheimnis liegt in der Ehe. Man kann es ja mal damit versuchen.

Ansonsten haben wir es hier mit dem fähigen Arbeiter zu tun. Fähig ist er deshalb, weil er das Geheimnis der Arbeit gelöst hat. Sie dient ihm nicht nur zum Broterwerb oder hält ihn in der öden Routine des reinen »Malochens« gefangen, sondern sie ist ihm Sinn und Zweck seines Lebens geworden. Er hat die richtige Einstellung gefunden, er kann sein Können professionell verwenden. Und so erhebt ihn die tägliche Arbeit über die bloße Notwendigkeit hinaus und befreit ihn, da gute Arbeit auch gut bezahlt wird, von den materiellen Zwängen.

Um das zu erreichen, ist es notwendig, sein Können, seine Talente sorgfältig zu erforschen. Bei AR-KAN ist die Möglichkeit gegeben, Arbeit und Talent zu verbinden, denn hier sollte das Können in das Arbeitsleben integriert werden. Talente zum Hobby zu degradieren, reicht nicht aus. Es können ganz spezielle, besondere Begabungen da sein, auch künstlerisches Können ganz besonderer Art. Die Kunst liegt darin, die Arbeitsbedingungen so zu gestalten, daß die Talente ausgelebt werden können.

Niemals sollte die Arbeit unter seinem Niveau liegen, wenn der talentierte Arbeiter glücklich werden will.

Gerade bei künstlerischem Können besteht leider oft die Gefahr, daß man sich die Fähigkeiten nicht zutraut oder es nicht wagt, sie zur Arbeit, zum Beruf zu machen. Es kann sein, daß aus Angst vor dem

Risiko ein sicherer Arbeitsplatz bevorzugt wird. Oder daß man sich aus mangelndem Selbstvertrauen seine Talente gar nicht erst zugesteht. Dem Menschen, der so handelt und der aus Feigheit sein Können bei der Arbeit nicht einsetzt, wird alles schiefgehen, sein Arbeitsalltag wird ihm zur Qual werden, denn aus dem Talent zur königlichen Arbeit ist ein simpler Gelderwerb geworden.

Die Herausforderung bei KAN-AR liegt im Herausfinden und Einsetzen des Könnens in der täglichen Arbeit. Gelingt das, wird der fähige Arbeiter glücklich und zufrieden sein und kann so hoch fliegen wie der königliche Adler.

76.

KAN – SIG   SIG – KAN

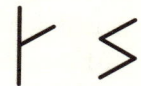

Sieg der Kunst

Die Kienfackel wird am Blitz entzündet, das Feuer brennt. Es ist kostbar und muß gehütet werden, denn allzu oft blitzt es nun mal nicht. Kann man das Feuer, das aus dem Blitz entstand, bewahren, so geht es der Sippe gut am heimischen Herdfeuer. Sie erhält Wärme und Sicherheit und damit Kraft und Zuversicht für alles, was da kommen mag.

Später werden die Kienfackeln an den Wänden der Burg entzündet, und in die hohen Räume kommt Licht. Man sitzt zusammen und feiert den Sieg. Diesen zu erringen war nicht leicht. Siegen muß man können. Dazu sind Feuerkraft und die Klugheit der Schlange vonnöten. Man muß sich erst einmal kundig machen und alle Möglichkeiten abwägen, wenn sich der Sieg einstellen soll. Vorschnelles Handeln ist nicht angebracht.

Der Kenner vernimmt die Kunde und prüft die Lage sorgfältig. Er wägt ab, was möglich ist und was nicht. Eine gute Strategie ist Voraussetzung, aber nicht alles. Die Situation verändert sich schnell und unerwartet, wer siegen will, muß flexibel sein. Siegen ist eine Kunst, und die Kunst des Siegens muß man beherrschen. Notwendige Grundlage ist das Ausnutzen der gegebenen Situation im richtigen Augenblick.

Doch die wahre Kunst des Siegens ist, wenn die Kunst siegt. Fechten beide Gegner gleich gut, beherrschen beide Technik und Taktik, können sie stundenlang miteinander kämpfen, ohne daß es zu einem Ergebnis kommt. Entscheidend wird dann der überraschende Moment, die plötzliche Idee sein. Das ist Kunst: die plötzliche große Idee, der intuitive Einfall, der schlagartig etwas Neues entstehen läßt. Die Genialität, die über die systematische Sicht hinausgeht und im Gesamtblick neue Möglichkeiten erkennt.

Wissenschaftlich vorzugehen heißt, aus vergangenheitsbezogenen Tatsachen Schlüsse für die Zukunft zu ziehen. Das ist nützlich und zuverlässig, doch fehlt noch die Idee des Neuen. Kunst dagegen ist visionär, voller Überraschungen und nicht vorhersehbar. Kleine Siege lassen sich sicher auch rein strategisch erringen, große Siege sind immer visionär, sind immer Kunst.

77.

KAN – TYR   TYR – KAN   ᚲ ᛏ

Der Speer des Königs

Der Speer des Königs ist auf ein Ziel gerichtet. Krieg ist möglich. Bevor er diesen riskiert, sollte er sein Ziel noch einmal sorgfältig überprüfen. Wenn Ziele erreicht werden können, die Möglichkeit, sie zu verwirklichen, sehr wahrscheinlich geworden ist, gerät man schnell in Versuchung, nur noch seinen Vorteil zu sehen und alles andere zu vergessen. Die Chance ist da, das Nachbarland zu erobern, warum sollte man jetzt noch zögern?

Nun, um sich Rechenschaft abzulegen, warum man das eigentlich tun will. Ganz ehrlich, ohne sich etwas vorzumachen. Man kann jetzt durch die schmale Tür gelangen. In den Himmel oder in die Hölle, je nachdem, wie man sich sein Ziel gewählt hat. Reiner Imperialismus wäre durchaus ein Grund zum Krieg, doch wäre das nicht wahrhaft königlich. Egoistische, rein materielle Zielsetzung stellte die TYR-Rune auf den Kopf, und damit wäre sie nicht einverstanden. Sie will aufwärts gerichtet sein, will himmlische Ziele aufzeigen. Außerdem steht TYR auch für den Rechtsgott. Eine königliche Zielsetzung sollte all dies bedenken.

Das Ziel des Königs – und das eines jeden Menschen – muß vor dem Gewissen verantwortet werden können. Es sollte geistig begründet und ethisch-moralisch vertretbar sein. Der König muß überzeugt sein, daß es gut für sein Land und dessen Leute ist, was er entscheidet. Nur so kann er treu dazu stehen und für dieses Ziel, wenn es unumgänglich erscheint, auch einen Krieg riskieren.

»Bedenke deine Ziele, denn sie könnten in Erfüllung gehen«, ist eine wohlgemeinte Warnung an jeden, der sich Ziele setzt. Mit KAN-TYR können diese auch erreicht werden. Gleichgültig, ob es sich um ein großes Ziel, das Lebensziel vielleicht sogar, handelt, oder ob es um kleinere Ziele geht: Sie müssen so ausgerichtet werden, wie die TYR-Rune das verlangt, nämlich immer im Einklang mit Sitte und Moral. Sonst wird der Mensch mit dem Ergebnis unzufrieden sein.

Die Tür ist schmal, und ob man durch sie hindurchgelangen kann, liegt einzig und allein an der richtigen Zielsetzung.

78.

KAN – BAR   BAR– KAN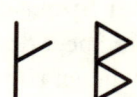

Der König am Brunnen

Der König steht am Brunnen. Die Regierungsgeschäfte haben ihn erschöpft, er kann und mag nicht mehr. Darum ist er hierher gekommen. Zur Quelle, um auszuruhen und um neue Energien zu gewinnen, damit er wieder tun kann, was er tun muß.

Er hat genügend Potenz und Fähigkeiten, sein Amt auszuüben. Doch er muß sich den Zugang zur Quelle stets wahren, um seine Talente zu erhalten. Immer wieder muß er zurück zur Natur, muß vom Quellwasser trinken, um seine Fähigkeiten lebendig zu halten, um die Potenz vor dem Austrocknen zu bewahren. Mit dem frischen Quellwasser aber sprießen seine Talente und entfalten sich. So bleibt er potent.

Auch Odin ging immer wieder zum Urd-Brunnen, um die Nornen zu besuchen. Es ist ein guter Platz, sich auf sein Können zu besinnen, um dann wieder fähig zu sein, vorhandenes Potential in die Tat umzusetzen.

Der Bauer hat es leichter, den Bezug zur Natur zu bewahren. Die Mutter auch. Beide stehen der Natur nahe. Der Bauer kann säen, das Feld bestellen und ernten, die Mutter kann empfangen, austragen und gebären. Solange der Bezug zur Natur vorhanden ist, ist auch die Gebärfähigkeit der Mütter gegeben. Abwendung von ihr und ein zu hohes Maß an Zivilisation dagegen führen zu Unfruchtbarkeit und Impotenz. Der Bauer kann nur noch mit künstlichem Dünger künstliche Früchte ernten, und die künstliche Befruchtung ist dann auch weit verbreitet.

Die Quelle als natürliche Basis muß erhalten bleiben, damit Bauern und Mütter ihre natürlichen Aufgaben erfüllen können. Der Besuch am Brunnen ist der Weg zurück zur Natur, die immer wieder neu gebären kann. Tief im Brunnen sind alle Möglichkeiten enthalten, man muß sie nur ausschöpfen können. Dann allerdings kann sogar aus einem Frosch ein neuer König werden.

79.
KAN – LAF   LAF– KAN   ᚠ ᚱ

Der Lebenskünstler
Nicht jeder Lebenskünstler ist ein Künstler und nicht jeder Künstler ein Lebenskünstler.

Das Leben fließt dahin, viele Chancen zeigen sich, das Leben fließt weiter. Und wenn man nicht aufmerksam genug ist, nicht anhält und zugreift, hat man eine Chance, vielleicht seine größte Chance, verpaßt. Denn jeder Fluß fließt vorwärts, ein Zurück kommt nicht in Frage. Vorbei ist vorbei.

Gelegentlich wird man auch überflutet von Möglichkeiten. Es sind dann derer so viele, daß man sie vielleicht nicht schnell genug erkennt.

Oder aber man will alle auf einmal nutzen. Dann hat man von allem etwas und nichts richtig. Alles zerfließt einem unter den Händen, nichts wird zur Wirklichkeit. Gelegentlich wird der Fluß des Lebens auch zum reißenden Strom. Man stürzt sich hinein, läßt sich mitreißen von den Möglichkeiten und verausgabt sich zu schnell bei dem Tempo, das man vorlegt. Der Fluß mündet in den Weiten des Meeres, bevor man zur Besinnung kommt. Das ist nur allzu oft das Schicksal der großen Künstler.

Der Lebenskünstler nimmt sich Zeit. Er betrachtet das Leben als Kunstwerk, und ungebunden von bürgerlichen Schranken ergreift er die sich bietenden Möglichkeiten und schöpft sie aus. Er erkennt die Chancen, die sich gerade bieten, und läßt sich inspirieren. Schöpferisch wie der Künstler sein Kunstwerk gestaltet der Lebenskünstler sein Leben.

Aus dieser Einstellung heraus ist er dynamisch, paßt sich dem Fluß des Lebens an und bleibt jugendlich und aufgeschlossen. Er steckt sich keine engen Grenzen, um Sicherheit zu erlangen, und bewahrt sich seine Neugierde. Denn man weiß nie, was hinter der nächsten Biegung des Flusses auf einen wartet. Es ist genügend Potenz vorhanden, sich neuen Anforderungen zu stellen. Die Ungebundenheit des Geistes hält lebendig, läßt des Lebenskünstlers Lebensfackel leuchten.

Läßt man sie erlöschen, indem man die Hoffnung aufgibt und in der Erinnerung oder in Zukunftsphantasien lebt oder sich in eine alltägliche Routine begibt, kommt es zur Krankheit, der Fluß ist versiegt. Dann ist der Lebenskünstler schon zu Lebzeiten gestorben.

80.

KAN – MAN   MAN– KAN

Der potente Mensch

Ein potenter Mensch ist auf jeden Fall schon einmal besser als ein impotenter. Wer will schon einen impotenten König?

Hier bei KAN-MAN geht es allerdings weniger um die körperliche Potenz. Die Potenz des Geistes und des Herzens ist gemeint. Der geistig orientierte Mensch wird nach oben, himmelwärts, streben. Denn er hat die Möglichkeit, sich über Instinkte und Triebe zu erheben, um das wirklich menschliche Sein zu leben. So steht er auf der Erde, in der Entwicklung zwischen Affe und Engel, und versucht, zu geistigen Höhen zu gelangen.

Doch was ist das »menschliche« Potential? Gewiß nicht die Entschuldigung für Fehlverhalten und Irrtümer, wie der Spruch »irren ist menschlich« uns weismachen will. Menschlich im wahren Sinne des Wortes ist ein Leben nach Vernunft und Gewissen. Das menschliche Potential, das vorhanden ist, muß erst noch entwickelt werden, man muß Stück für Stück hineinwachsen wie in einen zu groß gekauften Konfirmationsanzug. Eine Entwicklung zu den höheren Ebenen des Daseins ist zwangsläufig auch eine moralische Entwicklung.

Können ist auch eine Verpflichtung. Wer etwas kann, sollte es so gut und gewissenhaft wie möglich tun. Wird die mögliche Macht, die in KAN-MAN steckt, mißbraucht, ist der Mensch kein wahrer Könner, denn er hat das Menschliche außer acht gelassen. Das kann sich ein Mensch, der so viel geistiges Potential hat, nicht leisten. Denn dann würde er sein Schicksal verraten, und das führt unweigerlich in die Krankheit. Wer kann, der soll auch. Man kann, also soll man auch.

Es ist nicht immer einfach, diese Möglichkeiten zu leben. Der Künstler wird oft nur schwer in der Lage sein, seine materiellen Bedürfnisse ausreichend zu befriedigen. Doch Talent verpflichtet. So wird er trotzdem zu seinen Idealen und Begabungen stehen müssen, wenn er ein Leben im Sinne seiner Runen leben will. Der Mensch, der sein Können nicht nutzt, wird unglücklich sein.

81.

KAN – EH   EH – KAN

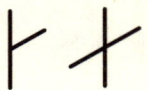

Er kann eh

Er – der Mensch – kann eh – das heißt, er kann sowieso. Tut er dann auch noch, was er kann, hat er seine Möglichkeiten gut genutzt und wird zufrieden sein.

Er kennt auch das Gesetz und weiß, was es kann, weiß vom Potential desselben. Das Gesetz, auch das weltliche, ist die erste Stufe der Vergeistigung. Denn es erhob das Volk aus der Not in die Stufe des zivilisierten Lebens, indem Regeln gefunden wurden, die der Gemeinschaft dienlich waren. Die Schaffung der Gesetze war der Versuch, Ordnung ins Chaos zu bringen. Es war die Ehre der Könige, dafür zu sorgen, daß diese richtig eingehalten und ausgeübt wurden. Damit schufen sie Rahmen und Sicherheit für ihr Volk. Heutzutage gibt es allerdings diese Könige nicht mehr. Die Beschäftigung mit den Gesetzen haben Rechtsanwälte und Richter übernommen. Und während früher die Könige die Gesetzgeber waren, ist diese Aufgabe nun überwiegend demokratisch geregelt und nicht mehr an eine einzelne Person gebunden.

Auch der spirituelle Mensch erkennt die Gesetze und kann danach leben. Er wird sich allerdings mehr an den geistigen Gesetzen orientieren, die sein Leben »erhöhen« können. Dazu muß er nicht ins Kloster gehen, er kann diese auch in sein alltägliches Leben integrieren.

Ebenso wird der »ewige Künstler«, EH-KAN bedeutet auch dieses, nach seinen eigenen Gesetzen leben. Die allgemeingültigen Regeln müssen dabei nicht zwangsläufig verletzt werden. Doch kann er sein Leben nach seinen Talenten ausrichten und sich den persönlichen Rahmen schaffen, in dem er leben und wirken kann.

Auf vielen Ebenen ist die Möglichkeit vorhanden, sich durch Vergeistigung und das Befolgen seiner inneren Gesetze vom Zwang des Schicksals zu befreien. Die Chance ist da, aufzusteigen aus den allgemeingültigen Regeln und das eigene Gesetz zu finden, nach dem man sein Leben eh einrichten kann.

82.

HAG – HAG   HAG– HAG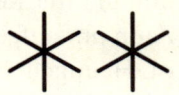

Die Zaunreiterin

Die Hexe sitzt auf der Hecke zwischen Wildnis und Zivilisation und blickt in beide Welten. Sie ist meistens allein dort oben, die Zaunreiterin zwischen Tag und Nacht, zwischen dem Bewußtsein und den Träumen. Nur wenige gibt es, die die Nachtseite des Daseins als zum Leben zugehörig tolerieren können. Sie ist zu irrational, unlogisch und gefühlsbetont für die meisten Menschen. Und doch ist sie auch voller Wunder. Aber um das zu sehen, muß man über den Zaun gucken, und das wagen nur ein paar Außenseiter der Gesellschaft: die Schamanen, die Narren, die Romantiker, Künstler oder Dichter. Manchmal auch die Frauen, sie stehen dem Wunder noch näher als der eher rational denkende Mann.

Von der »normalen« Gesellschaft wird die Hexe verdammt, denn der normale Mensch ist nicht bereit, alle Gegensätze in sich aufzunehmen, anzunehmen und zu vereinen. Diese sind zu extrem, der Mensch kann das meist nicht verkraften, er wäre restlos überfordert. So begnügt er sich damit, sich mit nur einer Seite zu identifizieren und die andere aus seinem Leben auszugrenzen.

»Wer sind die Guten und wer sind die Bösen?«, will schon das kleine Kind unterschieden haben, wenn es die ersten Märchen erzählt bekommt. Später sieht man zwar, daß es so einfach nun auch nicht ist, daß es durchaus Zwischentöne, Überschneidungen gibt, aber ganz von dieser Einstellung frei werden nur wenige. So kommt es zum Kampf, auch zwischen den Geschlechtern, es entstehen Feindbilder.

Doch Einseitigkeit ist ein Fehler. Ist das Gleichgewicht gestört, wird es notfalls mit Gewalt wieder hergestellt. HAG ist extrem: Heil und Hagel. Es ist besser, beide Seiten des Daseins so weit wie möglich anzuerkennen und zu pflegen, damit man sich nicht dem Hagel aussetzt. Das sind hohe Ansprüche, sie voll und ganz zu erfüllen, ist nur dem Helden oder dem Heiland möglich.

Der Mensch ahnt zwar, daß es die andere, geheime Welt auf der anderen Seite des Zaunes gibt, aber er traut sie sich nur selten zu. Sie ist ihm in ihrer Komplexität unheimlich. Daher wird die Hexe auf ihrem Zaun nur aufgesucht, wenn der Mensch in Not oder sehr verunsichert ist. Heimlich, in der Nacht, wenn es niemand sieht. Hat sie dem Menschen dann zu Heil und Gesundheit verholfen, wird er sie meist tags darauf wieder verdammen, da er ihrer nicht mehr bedarf.

Doch die Nachtseite zu leugnen, rächt sich. Heil und Hagel. Es ist vernünftiger, der Hexe auch mal am Nachmittag einen Besuch abzustatten.

83.

HAG – NOT   NOT- HAG

Durch Not zum Heil

Das Schicksal wird zur Notwendigkeit, um Ganzheit zu erlangen. Notwendige Dinge werden überwiegend als Zwang empfunden und sind entsprechend unbeliebt. Dem Schicksal sind wir ausgeliefert, es zwingt uns in eine bestimmte Richtung. Gleichgültig, ob wir das wollen oder nicht. Niemand beugt sich gerne einer Macht, die er nicht lenken kann, der er sich fügen muß. Doch Auflehnung gegen das Schicksal bringt nur neue Not. Schicksal ist Karma, und das Karma will die Ganzheit des Menschen. Auch, wenn es uns ungerecht oder hart erscheint, so dient es doch dem Heil. Es ist die Frucht der Vergangenheit – und somit niemals ungerecht – und zwingt uns zu den Erfahrungen, die uns noch fehlen. Je mehr wir uns wehren, je größer werden die Umwege sein, die das Schicksal macht, um sein Ziel, die Erfahrung aller Aspekte, letztendlich doch noch zu erreichen.

Auch die Nacht gehört zur NOT-Rune. Der Nacht fühlt man sich ebenso ausgeliefert wie dem Schicksal. Man sieht nicht recht, wie es weitergehen wird. So wandert man durch sein Schicksal wie durch die Nacht. Das Ende ist nicht sichtbar, aber abzusehen. Man weiß, daß letzten Endes ein neuer Tag kommen wird. Jede Nacht endet im erneuten Aufgang der Sonne. So muß man durch die Not hindurch, die fehlenden Aspekte des Lebens kennenlernen und lernen, damit umzugehen.

Was nicht gelernt wird, muß wiederholt werden. Es gibt keinen Ausweg, und es gibt viele Nächte, wenn es denn sein muß.

Das Heil, welches das Schicksal anstrebt, liegt in der Annahme desselben wie in der Durchquerung der Nacht. Habe ich sie durchquert, scheint vielleicht wieder die Sonne. Dann fallen alle Ängste ab, die Not ist vorbei, und der neue Tag liegt vor mir. Die Pflicht ist getan, der Zwang erfüllt, und im Einverständnis mit dem Schicksal führt die Not zum Heil.

84.

HAG – IS   IS– HAG

Eisheilige

Ich will die Ganzheit. Das Ich will alles: Es will ganz, gesund, sogar heilig sein. Es will ein höheres Bewußtsein erreichen, was in jedem Fall erstrebenswert ist, doch ist die gewünschte Vollkommenheit nicht leicht zu erreichen. Selbst wenn das Ich mit ganzem Willen zur Ganzheit strebt, geht das nicht plötzlich und ohne Schwierigkeiten vor sich.

Oft wird etwas mißverstanden. Beim Anblick des Weltenbaums zu glauben, man sei schon eins mit ihm und habe bereits alles erreicht, ist Hybris. Glaubt der Stamm des Baumes, er sei schon alles, Krone und Wurzel, ist das schlicht und einfach Größenwahn. Dem Weltenbaum muß man sich vorsichtig nähern, Stück um Stück dazulernen, alle Aspekte des Seins dabei bedenken und in sich aufnehmen. Nur so kann man zum Baum gelangen. Nur so wird man Teil von ihm. Das Ich ist nicht alles, aber es kann seine Isoliertheit überwinden, sich an das größere Ganze anschließen und in ihm aufgehen. Das ist der dialektische Übergang vom kleineren Ich zum größeren Selbst, vom Stamm zum Baum. Mit dem Ich, als Grundlage verstanden, ist es möglich, sich dem Kosmos anzuschließen.

Wird das Ich dagegen egoistisch auf sich selbst bezogen, bilde ich mir ein, vollkommen zu sein, ohne die mich umgebende Welt einzuschließen, ist das Starrsinn. Ich werde zu Eis erstarren und Hagel ernten.

Dann bin ich nicht heilig oder ganz, wie ich mir einbilde, sondern höchstens ein zu Eis erstarrtes Ich. Ein Eisheiliger vielleicht, der leicht zerbrochen werden kann.

Wenn alles erstarrt, wird alles zerstört. Eis und Hagel sind harte Bedingungen, die mich zum Umdenken zwingen wollen: Zur Einsicht, nur ein Teil des Ganzen zu sein und doch die Möglichkeit zu haben, in höhere Bewußtseinsebenen gelangen zu können. Allerdings muß der Egoismus vollständig aufgegeben werden, will man eins werden mit dem Weltenbaum, mit Gott und der Welt.

85.

HAG – AR   AR – HAG

Das ganze Jahr

Das ganze Jahr ist in seinem Ablauf von Natur aus vollkommen. Jede Jahreszeit hat ihre besondere Aufgabe und ihren besonderen Wert. Keine Zeit ist besser oder schlechter als die andere. Die vier Jahreszeiten gehen ineinander über, ergänzen sich und bilden den vollkommenen Kreis. Der Frühling steht für Geburt und Neubeginn. Das Sichtbare wird geboren, wenn sich die Natur nach außen hin entfaltet. Im Sommer wird dann die höchste Konkretion erreicht. Alles ist da. Der Herbst ist die Zeit des Absterbens. Die Ernte wird eingebracht, Kultur entsteht. Der Winter ist dann die abstrakte Zeit. Alles scheint tot. Doch es scheint nur so: Die Natur hat sich lediglich in sich selbst zurückgezogen. Es ist die Zeit des Nachdenkens und der Besinnlichkeit, bevor im nächsten Frühling das Leben wieder erwacht und der Kreislauf von Neuem beginnt.

Alles hat seine ganz eigene Zeit im Jahresablauf, und diesen Ablauf sollte man nicht aus den Augen verlieren und schon gar nicht daran denken, eine Jahreszeit, die einem »nicht liegt«, einfach zu ignorieren. Klimatisierte Büros oder Sommerurlaub im Winter können zwar das Unangenehme einer ungeliebten Jahreszeit verdrängen, aber solche »Tricks« bringen die Seele leicht aus dem Gleichgewicht. Urlaub und

Arbeit sind nur dann ganz und gar befriedigend, wenn sie mit dem Jahr im Einklang stehen.

»Ganze Arbeit« hat man geleistet, wenn die gestellte Aufgabe zur Zufriedenheit erfüllt wurde. Zufrieden mit Arbeitsgang und Ergebnis, wird die Arbeit zum ganzheitlichen Tun, das Sinn und Erfüllung bringt. Ein Job, in dem nach dem Motto »Zeit ist Geld« die eingesetzte Zeit und nicht das sinnvolle Tun bewertet wird, kann nie ganze Arbeit sein.

Vollkommenheit der Arbeit wäre im Idealfall dann erreicht, wenn Freizeit und Arbeitszeit kaum noch zu trennen wären. Der Künstler z. B. wird auch während seiner freien Zeit mit der Seele bei dem Werk sein, an dem er gerade arbeitet. Und auch bei der Arbeit fühlt er sich frei. Sonst könnte es niemals eine vollkommene Arbeit werden.

86.
HAG – SIG   SIG – HAG

Geflügelte Schlange

Der Raumfahrer bewegt sich durchs All und will den Sieg. Für die Wissenschaft, für die Nation? Es ist ihm im Grunde gleich, aber sein Sieg soll vollkommen sein: »Heute die Welt, morgen das Sonnensystem«.

»Sieg und Heil«. Gewaltige Kräfte werden bei dieser Kombination frei. Heil und Sieg werden gewünscht, doch Blitz und Hagel sind ebenfalls in diesen beiden Runen enthalten. Die Zerstörung kann gewaltig sein, mit Sieg und Heil muß man vorsichtig umgehen. Es ist kein Zufall, daß diese Runen im Dritten Reich erst gebraucht, dann mißbraucht wurden und schließlich zur vollkommenen Zerstörung führten. Vollkommen sollte der Sieg sein, vollkommen war die Niederlage. Ein kräftiger Hagel entspannt zwar die Atmosphäre, wenn er im Zuge eines Gewitters einsetzt, richtet aber auch unwiderruflichen Schaden an, wenn er länger andauert.

Geflügelte Sonnen und Schlangen finden sich in den alten Kulturen der Ägypter und der Azteken. Es waren Symbole für die Götter, die auf die Erde kamen, um in das Leben der Menschen einzugreifen. Sie waren unberechenbar: mal aufbauend, mal zerstörend. Ihre Kräfte waren gewaltig.

Ein Mensch, der diese Energien in sich hat, kann aufbrausend, unbeherrscht, explosiv sein. Wenn er nicht aufpaßt, kann er bei dem Wunsch, heilend zu wirken, mehr Schaden als Nutzen verursachen. »Wo gehobelt wird, fallen Späne«. Das ist wahr, doch soll wirklich Harmonie hergestellt werden, müssen die »Späne« in Grenzen gehalten sein. Ganze Balken dürfen da nicht fallen.

Starke sonnenhafte Kräfte, die ganz auf Sieg eingestellt sind, müssen vernünftig und behutsam gelenkt werden. Dann können sie – konstruktiv eingesetzt – bei so wenig Zerstörung wie möglich von großem Nutzen sein, will man Sieg, Ganzheit und damit Gesundheit für Leib und Leben erreichen. Denn »Sieg und Heil« wurde einseitig mißbraucht. Im Grunde, runisch gesehen, bedeutet es nichts anderes als »Gesundheit«, die man sich wünscht. Und in dem Sinne verstanden, verliert dieser Gruß seinen Schrecken und verweist uns auf das Wesentliche: auf die Gesundheit, die gleichbedeutend mit der Ganzheit ist. SIG-HAG will Gesundheit, und das blitzartig und sofort.

87.

HAG – TYR   TYR – HAG

Das Ziel ist heilig
Das Ziel ist heilig. Das sagten auch die Kreuzfahrer und fügten: »Der Zweck heiligt die Mittel« hinzu. Allerdings kam nicht viel Heil dabei heraus, denn Ziel und Zweck sind nicht immer identisch. Zu viele Tote und Verletzte gab es – das heilige Ziel brachte Unheil hervor.

Offensichtlich wurde da etwas falsch verstanden. Ein heiliges Ziel ist nicht dazu da, eine Idee oder Weltanschauung mit Gewalt durchzusetzen. Ein Ziel ist nur dann heilig, wenn es auf Ganzheit ausgerichtet ist. Alle Aspekte müssen berücksichtigt werden, einseitige Vorstellungen führen nie zum Heil. Selbstverständlich kann ein »Heiliger Krieg« kurzfristig politische Ziele erfüllen, doch ist das nicht im Sinne des Heils und wird so auch nicht von Dauer sein.

Wirklich heilig sind diejenigen Ziele, die der Hebung der Menschheit in moralischer oder ethischer Hinsicht dienen. Odin hing am Baum, ritzte sich mit dem Speer und brachte die Runen und damit die Sprache und das Wissen. Jesus hing am Kreuz, erhielt den Todesstoß durch die Lanze und brachte die Botschaft der Liebe. Hohe Ziele, die sich auch, teilweise jedenfalls, durchsetzten. Die Lanze, die Jesus tötete, wurde als heilig erklärt, und wer die heilige Lanze, den heiligen Speer besäße, dem gehöre die Welt, meinte man.

Wer heilige Ziele verfolgt, dem gehört zwar nicht gleich die Welt, aber er erreicht in der Welt und für die Welt mehr als derjenige, der sich vorübergehend die Macht oder den Reichtum sichert. Liebe und Wissen z. B. sind Ziele, die schwer zu erreichen sind, um die zu ringen sich aber lohnt. Es sind hohe Ziele, die keine Todesopfer fordern. Materielle Opfer in Form von Verzicht auf weltliche Macht oder Güter werden aber wohl unumgänglich sein. Odin hing am Baum und Jesus am Kreuz – so ganz einfach kann es also nicht sein.

Man muß aber auch nicht unbedingt ganz so hoch greifen. Auch kleine Etappen bringen die Menschheit weiter. Wenn mein Ziel auch nicht gleich auf den Polarstern ausgerichtet wird und so im Einklang mit dem gesamten Universum steht, so kann es ja erstmal auf die Dachspitze des eigenen Hauses ausgerichtet werden und meine eigene Welt zur Ganzheit führen.

Die geistige Ausrichtung ist die einzige Möglichkeit. Richten sich die Ziele jedoch auf materialistische Werte oder auf die Macht, sind wir wieder beim Unheil der Kreuzzüge – und beim Hagel.

88.

HAG – BAR   BAR– HAG

Heilige Quellen

Wenn die Quelle aus dem Felsen entspringt, hat ihr Wasser schon viele Erdschichten durchflossen und enthält lebenswichtige Mineralien. Heilwasser ist entstanden, das durch die ihm innewohnenden Stoffe und Kräfte in der Lage ist, Mängel im Körperhaushalt des Menschen auszugleichen, indem es ihm Fehlendes zuführt und so zur Ganzheit beiträgt. Dann sind Krankheiten, die durch Mangel entstehen, heilbar.

Das weiß auch der ganzheitlich denkende Bauer, der bemüht sein wird, die Natürlichkeit des Bodens zu bewahren, um auf diese Art vollwertige Kost zu produzieren. Der Öko-Bauer kennt die Natur und ihre Heilkräfte. In der Natur ist alles ganz, also heil. Für alles gibt es ein Mittel. Heilkräuter wachsen auf Bergwiesen und in den Tälern. Wer sich da auskennt, hat viel für Heilzwecke und Heilkunst gewonnen. Die Natur strebt nach Ausgleich, nach Vollkommenheit, natürliche Mittel können Wunder wirken.

Davon leben die Wallfahrtsorte mit ihren heiligen Quellen. Früher standen diese Quellen unter der Herrschaft der Nymphen. Die Wasserfrauen oder die Töchter des Wassers waren Beschützer und Wahrer des heiligen Wassers. Man konnte mit den Nymphen reden, sie um Gesundheit und Segen bitten.

Im Christentum wurde diese Schirmherrschaft auf die heilige Mutter Maria übertragen. Heute sorgt sie für die Wunder der Heilung, die es an heiligen Quellen immer wieder gibt. Wie das geschieht, ist schwer zu sagen. Vielleicht erfolgt im Augenblick des Sichaufgebens die plötzliche Erkenntnis des Einsseins mit der Natur, so daß die in ihr enthaltenen Kräfte wirksam werden können. Vielleicht ist es einfach der Gang zur Mutter Erde, von der wir kommen und zu der wir gehen werden.

Doch Wunder wollen nicht erklärt sein. Es reicht zu wissen, daß sie möglich sind. An heiligen Quellen ist eben vieles heilbar.

89.

HAG – LAF   LAF– HAG

Ganzheitliches Leben

Das Leben ist heilig, es sollte in seiner Ganzheit geschützt und erhalten bleiben. Und innere wie äußere Verletzungen sollten nach Möglichkeit vermieden werden.

So wie das Leben heilig ist, ist das Leben eines Heiligen vollkommen. Denn der wahre Heilige ist nicht der Asket, der durch Verzicht zum Heil gelangen will, sondern derjenige, der alle Varianten des Daseins kennt und die Ganzheit lebt – allerdings in Maßen. Der Asket unterschlägt zu viele Aspekte des Lebens, er grenzt sie aus, statt sie zu integrieren. Ein heiles Leben ist ein Leben im Gleichgewicht. Weder Askese noch Völlerei führen zu Harmonie von Körper, Seele und Geist. Ein ausgeglichenes Leben ohne Übertreibungen führt zur goldenen Mitte, zur Harmonie mit sich und der Welt, zu einer Lebensform, in der alles berücksichtigt und nichts ausgegrenzt wird.

Soll das Leben alles umfassen, muß es vielseitig gestaltet werden. Eine einseitige Ausrichtung führt niemals zum Heil. Gründet ein Leben auf Liebe, wird es immer ganzheitlich sein, denn die allumfassende Liebe bezieht alles ein. »Liebe deine Feinde wie dich selbst.« Nichts ist dieser Liebe fremd. Bei der Liebe in der Partnerschaft wird ebenfalls die Ergänzung angestrebt. Man sucht die Eigenschaften, die einem selbst fehlen, findet schließlich seine »bessere Hälfte«, und schon ist man ganz.

Demnach bekommt jeder den Partner, den er verdient. Also darf ich die mir fremden Eigenschaften meines Partners eigentlich nicht kritisieren, sind sie doch genau diejenigen, die mir zu meiner Ganzheit fehlen. Teilen beide Partner diese einleuchtende Einsicht, so sind sie einer ganzheitlichen Auffassung vom Leben schon ganz nahe. Wenn sie dann noch bei Unstimmigkeiten, statt sich gleich scheiden zu lassen, lieber gegenseitige Toleranz entwickeln, so werden sie das heile, gesunde, ja heilige Leben eines glücklichen Paares führen. Sie haben den Kelch der Liebe gefunden und trinken daraus das Heilwasser des Lebens.

90.

HAG – MAN   MAN – HAG

Der ganze Mensch

HAG umfaßt alle Richtungen. Oben wie unten, vorne und hinten, rechts wie links. Es ist der ganze Weltenbaum, Krone und Wurzel sind darin enthalten. MAN ist dagegen nur die Krone, die Wurzel fehlt. MAN, der Mensch ohne Unterleib?

Das wäre gefährlich, denn HAG strebt zur Ganzheit, HAG-MAN sollte der ganze, der ganzheitliche Mensch sein. Strebt er nur nach oben, vergißt oder leugnet er sogar den Unterleib oder seine Wurzeln, so rächt sich das. Wer zu schnell allzu heilig sein will, der ist, solange er nicht alle Aspekte des Daseins in sich vereinigt hat, nur scheinheilig. Ganz zu werden ist ein hoher Anspruch, da müssen auch die Schattenseiten integriert werden, denn auch der Teufel steckt in HAG.

Abkürzungen zum Heil gibt es nicht, der ganze Mensch bzw. derjenige, der den Anspruch erhebt, ein ganzer Mensch zu sein, muß sich auch den dunklen Seiten des Daseins stellen. Solange er etwas verdrängt, wird er nicht zur Ganzheit, zum Heil, gelangen können. Ebensowenig kann der Heiler heilen, solange er selbst noch nicht heil ist. Fehlen ihm die Erfahrungen der Ganzheit, ist er selber nicht gesund, so kann er auch kein Heiler sein. Er ist dann allenfalls ein Scharlatan.

Begibt sich der Mensch auf die göttliche Ebene, wird er zum Mann Gottes, der im Namen Gottes handelt, so muß er achtgeben auf die Fallstricke, die auf dem Weg zur Ganzheit liegen. Ihm stehen ja nicht Odins Raben, Hugin und Munin, zur Verfügung, die dem Gott jeden Tag von allen Belangen aller Welten berichten. Wenn er das Ganze aus dem Auge verliert und im Namen Gottes Hagel statt Heil austeilt, so wird er selbst bald im Hagel stehen. Wie jeder, der sich zur Ganzheit bekennt, ohne diesen Anspruch auch zu erfüllen.

HAG ist auch die Schneeflocke, die in ihrem Kristall das Abbild der ganzen Welt enthält. Vielleicht findet der nach Ganzheit strebende Mensch die Erleuchtung oder den rechten Weg bei einem Winterspaziergang, während es schneit. Jede einzelne Flocke zeigt alle Dimensionen, jeder Kristall ist vollkommen. Sinnend zwischen den Schneekristallen zeigt sich ihm vielleicht, was noch zur Ganzheit fehlt.

91.

HAG – EH   EH – HAG

Heilige Pferde

Weiße Pferde weiden in heiligen Hainen. Heilige Pferde, von jeglicher Arbeit verschont, durch keinerlei irdischen Dienst entweiht, dienten sie den Germanen als Orakel, um das heilige, ewige Gesetz zu erkennen. Ihr Wiehern und Schnauben und ihr sonstiges Verhalten wurde sorgfältig beobachtet, geprüft und gedeutet, denn für die Germanen wußten die Rösser um den Willen der Götter. Es war wichtig, das heilige Gesetz zu erkennen und zu befolgen, wenn die Harmonie des Daseins aus dem Gleichgewicht geriet oder die Orientierung verlorengegangen war.

Soll die Harmonie wieder hergestellt werden, müssen alle Bereiche berücksichtigt werden. Auch Odin mußte alle neun Welten kennenlernen, bevor er allumfassendes Wissen sowie Macht und Herrschaft erlangte. Nichts darf verlorengehen oder unterdrückt werden, alle Aspekte müssen bedacht sein. Dann ist das heilige Gesetz erfüllt.

Das gilt auch für die heilige, weil vollkommene Ehe. Natürlich wird Vollkommenheit immer ein Ideal bleiben, das zwar unerreichbar ist, aber immerhin angestrebt werden sollte. Vollkommenheit entsteht nie in einer symbiotischen Beziehung. Symbiose wirkt nicht heilend, eher führt sie ins Unheil, sie löst individuelle Ansprüche auf und erzeugt ein kollektives und kindliches Familienbewußtsein. Das aber ist ungesund für eine erwachsene Partnerschaft. Um sich dem Ideal der heiligen Ehe oder der vollkommenen Beziehung zu nähern, muß es gelingen, die Verbindung so zu gestalten, daß persönliche Eigenheiten nicht verlorengehen. These, Antithese, Synthese: Es ist weder nur das Eine noch nur das Andere – eine dritte Möglichkeit muß gefunden werden, die beides, These und Antithese, vereinigt und auf eine höhere Ebene erhebt. So entsteht etwas qualitativ Neues, ohne daß die Individualität der Partner verlorengeht, und die Ehe wird bereichernd, heilend und gesund sein. Dann ist Ganzheit erreicht, die Harmonie hergestellt, und die Götter können zufrieden sein.

92.

NOT – NOT   NOT– NOT

Saat und Ernte

Not ist der unausweichliche Zusammenhang von Ursache und Wirkung. So wie dieses Prinzip des Aufeinanderfolgens von Ursache und Wirkung der Grundgedanke der Naturwissenschaften ist, so gilt es auch für den Menschen.

Karma ist das Gesetz von Saat und Ernte. Heute wird geerntet, was vor langer Zeit gesät wurde. Oft kann die Saat schon fast vergessen sein, wenn die Zeit der Ernte gekommen ist. Aber das Schicksal läßt sich nicht betrügen, es holt den Menschen immer wieder ein. Und ist es soweit, daß die Ernte ansteht, nützt weder Wehklagen über die »Ungerechtigkeit« des Schicksals, noch läßt es sich ändern. Nie und nimmer ist der Mensch in der Lage, seinem Schicksal auszuweichen.

»Nutze dein Schicksal und widerstrebe ihm nicht.« Das ist wohl die beste Art, damit umzugehen. Außerdem macht Not erfinderisch und bis dahin Undenkbares oft möglich, denn »Not bricht Eisen«. Muß der Sumpf durchschritten werden, hilft kein Lamentieren. Besser »kommt man durch«, wenn man zu Gummistiefeln greift, um den Sumpf trocken überqueren zu können und das Ganze so gut wie möglich zu überstehen. Und noch besser ist es, jetzt aufzupassen, daß man in Zukunft nicht wieder in den Sumpf gerät. Denn im Hier und Jetzt, heute werden die Entscheidungen getroffen, wird die Saat gelegt, die in der Zukunft irgendwann einmal aufgehen wird. Auf diese Weise arbeiten das Karma der Saat und das Karma der Ernte zusammen.

Die Not kann vermieden werden, wenn in der Gegenwart so gehandelt wird, daß sich die Zukunft erfreulich gestaltet. Schicksal ist kein Zufall, jeder gestaltet es selbst. Der Mensch ist für sein persönliches Schicksal selber verantwortlich und sollte bereit sein, diese Verantwortung auch zu übernehmen. Nur auf diese Art läßt sich die Not wenden.

NOT-NOT, Nacht-Nacht, Nicht-Nicht ist doppelte Verneinung. Wenn man dieses Geheimnis begreift, wird daraus Bejahung, die Not wendet sich, das Ende der Nacht ist erreicht und die neue Sonne geht auf.

93.

NOT – IS   IS– NOT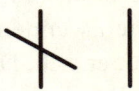

Not ist

Ich bin in Not. Der Wille des Schicksals hat mich in eine Situation gebracht, die ich nicht abwenden kann – das ist der Schicksalszwang. Ich kann zwar dagegen aufbegehren, aber das wird die Lage höchstens verschlimmern, ungeschehen machen kann ich sie nicht. Der Zug ist abgefahren, was nun?

Es kann ja durchaus sein, daß er in eine Richtung fährt, die mir sehr angenehm ist, dann brauche ich sowieso nichts zu tun und kann zufrieden sein. Das Schicksal ist zwingend, im Schlechten wie auch im Guten. Ich kann nichts daran ändern, ich muß es auf mich nehmen und akzeptieren, der Zug fährt bereits in eine bestimmte Zukunft. Aber ich kann zusehen, was ich in der Gegenwart noch tun kann. Ich kann mich anpassen und muß in jedem Fall vorsichtig und aufmerksam vorgehen, wenn ich aus der gegebenen Lage das Beste machen will. Durch vernünftiges Handeln läßt sich die Not zwar nicht abwenden, aber doch lindern. Wenn ich »ja« sage zu meinem Schicksal, habe ich eine gewisse Chance, es zu meistern. Wenn ich »nein« sage und mich dagegen wehre, verstricke ich mich um so mehr in den Zwängen der Materie.

Schicksal ist nicht theoretisch, es geht um ganz konkrete Erfahrungen und Ereignisse, es waltet körperlich im Hier und Jetzt. Und wenn der Zug schon abgefahren ist, so kann ich doch die Zeit der Fahrt zu intensiven Erfahrungen nutzen. Statt mich aufzulehnen, kann ich den Augenblick bewußt erleben und durch ein aufrechtes Dasein die Not erträglich machen. Auch Aufrichtigkeit ist in jedem Fall gut, denn ich kann ja nichts mehr verlieren, das Ziel meiner Reise ist schon festgelegt. Und Aufrichtigkeit, gepaart mit Vorsicht und Achtsamkeit, hilft, die Lage richtig einzuschätzen und die Situation zum Guten zu wenden, so weit das möglich ist.

Der Wille zum Schicksal kann auch extrem bejaht werden, allem Unbill zum Trotz. Das ist dann der Fatalist, der sich mit Freuden dem Schicksalszwang unterwirft und gar nicht auf die Idee käme, es zum Guten wenden zu wollen. Je schlimmer es ihm mitspielt, je wohler fühlt er sich. Das gibt es auch.

Ein theoretisch einfacher, aber praktisch schwieriger Weg, sich aus der Not zu befreien, ist die Selbstaufgabe. Verzichte ich auf mein Ich, verschwindet auch die Not. Wo das eine fehlt, kann auch das andere nicht sein. Wenn ich nicht mehr bin, hat das Schicksal keine Bedeutung mehr. Doch das gilt nur für Heilige.

94.

NOT – AR   AR – NOT

Karma-Yoga

Bei NOT-AR ist die Arbeit eine vom Schicksal bestimmte notwendige Arbeit, die als solche akzeptiert und angenommen werden muß. Oft ergibt sich die Notwendigkeit aus einer bestimmten Situation heraus, dann entfällt die Qual der Wahl, und man braucht nur noch das Notwendige auch zu tun.

Meist aber ist nicht so leicht, auf Anhieb zu erkennen, welche Arbeit das Schicksal einem vorbestimmt hat. Dann gilt es, große Sorgfalt darauf zu verwenden, die Arbeit zu finden, die einem schicksalsmäßig zusteht. Vielleicht als Notar? Trifft man die falsche Entscheidung, gerät man in große Not. Die Arbeit bereitet Schwierigkeiten, geht nicht gut von der Hand und wird zur Last. Unwillig ausgeführt, wird sie dann mehr schlecht als recht getan, was den Arbeiter in weitere Schwierigkeiten geraten läßt.

Hat man dagegen die richtige Arbeit gefunden, kann ihre Notwendigkeit leichter als unumgänglich akzeptiert werden. Man kann ihr ohnehin nicht entgehen, also kann man gleich aus der Not eine Tugend und mehr machen. Konzentriert und aufmerksam ausgeführt, wird aus der Arbeit Meditation.

Karma-Yoga ist der Weg, durch das Ritual der Arbeit zur Weisheit zu gelangen. Yoga kann auf verschiedene Weise ausgeübt werden: durch Hingabe, Körperübungen, Wissen oder Arbeit. Gleichgültig welchen Weg man einschlägt, jede Art von Yoga ist ein Weg zur Weisheit. Warum also nicht die Arbeit, wenn sie denn sein muß, benutzen, um zur Vergeistigung zu gelangen? Meditativ seiner Arbeit zugewandt, gelangt man zu Können und Perfektion und damit verbundener Freude an seiner Tätigkeit.

Notwendige Arbeit verlangt auch Verzicht. Auf freie Zeit, auf persönliche Wünsche und Vorstellungen. Das ist leider so. Doch das Fügen in Gegebenheiten dort, wo es richtig ist, notwendiger Verzicht also, bringt den Menschen auf seelischer und geistiger Ebene weiter. Betrachtet man seine Arbeit noch dazu als möglichen Weg zur Weisheit, wird aus der Not Zufriedenheit und Glück. Und was will der Mensch schon mehr?

NOT – SIG   SIG– NOT

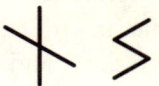

Das Schicksal siegt

Wenn die Sonne aufgeht, beginnt der Tag und erwacht das Bewußtsein. Noch sind alle Möglichkeiten offen, jeder neue Tag ist gut für
Überraschungen, das Schicksal kann jederzeit eine neue Wendung
nehmen. Es ist gut, den Tag aufmerksam zu beginnen und das Bewußtsein hellwach zu halten, so lange der Tag andauert. Zum Ausruhen ist
die ganze Nacht noch Zeit genug.

Aufmerksamkeit ist bei NOT-SIG schon deshalb wichtig, weil es
sich um ein »elektrisches«, extremes Schicksal handelt. Und das
Schicksal siegt, es erfüllt sich immer. Mit der NOT-Rune drängt es zur
Verwirklichung im Stoff, da läßt sich nichts dagegen tun. Das Schicksal ist gegeben, aber der Umgang damit ist noch frei. Sieg oder Niederlage – man muß vorsichtig sein, beides liegt dicht beisammen. Der Sieg
ist immer in der Nähe, aber man darf keine Fehler begehen.

Darum muß man den geschickten Umgang mit den Gegebenheiten lernen. Soll die SIG-Rune letztendlich zum Sieg führen, muß man
die Möglichkeiten erkennen, die sich bieten, und sie dann blitzartig
nutzen. Es ist ein spannendes, unberechenbares Schicksal, und man
braucht ein waches Tagesbewußtsein, um jederzeit spontan reagieren
zu können. Kein Tag ist wie der andere, Strategien von gestern sind
heute oft nicht mehr brauchbar. Das Schicksal nimmt seinen Lauf, und
man tut gut daran, die Zeichen rechtzeitig zu erkennen und danach zu
handeln.

So, wie man den Blick nicht in die Sonne richten soll, soll man sich
auch davor hüten, sich vom Sieg blenden zu lassen. Sonst wird man
schnell vom Schicksal getäuscht. Dann ist die Niederlage nicht weit,
und der Held endet tragisch, wie das bei Helden leider weit verbreitet
ist. Aus NOT-SIG ist in diesem Fall Nicht-Sieg geworden, Niederlage
eben. Aus diesem Grund verschweigen kluge Helden ihre Siege und
prahlen nicht mit ihren Erfolgen. Die Götter könnten eifersüchtig werden und – launisch wie sie sind – den nächsten Sieg verhindern.

NOT – TYR   TYR – NOT

Der Speer des Schicksals

Die Not des Polarsterns ist der Polsprung, die Not des Gottes Tyr ist die Treue. Aus Treue zum gegebenen Wort mußte er seinen Arm opfern. Daß Treue Opfer verlangt, ist nicht neu, und wer ein Ziel verfolgt, gerät leicht in Not. TYR-NOT ist der Speer des Schicksals. Wer diesen Speer besitzt, beherrscht die Welt. Daraus folgt, daß der Speer nur die Weltachse sein kann, und wer sie bewegt, bewegt alles.

Ein Mensch in Not: Sein Schicksal waltet und läßt ihm nur wenig Entscheidungsfreiheit. Leicht gerät er in Verzweiflung in Anbetracht seiner Schwierigkeiten und fühlt sich ohnmächtig seinem Schicksal ausgeliefert. Immer neue Probleme häufen sich an, es ist kein Ende in Sicht, der Mensch verliert die Hoffnung und den Glauben, daß sich je etwas ändern wird. Wenn er jetzt verzagt und sich aufgibt, wird sich wirklich nichts ändern, es wird im Gegenteil immer nur noch schlimmer werden.

In dieser Situation ist es dringend notwendig, sich aufzuraffen und zu versuchen, das Schicksal zu verstehen. Wer in seiner Not den Sinn des Schicksals, sein Ziel, erkennt und die Lehre versteht, die es einem erteilen will, hat die Chance, aus dem Schicksalszwang herauszufinden. Je klarer die Zielrichtung erkannt wird, je weniger Umwege sind nötig, das Ziel zu erreichen. Der Speer zeigt den Zweck der Not auf, und dieser muß verstanden werden. Es hilft alles nichts, man muß sich danach richten, auch bereit sein, Veränderungen in Kauf zu nehmen, Opfer zu bringen und sich treu an das vorgegebene Ziel halten. Mit dem Speer kann es erreicht werden, denn er zeigt auf das Schicksalsziel. Dieses erkennt man am besten in aufrechter Haltung bei aufrichtiger Gesinnung. Dann wird das Schicksal zufrieden sein, und die Not ist gewendet.

Wird die richtige Richtung dagegen nicht erkannt, verstrickt man sich immer tiefer im Labyrinth der Not, verwickelt sich immer stärker in die Schicksalsgebundenheit und endet als Opfer, statt nach überwundener Not sein Schicksal frei zu gestalten.

97.

NOT – BAR   BAR– NOT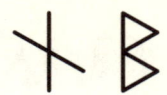

Notgeburt

Die Nornen sitzen am Brunnen an der Wurzel des Weltenbaums und bestimmen das Schicksal. Bei jeder Geburt werfen sie die Runen und deuten damit das Schicksal der Menschen und der Götter, denn selbst die Götter waren dem Schicksalszwang unterworfen.

Solange das Schicksal friedlich und im Sinne des Betreffenden verläuft, in den glücklichen, aber auch den »lauen Zeiten« des Lebens also, wird man es getrost annehmen und sich seinem Lauf fügen. Es werden keine besonderen Anforderungen gestellt und auch keine außergewöhnlichen Fähigkeiten benötigt.

Anders ist es, wenn plötzliche Not entsteht. Eine Notsituation ist zwingendes Schicksal. Der Betroffene kann ihm nicht ausweichen, er muß reagieren, sonst erliegt er ihm. Aus der Not heraus übertrifft sich mancher selbst. Ganz neue, ungeahnte Fähigkeiten können entstehen, der in Not Geratene wächst über sich selbst hinaus. Seine Reaktion ist unerwartet, der Mensch verändert sich. Aus einem Feigling kann, zumindest vorübergehend, ein Held werden. Die Not hat etwas Neues geboren. Solche Geburt ist Schicksalsgeburt, Notgeburt.

Das Prinzip der Not ist in der Natur am offensichtlichsten. Natürliche Zwänge bestimmen ganz besonders das Leben der Bauern wie der Mütter. So wie die einen von den Launen des Wetters abhängig sind, sind es die anderen von der Launenhaftigkeit der Kinder. Natürliche Zwänge bestimmen beider Leben. Vorübergehend ist es wohl möglich, sich ihnen zu entziehen, indem man bei Gelegenheit z. B. mal eine Nacht in der Bar verbringt. Doch auf Dauer ist das keine Lösung. Es ist besser, man stellt sich den Anforderungen. Dann kann man überlegen, wie sich die gegebene Situation zum Vorteil gestalten läßt. Mit neu erworbenen, aus der Not heraus geborenen Fähigkeiten wird es dann leichter sein, mit den Notwendigkeiten fertig zu werden. Und die Notgeburt entpuppt sich auch hier im nachhinein als erlösende Neugeburt.

98.

NOT – LAF   LAF– NOT

Lichter in der Nacht

Diese Runen deuten an, daß es hier um ein Leben in Not – auch um ein Leben in der Nacht – geht. Not ist nicht unbedingt gleichbedeutend mit Katastrophen, wie auch ein Leben in der Nacht nicht zwangsläufig schlecht sein muß. Das Nachtleben hat bekanntlich durchaus angenehme Seiten. Es kommt ganz darauf an, wie es gestaltet wird.

NOT-LAF heißt, daß dieses Leben karmisch bedingt ist. Es ist ein schicksalhaftes Leben. Auch die schicksalhafte Liebe ist in diesen Runen enthalten. Schicksalhaft deshalb, weil die betroffenen Menschen »aneinander gekettet« sind, sie können nicht voneinander lassen. Gleichgültig, wie günstig oder ungünstig sich dieses auf ihr Leben auswirkt. Das kann sie in die größte Not bringen, aber es muß ja nicht tragisch enden, wie das in den griechischen Tragödien üblich war. Selbstverantwortlich gestaltet, kann diese Liebe auch zum größten Glück führen, und auch das ist dann Not, in diesem Fall eine gute Not.

Das Licht in der Not ist ebenso LAF-NOT wie auch das Licht in der Nacht. Not-Licht in der Nacht kann lebensrettend sein. Da gibt es z. B. den Leuchtturm, der den Seeleuten durch sein Leuchten Hoffnung und die Chance des Überlebens gibt. Oder das Licht einer Herberge, das dem müden Wanderer die notwendige Kraft gibt, die letzte Wegstrecke doch noch zurückzulegen, um sich dann in der Herberge zur wohlverdienten Ruhe zu begeben.

Doch da gibt es auch das Sumpfleuchten, das den Verirrten vom Wege abbringt und ins Moor lockt. Beides ist möglich, beides ist Nacht-Licht. Leuchtturm oder Sumpflicht? Welches davon leuchten wird, bleibt nie dem Zufall überlassen. Jeder erntet nur das, was er gesät hat. Das Aussäen sollte daher immer im Bewußtsein der vollen Verantwortung getätigt werden. Dann wird die Mitternachtssonne scheinen und das Nacht-Licht dem Menschen helfen, statt ihn in die Irre zu führen.

99.

NOT – MAN   MAN– NOT

Not am Mann

Wenn das Schicksal zuschlägt, ist der Mensch in Not. Er ist zum Handeln gezwungen. Ganz offensichtlich ist das bei der aktuellen, »kleinen« Not: Ist der Mann über Bord, wird er schwimmen müssen, oder aber er ertrinkt. In der »großen« Not, wenn das Schicksal dauerhaft zwingt, wird man auch handeln müssen. Nur hat man meist etwas mehr Zeit zur Verfügung.

NOT-MAN, der Not-Mann oder -Mensch: Gleichgültig, was dieser Mensch tut, es wird schicksalhaft sein. »Unterliege ich einzig und allein meinem Schicksal, oder kann ich noch frei handeln?« Das ist die Frage, die ihn ständig bewegt. Oft möchte er diesem entkommen und flüchtet sich in Gedankenwelten, die ihn von der Wirklichkeit entfernen. Doch nicht lange kann er sich im Denken verlieren, das Schicksal führt ihn immer wieder in die Wirklichkeit zurück. Die Flucht in abstrakte, weltfremde Theorien ist ihm nur kurzfristig vergönnt: Sein Schicksal holt ihn durch Ereignisse ein und zwingt ihn zur Annahme desselben und zu entsprechenden Reaktionen.

Gern bewegt sich der NOT-Mensch in der Nacht. Das Licht des Mondes ist diffuser, man kann nicht so klar erkennen und erkannt werden. Und die Menschen, die nachts unterwegs sind, sind nur selten auf Konfrontation aus. Nachtschwärmer, Nachtwächter, Diebe oder Illegale: Man weicht sich aus, man kann seiner Wege gehen, ohne durch die anderen zum Handeln gezwungen zu werden. Man geht vorsichtig miteinander um, man tastet sich heran. Direkte, schicksalhafte Zusammenstöße werden vermieden. Die Nacht dient dem schicksalsgeprüften Menschen zur Erholung.

Er sollte aus dem Umgang in der Nacht Lehren ziehen für den Umgang mit dem Schicksal. Tastet er sich vorsichtig heran an die Fragen, die ihm von der Not gestellt werden, nimmt er an, was von ihm gefordert wird, so wird er besser mit der Wirklichkeit zurecht kommen. Die Konturen des Schicksals werden dann weniger hart sein, so wie die

Konturen der Nacht verschwommener sind als die des Tages. Hat er den Umgang mit den Notwendigkeiten gelernt, hat er gute Aussichten darauf, sein Schicksal immer mehr selbst zu gestalten und zum Guten zu wenden.

100.

NOT – EH   EH – NOT

Notehe und Ehenot

Das ist das uralte Problem zwischen Schicksalszwang und Freiheit. Wie weit ist der Mensch dem Schicksal ausgeliefert, und wieviel Freiheit hat er? Der eine sagt, alles sei Schicksal, der andere meint, er könne machen, was er will.

NOT ist das Schicksal, es ist die Verhaftung im Stoff. EH ist die Loslösung vom Stoff, die Vergeistigung und damit die Freiheit. Wird die NOT-Rune gewendet, entsteht die EH-Rune und umgekehrt. Man kann von der einen zur anderen gelangen und hin- und herspringen zwischen der Not und der Befreiung von der Not. Nur kommt man dann nicht weiter, sondern immer auf den Ausgangspunkt zurück. Gerät man in Not und löst diese durch die Ehe, ist zwar die augenblickliche Not gelöst, dafür aber ist man eine Not-Ehe eingegangen. Eine Ehe, die, da aus Not und nicht aus freiem Willen gewählt, zwangsläufig wieder zurück in die Not, die Ehe-Not, führt.

Fügt man NOT und EH aber zusammen, statt sie zu wenden, entsteht HAG, die Rune der Ganzheit und des Heils. Es ist nie alles Schicksal und nie alles Freiheit, es sind immer beide Seiten da. Ein Teil der Not muß angenommen werden, die grundlegenden Bedürfnisse müssen befriedigt sein. Denn ein freier Wille entsteht nur, wo keine Bedürfnisse mehr sind. Die Kunst liegt darin, herauszufinden, was wirklich notwendig ist. Befreiung und Vergeistigung, die durch die EH-Rune dargestellt werden, gelingen nur durch Verzicht auf überflüssige Dinge. Je weniger Verhaftung im Stoff, je freier wird der Geist sein. Die Not sollte angenommen werden, wo es notwendig ist, und nicht beachtet werden, wenn die angebliche Notwendigkeit einer genaueren Prüfung nicht standhält.

NOT und EH hin- und hergewendet, führt nicht weiter, falsch verbunden gibt es Hagel. Hat man aber das richtige Maß gefunden und die gegensätzlichen Kräfte harmonisch verbunden, entsteht HAG – und das führt zum Ziel und zum Heil.

101.

IS – IS   IS– IS | |

Ich bin

Ich bin, und aufrecht stehe ich mit beiden Beinen auf der Erde. Gerade und unerschütterlich, ich bin Mittelpunkt und Achse meiner Welt. Der Stamm des Weltenbaums und die Achse der Erde, um die sich alles dreht. Mit den Füßen verankert am Boden und gleichzeitig im Mittelpunkt der Erde, den Kopf ausgerichtet auf den Zenit und zugleich auf den Polarstern. Die Grundlage ist solide, der Geist frei. Ich bin eins mit der Welt. Himmel und Erde gehören mir, und ich gehöre ihnen, bin eins mit und Teil von dem Universum. Ich erlebe alle Ebenen des Seins. Der Geist ist frei und unabhängig, steht dank Bodenhaftung aber in ständigem Bezug zur Wirklichkeit des Lebens.

Wer aufrecht steht, trägt die Verantwortung für sein Dasein selbst, er braucht die anderen nicht. Verantwortung ist ihm keine Last, sie ist ihm selbstverständlich: Verantwortung für sich selbst, für die Welt, die sich um ihn dreht, und die Erde, den Boden, auf dem er steht und mit dem er in der Einheit verwachsen ist.

IS-IS ist ein Umweltschützer, er kann ja gar nicht anders. Ist er doch in Einheit mit der Erde, dem Planeten und der Welt, die ihn umgibt. Natürlich ist er einsam, aber in der Einsamkeit gelangt er zu höheren Erkenntnissen, erlangt Weisheit: Die Einsamkeit wird zum Alleinsein, zum All-Ein-Sein, zum Einssein mit dem All. Den Blick auf den Polarstern gerichtet, verliert er sich nicht in Nichtigkeiten. Seine

Sicht der Dinge hat andere Dimensionen. Der Blick in die Sterne ist es auch, der ihn vor Überheblichkeit bewahrt, denn selbst die Achse der Welt relativiert sich beim Blick in die Unendlichkeit des Sternenhimmels.

Wer bin ich jetzt? Eine Nichtigkeit, eine Nicht-Ich-Keit, ein Nicht-Ich ist da, ein Nichts: Von oben betrachtet wird der Strich von IS zu einem Punkt. Ich sehe das vom Nordstern aus. Ich bin alles, und ich bin nichts. Also bin ich.

102.

IS – AR   AR – IS

Ich bin Arbeiter

AR ist Arbeit, und Arbeit muß sein. Entscheidend ist, wie sie gestaltet wird und welchen Wert oder Sinn wir ihr geben.

Auch sinnlose Arbeit gibt es: Arbeit, die zu nichts führt, Zwangsarbeit, die erniedrigt, und solche, deren einziger Zweck dem Überleben dient. Doch AR mit IS läßt nur sinnvolle, zielgerichtete und somit edle Arbeit gelten. AR und IS werden der Arbeit, die zu verrichten ist, einen höheren Sinn geben, denn sinnlose Arbeit ist in dieser Kombination nicht möglich.

Sinnvoll ist eine Arbeit nicht nur, wenn sie Werte schafft oder einem höheren Sinn dient. Sinnvoll ist sie schon dann, wenn sie gerne getan und nicht als notwendige Last empfunden wird. Die Verbindung von IS und AR arbeitet gern, ausdauernd und zuverlässig. Sie nimmt die Befriedigung nicht aus der getanen Arbeit, sondern aus der Arbeit an sich. Für IS und AR ist Arbeit Meditation, führt sie zu innerer Zufriedenheit und Freiheit. Es heißt ja auch: »Arbeit macht frei.« – Natürlich nicht im Konzentrationslager. Und im Umkehrschluß würde es bedeuten, nur was frei macht, ist wirkliche Arbeit.

Die geliebte Arbeit, die einzige Form der Arbeit, die IS-AR zuläßt, befreit nicht nur von finanzieller Abhängigkeit, sie befreit auch Geist und Seele. Gern getane Arbeit adelt, denn sie verlangt Einsatz, Verantwortung,

Gewissenhaftigkeit und Ausdauer. Man läßt sie nicht halbfertig oder halbherzig liegen, sie will zu Ende geführt sein. Das IS bei AR sorgt dafür, daß das ordentlich und sorgfältig geschieht, denn auch die Ehre ist mit im Spiel. Schlechte Arbeit ist nicht ehrenvoll, nicht sinnvoll, und darum ist schlechte Arbeit für IS-AR einfach ausgeschlossen.

IS und AR bedeuten auch IA = JA. Ja, die Bejahung. Ich muß die Arbeit bejahen, wenn ich zufrieden sein will. Gelingt mir das nicht, sollte ich lieber wie ein Aar abheben und davonfliegen, um mir eine andere Arbeit zu suchen. Manch einer wird vielleicht, statt Arbeiter zu sein, lieber als Adler unterwegs sein wollen und nach fetter Beute jagen. Das ist von Karma zu Karma verschieden.

103.

IS – SIG   SIG– IS

Ich siege

Ich siege, denn IS steht für »Ich« und SIG steht für »Sieg«. Die Kombination ist äußerst geschickt und dementsprechend siegversprechend.

IS-SIG verspricht Aufmerksamkeit, die nicht erstarrt ist. SIG lockert die unbeugsame Haltung von IS auf, Haltung und Einstellung werden weniger stur, menschlicher, beliebter und bereit, Schwächen zu akzeptieren, ohne dabei die Standfestigkeit zu verlieren. Zusammen mit SIG kann IS nicht mehr zerbrechen, wird biegsamer, anpassungsfähiger, wendiger und entgeht der Einsamkeit, die sonst jedem Aufrechten droht.

Andererseits sorgt IS dafür, daß SIG Rückgrat bekommt. IS allein ist einsam, SIG allein verliert die Gradlinigkeit. Zusammen sind sie unschlagbar. IS-SIG ist eine Schlange mit Rückgrat. Die Wirbelsäule ist elastisch und flexibel wie aus Gummi und dennoch fest, aufrecht, ja aufrichtig. Die unbeirrbare Einstellung und Standfestigkeit paart sich mit der Plötzlichkeit und Unberechenbarkeit des Blitzes sowie mit der Klugheit und Schlauheit der Schlange.

Schiebt man I und S übereinander, erscheint als Sinnbild eine Schlange, die sich um einen aufrechten Stab windet: das Zeichen für Dollar und das Emblem der Ärzte. Ein Materialist würde jetzt sagen: »Studiere Medizin und mache damit viel Kohle.« In der Tat haben wir hier einen Hinweis auf die Heilkunst und die Möglichkeit, Werte zu schaffen, sowie die Fähigkeit, klug und geschickt mit diesen Gaben umzugehen. Freilich darf dies nicht gierig und gewissenlos geschehen, vielmehr mit Aufrichtigkeit und Idealismus, wenn man hinterher nichts bereuen will.

Ich siege. Ich siege jetzt und immer wieder, wenn ich wie die Sonne, wie der Blitz und manchmal auch wie die Schlange bin: verläßlich, zuverlässig, standfest, aufrecht und aufrichtig und gleichzeitig überraschend, unvorhersehbar, unberechenbar, flexibel, elastisch, beweglich und klug. Jetzt sind die Voraussetzungen für den Sieg da. Si.

104.

IS – TYR   TYR– IS

Mein Ziel

Ich bin ein Speer, ich habe ein Ziel und kann es auch treffen. Ein gut geschleuderter Speer kann sogar recht weit gesteckte Ziele erreichen. Entscheidend ist, was denn das Ziel sein soll.

Durch IS bin ich ein aufrechter, in Verbindung mit TYR ein aufrichtiger Mensch. Aufrecht wie ich dastehe, ausgerichtet auf den Nordstern am Himmel, habe ich die Weltachse verinnerlicht, was mir Gerechtigkeitssinn gibt. Ich stehe in Kontakt mit dem Himmelsgott und weiß, daß ich der Erde dienen muß, da ich selbst ein Teil von ihr bin. Lasse ich die Moral außer acht, kann ich mit dem Speer auch verletzen oder gar töten. Mit sarkastischen Sprüchen Spitzen verteilen, ohne Rücksicht auf die Gefühle des anderen zu nehmen. Doch aufrichtig, wie ich bin, und mit der Orientierung am Himmel, sollte das nicht passieren. Aufrichtig zu sein, schließt moralische Qualität und Treue in meine Ziele ein.

Ich bin auch ein Krieger, denn Tyr ist auch der Schwertgott. Als Krieger kämpfe ich für Menschen und Ideen, denen ich die Treue halte. Kriegerische Eigenschaften lassen sich nicht nur in der Armee, sondern auch zivil im Beruf bzw. in der Wirtschaft und im privaten Leben einsetzen. Hier muß ich aufpassen, die Moral nicht aus den Augen zu verlieren. Das wäre der irdische Krieger.

Höher steht der spirituelle Krieger, der für Ideen und Ideale kämpft und ihnen immer treu sein wird. Er ist unbestechlich und voll und ganz auf sein Ziel konzentriert. Ja, er ist Speer und Ziel zugleich, und da er eins wird mit seinem Ziel, wird er es auch nicht verfehlen.

Der Wille zum Ziel verleiht mir Kraft und Ausdauer. Tyr, der Himmelsgott, wird mir das richtige Ziel zeigen, für das zu kämpfen sich lohnt.

105.

IS – BAR   BAR– IS

Ich bin Bauer

Ich bin Bauer, denn BAR ist das Gebären schlechthin. Der Bauer bestellt das Land, macht es fruchtbar, sät und bearbeitet es, bis etwas Neues, das Korn z.B., aus dem Samen entsteht und wächst bis zur Ernte. Dann ist ein neues Produkt entstanden. Viele Produkte können entstehen, der Bauer wählt aus und bestimmt.

IS und BAR: Ich bin der Bauer, ich entscheide, was erschaffen wird. Es geht nicht um ein zufälliges Wachstum. Nicht Wildwuchs ist gefragt. Bei BAR und IS wird die Möglichkeit der Erschaffung bewußt und gezielt eingesetzt. Die Saat wird kultiviert, das Neue soll einen Sinn bekommen.

Es gibt verschiedene Geburten, verschiedene Aspekte der Schöpfung. Da ist erst einmal die weibliche Geburt, die Leben schafft, aber auch die männliche Geburt gibt es. Ein neuer Gedanke wird in die Welt gesetzt, ich lasse etwas entstehen. Eine Idee, eine neue Weltanschauung, ein Buch. Hell leuchtend und gerade wie die Stämme der Birken entspringt aus dem Samen eines Gedankens, eines Einfalls, eine neue Idee, eine Ideologie, aus einem Ton der Quelle der Töne eine Melodie, aus dem einzelnen Wort die Dichtung, aus dem Farbtupfer das Bild, aus einer beobachteten, nur kurzen Szene, wird ein Roman, aus der Initiale ein Name.

Ich schöpfe etwas Neues, eine Idee wird geboren. Ziellose, aufkommende Bilder und Worte bündelt IS in seiner aufrechten Art zu einem zusammenhängenden Werk. Nicht wahllos wird Neues geboren. Es wird gezielt geordnet, sortiert und dann kultiviert. Wort mich von Wort zu Wort führte ...

Ich bin Bauer, ich bin eine Bäuerein und Mutter, ich gebäre aus der Natur. Ich bin aber auch ein Erbauer, ich baue an der Kultur, ich erbaue und gebäre die Kultur, zumindest Teile davon.

Kultiviertes Gebären – vielleicht erschaffen IS und BAR eine neue Kultur.

106.

IS – LAF   LAF– IS

Ich lebe

Ich stehe gerade und aufrecht im Raum. Ich habe einen starken Willen und genügend Rückgrat, um für das einzustehen, was ich will. Unabhängig von anderen will ich mein Leben selbst gestalten. Ich lebe und ich will leben. Ich bin das Leben.

Aber ein individuelles Leben sollte nicht egoistisch sein, nicht von der Welt abgegrenzt gelebt und betrachtet werden. Denn so aufrecht ich auch dastehe – von oben betrachtet werde ich zum bedeutungslosen Punkt. Bewegung im Geiste und Annäherung an andere Leben sind unverzichtbar. In einen größeren Zusammenhang gestellt, wird auch eine größere geistige Sicht der Dinge erreicht.

LAF ist das Leben, und das Leben steht niemals still. Ich sollte auch nicht verharren in unantastbarer Selbstsicherheit, sondern mich dem

Fluß des Lebens anpassen, einfügen und unterordnen. Ich stürze mich in berauschende Abenteuer wie ein Wasserfall, der von großer Höhe herabstürzt ins Tal. Oder ich lasse mich hineinziehen in den Sog des Daseins wie in den Strudel eines reißenden Flusses. Alles ist möglich, das Leben soll fließen. Mein Wille ist stark, ich werde mich nicht verlieren.

Ohne die Lebendigkeit des fließenden Lebens wäre ich verloren in der Einsamkeit, denn jedes Wasser kann auch gefrieren, wenn es stillsteht. Dann werde ich zur Eisfläche oder zum Eiszapfen. Mein Wille ist dann nicht mehr lebendig, sondern erstarrt, und ich werde zerbrechlich wie das Eis sein. Darum muß der Geist lebendig und aufgeschlossen bleiben, sich größeren Ideen öffnen und opfern und so im Fluß des Lebens bleiben. Damit ich nicht erstarre und eines Tages – wie der Eiszapfen – an mangelnder Beweglichkeit zerbreche.

107.

IS – MAN   MAN– IS

Der menschliche Wille

Das allererste menschliche Wesen war Ymir, der Riese im Eis, ein Eismann. Aus ihm entstand die Welt, erzählt uns die Edda. Der heutige Eismann fährt mit seinem Wagen herum und will etwas verkaufen. Die Zeiten haben sich geändert.

Ich bin ein Mensch. Ich will etwas. Ich will ein Mensch sein. Doch weiß der Mensch überhaupt, was er will? Hat er denn einen Willen? In Wahrheit ist sein Wollen sehr begrenzt, seine Wünsche entspringen überwiegend seinen Trieben. Er bestimmt nicht selbst, was er will, er wird getrieben.

Der Wille aber setzt Eigenaktivität und individuelles Denken voraus. Es ist ein weiter Weg zum wirklich menschlichen Bewußtsein, zum menschlichen Wollen. Denn zuerst muß das kollektive, triebgesteuerte Denken überwunden werden. Ist das geschehen, sieht der Mensch sich als Ich, abgetrennt vom Kollektiv, und er merkt, er kann etwas bewirken.

Menschlich ist der Mensch in seinem Willen aber erst dann, wenn er die Belange des Herzens mit einbezieht. Sonst wird er leicht zum Egoisten. Die Entwicklung vom tierischen Trieb zum menschlichen Willen kann und darf nicht am Herzen vorbeigehen. Die Interessen und Gefühle der Mitmenschen dürfen nicht übergangen werden. Denn menschlich zu wollen und zu handeln, bezieht die anderen mit ein. Wenn ich ein Mensch sein will, muß ich menschlich sein.

Die Ungeduld des Wollens ist nur allzu menschlich. Das Bewußtsein, sein Wollen durchsetzen und etwas erreichen zu können, birgt die Gefahr des Größenwahns in sich, wenn man nicht aufpaßt. Darum sollte man das Maß, die Bescheidenheit und das Menschliche niemals vernachlässigen.

Wird der Wille des Menschen in ein größeres Bewußtsein eingebettet, in ein Bewußtsein, welches sein Ich zu den anderen, zur Welt und zum Kosmos hin erweitert, wird er dieser Gefahr entgehen. Dann erst ist der Wille wirklich menschlich zu nennen.

108.

IS – EH   EH – IS

Die unsterbliche Seele

Ich will in den Himmel. Man kann ja vieles wollen, vom Wollen zum Tun ist jedoch ein weiter Weg. Der Weg von der Erde zum Himmel ist lang, und man kann unterwegs leicht vergessen, was man eigentlich wollte – oder einfach die Lust verlieren. Oder man hält mitten im Wege inne und fragt sich plötzlich: »Warum will ich das eigentlich?«. Schließlich lebt es sich auf der Erde ja oft auch ganz gut.

Der christlich orientierte Mensch muß schon deshalb in den Himmel wollen, weil ihm sonst nur Hölle oder Fegefeuer bleiben. Hier geht es aber nicht um Himmel oder Hölle nach dem Tod, sondern darum, schon zu Lebzeiten die Verbindung zum Himmel herzustellen. Wer nachdenkt, wird sich auf den geistigen Anteil seines Ursprungs besinnen und merken, daß er diesen Teil einfach nicht vergessen darf.

Denn der Mensch ist zweifach gestaltet: Der Körper entsteht aus der Erde, und die Seele kommt vom Himmel. Im Leben bleiben diese beiden Anteile vereint, um sich beim Tod wieder zu trennen. Dann verfällt der Körper und geht zurück in die Erde, während die Seele zum Geist hin himmelwärts strebt.

Der Mensch auf seinem Wege erkennt, daß die irdische Wirklichkeit ohne Verbindung zum Geistigen hart erscheint, denn sie endet in Krankheit und Tod. Und das Alter ist nun einmal rein körperlich betrachtet alles in allem unerfreulich. Um dieser betrüblichen Tatsache zu entgehen, will der Mensch schon zu Lebzeiten in den Himmel. Das gibt ihm die Hoffnung, die Not der Wirklichkeit auszugleichen durch das Bewußtsein des Geistes, das ihn hinaushebt über die Not der Welt.

Je mehr er sich dem Himmel nähert, je mehr schmälert oder wendet er diese Not. Hat er das Gesetz verstanden, daß nicht alles stofflich zu betrachten sei, sondern die unsterbliche Seele aus dem Himmel kommt und dorthin auch wieder zurück will, so hat er eine geistige Freiheit erreicht, die das Irdische nicht überbewertet. Mit diesem Bewußtsein geht es ihm schon zu Lebzeiten wesentlich besser. Jetzt, da ihm das klar geworden ist, setzt er seinen Weg himmelwärts fröhlich fort.

109.

AR – AR   AR – AR   ⌁ ⌁

Adler an die Arbeit

Jahr für Jahr zieht die Sonne ihre Bahn. Das Sonnenjahr bestimmte einst das Arbeitsjahr, die Jahresarbeit war streng mit dem Ablauf der Jahreszeiten verbunden.

Sich an das Sonnenjahr zu halten, ist auch heute kein Fehler. Die Kraft des Frühlings gibt Schwung zu neuen Ideen und Taten. Im Sommer sollte das Gröbste bewältigt sein. Und wenn dann im Herbst das, was im Frühjahr begonnen wurde, vollendet ist, so wird die »Ernte« zur rechten Zeit eingebracht werden. Der Winter gehört dann mehr der Meditation oder Besinnlichkeit und den Gedanken über Pläne für das kommende Jahr. Etwas Neues im Winter zu beginnen, wäre gegen die Natur, zumindest nicht im Einklang mit ihr, was dann die Effektivität der Arbeit beeinträchtigt.

AR-AR macht die gewöhnliche Arbeit zur edlen Arbeit. Edel, weil sie Sinn gibt und Freude macht und so über die bloße Pflicht hinausgeht. Was gerne getan wird, wird auch gut getan. Die Freude an der Arbeit verbessert gleichzeitig die Qualität derselben.

Der doppelte Adler, AR-AR, ist der König der Vögel oder auch der Vogel der Könige. In zahlreichen Wappen sind Adler oder Doppeladler enthalten. Natürlich fliegt der doppelte Adler höher als die anderen, einfachen Artgenossen. Er will hoch hinaus, immer höher noch. Doch wenn er nicht aufpaßt, geht es ihm wie Ikarus. Wer übertreibt, stürzt ab. Davon sind auch Adler nicht ausgenommen. Drum sollten sie nicht nur nach Höhe streben, sondern auch den Boden der Wirklichkeit nicht aus den Augen verlieren und dabei sinnvoll vorgehen.

Der Adler muß den Boden im Auge behalten, wenn er ganze Arbeit leisten und Beute erjagen will. Fliegen und jagen tut er gern, da es seiner Natur entspricht. Und darum wird er gute Resultate erzielen. Der doppelte Adler arbeitet doppelt gern. Drum: Adler an die Arbeit!

110.

AR – SIG   SIG– AR

Sonnenjahr

Beide Runen enthalten die Sonne, zusammen stehen sie für das Sonnenjahr. Das Sonnenjahr ist gut verlaufen, wenn alle Jahreszeiten gut waren, wenn es reichlich Sonne gab und damit eine gute Ernte.

Viel Sonne, gerade gegen Ende des Sommers, stimmt Winzer wie Weinfreunde optimistisch: Es gibt hohe Öchslegrade und damit einen guten Jahrgangs-Wein. Im Leben des Menschen verhält es sich ähnlich: Hat man in den »besten Jahren«, der Sommer- und Sonnenzeit des Lebens, für eine »gute Ernte« gesorgt, wird man im Alter davon profitieren.

AR, der Adler, ist der König der Lüfte. Als Sonnenvogel, SOL-AR, ist er auch heute noch in vielen Wappen zu finden. Ursprünglich saß er auf dem Weltenbaum, spähte in alle Richtungen und berichtete Odin von dem, was er sah.

Es ist ein edler Vogel, der der Sonne entgegenfliegt. Majestätisch wirkt er, wenn er im Licht der Sonne hoch oben in der Luft kreist, um plötzlich im Sturzflug sich fallen zu lassen, wenn er seine Beute gesichtet hat. Scharfes Sehen, blitzartige Schnelligkeit und starke Kraft lassen ihn selten ein Opfer verfehlen. Von Bauern und Tieren wird er gleichermaßen gefürchtet, denn meist wird er siegreich sein, wenn er hinabstürzt auf die Erde. Als Raubvogel ist er ein Krieger, der in seiner Aufmerksamkeit niemals nachlassen darf, will er sein Ziel erreichen und Erfolg haben. Zu viel Sonne und zu viel Höhe sind aber auch Voraussetzungen für einen Absturz aus hohen Höhen. Das sollten weder Adler noch Mensch vergessen.

Die Welt besteht nicht nur aus der Sonnenseite. SAL, der Heiler, ist in der Nacht verborgen, und SIG-SOL-SAL enthält neben der Sonne auch noch die Schlange, das Tier des Heilers. Die Kombination von Schlange und Adler ist ebenfalls in manchen Wappen zu finden. Dann verbinden sich Tag- und Nachtseite, Klarheit und Geheimnis. Die Erkenntnis bei reinem Sonnenlicht paart sich mit der Weisheit der Schlange, und so werden Sieg oder Heilung in greifbare Nähe gerückt.

111.

AR – TYR   TYR – AR

Das edle Ziel

König Arthur hat den edlen Rittern der Tafelrunde die absolute Treue abverlangt. Nur wer Treue schwor, durfte der Tafelrunde beitreten und ihm dienen. Die Treue war dort Ehrensache, eine Sache der Ehre.

Treue bis in den Tod ist aber nicht gleichbedeutend mit blindem Gehorsam. Der wird auferlegt durch Macht und ist erzwungen. Treue dagegen geschieht aus Überzeugung und ist ein freiwilliges, selbstbestimmtes Anliegen. Treu bin ich dem, den ich liebe, den ich anerkenne und ehre, der mir ein erstrebenswertes Ziel aufzeigt. König Arthur gab seinen Edlen durch den Auftrag, Ordnung im Lande zu schaffen, Sinn und ein Ziel. So wurde und wird auch heute die Treue des Edlen belohnt.

So, wie König Arthur durch den Auftrag, die Ordnung im Reich herzustellen, seinen Rittern Ziel und Sinn gab, so erhebt jede zielgerichtete Tätigkeit die bloße Arbeit in eine andere Dimension. Sie macht Arbeit und Arbeitsleben sinnvoll und aus dem Beruf die Berufung.

AR ist auch der Adler, TYR der Pfeil. Der Adler und ein Pfeil. Gut, wenn der Pfeil den Adler nicht trifft, sondern der Adler pfeilgrade durch die Luft schießt, um sein Ziel, seine Beute, zu ergreifen. Dann hat er Nahrung für sich und die Jungen und hat etwas erreicht. Er muß hoch hinaus, um sich einen guten Überblick zu verschaffen und sein Ziel auszumachen. Als Raubvogel muß er in der Weite der Landschaft die kleinste Bewegung erkennen können. Das braucht einen scharfen Blick, der sich nicht ablenken läßt. Je höher er steigt, desto tiefer kann er fallen; desto mehr erhöht er aber auch seine Chance, ein Ziel zu finden und zielgerichtet einzugreifen.

Dabei behält er stets den Gesamtüberblick, denn sein Flug in hohen Höhen erlaubt ihm das Ausmachen neuer Perspektiven und erweitert seinen Horizont. Er hat alles im Blick und sein Ziel immer vor Augen.

112.

AR – BAR   BAR– AR   ↑ ᛒ

Stadt und Land

Der »Arbeiter- und Bauernstaat« als kommunistisches System ist gerade untergegangen und damit für nähere Betrachtungen nicht besonders geeignet. Aktueller sind die wesentlichen Probleme zwischen

Stadt und Land. Denn die Runen stehen für beides zugleich: AR für Arbeiter und Stadt, BAR für Bauern und Land.

Heute ist die Stadt »voll im Trend«, während das Land immer mehr an Bedeutung verliert. Es erscheint der Jugend langweilig und öde, bietet es doch lediglich einen ans Jahr angepaßten ewig gleichen Kreislauf der zu bewältigenden Arbeit. Das Stadtleben dagegen ist bunt, glitzernd und verführerisch. Voller Abwechslung, voller Versprechungen – und überall gibt es Geldautomaten. Kein Wunder also, daß die Jugend das Land verläßt und sich in die Städte begibt, die größer und größer werden und die Natur immer weiter verdrängen.

Mit der Loslösung von der Natur werden jedoch gleichzeitig auch die natürlichen Lebensquellen, zu denen der Landmensch immer Bezug hatte, abgeschnitten. Eine einseitig städtische Entwicklung läßt den Zugang zu den natürlichen Instinkten verlorengehen – und das rächt sich. Ehe sich der begeisterte Städter versieht, befindet er sich in Abhängigkeit von Technik, Computern und Fernsehen. Eines Tages wird er feststellen, daß er inmitten der Wunderwelt dieser Technik ziemlich allein dasteht – und er spürt die Isolation, in die er geraten ist.

Sich jetzt reuevoll wieder zurück aufs Land begeben zu wollen, wäre taktisch unklug, da wieder einseitig. Aber ein Ausgleich sollte geschaffen werden, damit das Gleichgewicht wieder hergestellt wird. Gelegentliche Waldspaziergänge oder längere Landaufenthalte tragen dazu bei, den Kontakt zur Natur wieder aufzunehmen und den Bezug zum natürlichen Leben nicht ganz zu verlieren.

Stadt und Land sollten sich wieder näher kommen. Für den einzelnen ist das vielleicht durch Wohnen am Stadtrand oder in der Kleinstadt möglich. Oder aber der Bauer kauft sich einen Computer und der Städter einen Hund. Sonst geht der Bezug zueinander ganz verloren, und der Städter betet den Computer an, während der Bauer den Blitz verehrt. Dann hätte man sich nichts mehr zu sagen.

113.

AR – LAF   LAF– AR

Geliebte Arbeit

Liebe und Arbeit. Nur wer seine Arbeit liebt, wird ein zufriedenes und erfülltes Arbeitsleben haben. Arbeit edelt den, der sie gern tut – aber nur sinnvolle Arbeit wird gern getan.

Dabei spielt es keine Rolle, ob sie körperlich oder geistig ausgeübt wird, nur lebendig soll sie sein. Dann kann aus der Lebensarbeit ein Lebenswerk entstehen. Geliebte Arbeit macht frei, sie kann niemals zum Zwang werden.

Von den Zwängen ungeliebter Arbeit befreit, im Rahmen eines befriedigenden Arbeitslebens, wird der Geist frei. Frei wie ein Adler löst er sich von den Alltagssorgen, steigt auf in neue Höhen und bekommt eine andere, bessere und weitere Perspektive. Es ist ein befreites Leben, die größere Höhe erlaubt einen besseren Überblick und das Erkennen größerer Zusammenhänge.

Ein befreiter Mensch ist oft sich selbst genug. Adler treten selten in Gruppen auf, sie respektieren einander, ohne sich zu nahe, ohne sich »ins Gehege« zu kommen. Ein Adlerleben ist frei, stolz und ein bißchen unnahbar. Doch gelegentlich treffen Adler auf andere Adler, dann freuen sie sich, daß es Gleichgesinnte gibt.

Adler werden bewundert und beneidet. Auch oft gefürchtet und ein wenig gehaßt, denn es sind Raubvögel. Auch dann, wenn sie in weiter Ferne ihre Kreise ziehen, können sie jederzeit herabgeschossen kommen und im Fluge – beinahe im Vorbeigehen – entscheidend in unser Leben eingreifen. Ein edler und lebendiger Adler, der durch geliebte Arbeit seine Freiheit erlangte, sollte immer aufpassen, daß er seine Mitmenschen nicht unnötig erschreckt oder gar verletzt. Liebe zur Arbeit ist Liebe zum Leben, zur Welt und zu den Menschen, sie braucht nicht die Aggression des Raubvogels.

Leib, Liebe und Licht zusammen mit edler Gesinnung ergeben ein erfülltes Leben, bei dessen Anblick selbst Wotan, der »Adlerhaupt«, seinen Schlapphut zieht.

114.

AR – MAN   MAN – AR

Adler und Maulwurf

Gleichgültig ob man AR spiegelbildlich verdoppelt oder MAN auf den Kopf stellt: Man landet in der Erde und damit in der Materie, in der man sich leicht verirren kann. Verwirrt im Labyrinth der Erde, muß der dort gelandete Mensch den ganzen Tag arbeiten und graben und Tunnel bauen, um eines Tages wieder hinaus zu kommen ans Licht des Himmels. Die Materie ist hart und tritt dem Menschen massiv entgegen. Berge müssen entweder abgetragen oder bestiegen und überquert oder umgangen werden, wegdiskutieren lassen sie sich nicht.

So gefangen in der Stofflichkeit des Erdendaseins ist es leicht, seine geistige Herkunft zu vergessen und sich nur als stoffliches Wesen zu begreifen. Dann bleiben Leben und Arbeit sinnlos und tumb, das Dasein wird nur anstrengende Arbeit bedeuten und wenig Freude bereiten.

Aber AR ist auch die Hälfte von OS, dem Luftgeist, der auf die Erde hinabstürzt. Irgendwo ahnt MAN das, denn aufgestellt statt gestürzt weisen die Arme zum Himmel, und der Mensch erhofft die Erlösung von oben. Eines Tages mitten in der Arbeit besinnt er sich auf seine geistige Herkunft, und der dunkle Stoff wird erleuchtet. Er fängt an, nach dem Sinn zu fragen und sieht und erkennt: Er ist eigentlich ein Adler und war nie zum Maulwurf bestimmt.

Jetzt ändert sich alles: Der Mensch arbeitet nicht mehr im Tunnel, sondern an der Verwirklichung des Geistigen im Stoff. Gott schuf die Welt, um sich selbst in ihr zu erkennen, auch der Mensch begreift sich nun durch das, was er schafft.

Das Erkennen des geistigen Kerns in ihm gibt ihm Trost und Kraft für das, was er tun muß, denn nun trägt er das Licht des Himmels in sich, er ist ein geistig Suchender geworden. Denken und Handeln sind nicht mehr ausschließlich auf die Erde gerichtet. Das macht das Leben leichter und reicher.

Duch das Wissen um die Herkunft vom Himmel gelangt der Mensch zu Ehre und Moral und entwickelt Gewissen. So tut er zwar weiterhin seine Arbeit, aber unter anderen Voraussetzungen. Und das macht Mensch und Arbeit edel, sinnreich, moralisch und gut.

115.

AR – EH   EH – AR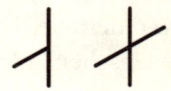

Die Ehre des Arbeiters

Von Anfang an, zumindest seit der Vertreibung aus dem Garten Eden, arbeitete der Mensch. Arbeit ist ewig, es gibt sie, seit es Menschen gibt. Allerdings ist sie einem ewigen Wandel, einer ständigen Entwicklung unterworfen. Das gilt im historischen Sinne genauso wie innerhalb eines Arbeitslebens.

Angefangen von der Steinzeit, in der schwere körperliche Arbeit den Alltag ausmachte, bis zum Zeitalter der Computer und Maschinen, in dem immer mehr Kopfarbeit getan wird, hat eine enorme Veränderung stattgefunden. »Im Werke seiner Hände« lebte der Mensch in Zeiten, in denen das Handwerk dominierte. Dann wurde die Arbeit immer mehr von den Händen entfremdet, an die Maschinen abgegeben, und der Mensch wurde frei für mehr geistige Betätigung, aber auch zu mehr Kopfarbeit verpflichtet.

Auch im Arbeitsleben des Einzelnen findet eine ähnliche Entwicklung statt: Im Laufe des Berufslebens macht man Karriere – ein Fortkommen bei der Arbeit führt zu körperlich weniger anstrengender, dafür geistig anspruchsvollerer Tätigkeit. Karriere sollte bei der »echten« Arbeit nicht in zunehmendem Lohn, sondern in zunehmendem Sinn gesehen und gemessen werden.

Sinnvoll wird Arbeit dann, wenn sie nicht nur Geld, sondern auch Ehre bringt. Die Ehre des Arbeiters ist erfüllt, wenn er stolz auf seine Arbeit sein kann. Wenn er Sinn sehen kann in dem, was er letzten Endes hergestellt, produziert hat. Stolz sein auf die Quantität oder Qualität des Hergestellten. Wer mit seiner Arbeit zufrieden ist, für den ist sie keine Schande und auch keine bloß unvermeidliche sinnlose

Tätigkeit gegen Stundenlohn. Auch das ist zwar Arbeit, aber mit echter Arbeit oder Arbeiter-Ehre hat das nichts zu tun.

Ehrenhaft ist Arbeit auch dann, wenn sie einem höheren Ziel dient. Wenn man seine Arbeitskraft zur Verfügung stellt, um einer Idee durch seinen Einsatz zur Verwirklichung zu verhelfen. Soziales Engagement hebt auch niedrige, selbst geistlose Arbeit auf eine höhere Stufe und veredelt sie. Nur die so verstandene Arbeit ist echt und macht den Menschen zufrieden und frei.

116.

SIG – SIG   SIG– SIG

Der Sieg der Sonne

Das ist schon beinahe optimal, es ist der absolute Sieg ohne Wenn und Aber. Der Weg des Helden, der keine Niederlagen und keine Zweifel kennt. Er wird siegen, gleichgültig, was passiert. Leider ist das Gegenteil genausogut möglich. Der Sieg des einen ist die Niederlage des anderen. Die Runen zeigen Sieg an, sagen aber nicht, auf welcher Seite wir uns befinden. Auf jeden Fall ist die Situation extrem, der Held ist Sieger oder Verlierer.

Gefahr besteht für ihn, denn er könnte sein Ziel aus den Augen verlieren. So viele Möglichkeiten, so viele Chancen, so viele Ablenkungen! Verschlungene Pfade, verschlagene Wege, die im Zickzack verlaufen. Der Sieg kann lange auf sich warten lassen, ein ursprüngliches Ziel kann verloren gehen oder vergessen werden in Anbetracht einer neuen verlockenden Herausforderung. Auch ist der Sieger/Verlierer nicht immer sehr wählerisch in seinen Mitteln und Wegen, um einen Sieg zu erlangen.

Schleichend wie eine Schlange schlängelt er sich vorwärts. Die Schlange zischt. Er muß aufpassen, nicht unehrenhaft vorzugehen, ein Held sollte Charakter haben und ehrlich sein. Bei SIG-SIG ist das nicht immer leicht, die Versuchungen am Wegesrande sind vielfältig. Etwas gerissen muß man schon sein, um etwas zu erreichen, ein bißchen am Rande der Legalität kann man sich schon mal bewegen.

Am meisten aufpassen muß der Sieger/Verlierer, daß er sich auf seinen verschlungenen Wegen am Ende nicht selbst verliert. Um das zu vermeiden, braucht die Schlange Rückgrat und Gewissen. Die Situation ist immer noch extrem. Man bedenke, daß SIG-SIG sowohl in *spiritus sanctus* als auch in *Schutz-Staffel* enthalten ist.

Ein ungetrübtes Selbstbewußtsein hat unser Held schon. Aber er darf nicht dem Größenwahn verfallen, und er muß wissen: Der Zweck heiligt nicht jedes Mittel.

Nach vielen Siegen und Niederlagen wird er schließlich herausfinden, was der wahre Dauer-Sieg ist: Zu sein und zu leben wie die Sonne. Bereit sein, jeden Tag zu sterben, um am nächsten Tag – hoffentlich – wieder aufzugehen. Das ist der Sieg der Sonne.

117.

SIG – TYR   TYR – SIG

Blitzkrieg

»Willst du Sieg haben, ruf zweimal zu Tyr«, sagt die Edda der Germanen. Oder ruf noch besser ZIU, und du wirst einen Pfeil an deinem Ohr vorbeizischen hören. Eine gute Empfehlung, denn mit SIG-TYR-ZIU hat man einen siegreichen Speer in der Hand. Selbstverständlich muß er gekonnt gehandhabt werden. Übung und Meditation müssen Speerwerfer, Speer und Ziel zu einer Einheit werden lassen. Nur so wird man Meister des Treffens.

TYR allein hat einen berechenbaren, geraden Weg, der vorhersehbar ist. Kommt jedoch die Unberechenbarkeit der SIG-Rune hinzu, wird TYR zur starken Waffe, zu einem gezielten Blitz. Denn SIG macht TYR unvorhersehbar, die Richtung kann sich urplötzlich ändern, man kann sozusagen um die Ecke schießen. Auch das Ziel kann blitzschnell an einem neuen Ort ausgemacht werden. Drum ist Vorsicht geboten: Wer sich mit SIG-TYR anlegen will, sollte dessen spontanen Hang zur schnellen Richtungs- und Zieländerung nicht außer acht lassen. Aber auch der Kämpfer selbst muß aufpassen, daß er nicht vor lauter Bäumen den Wald, vor lauter Zielen den Sinn seiner Bemühungen übersieht und verfehlt. Sonst wird er am Ende noch sinnlos Blitze um sich schleudernd ratlos und verwirrt dastehen. Nur zielgerichtet, schnell und unberechenbar läßt sich der Blitzkrieg gewinnen.

Krieg führt aber nur ins Unglück. Der verborgene Sinn von TYR ist die Treue zur Gerechtigkeit. Das sollte das wahre Ziel des Kriegers sein, ob mit Waffen oder spirituell. Dafür lohnt es sich, SIG einzusetzen: den Blitz und die Schlange und dazu die Kraft der Sonne. Das ist der treue Sieg.

118.

SIG – BAR   BAR– SIG   Ϟ ᛒ

Sigurd und der Bauer

Bauern sind selten siegreich, das beweist die Geschichte der Bauernaufstände. Bodenständig und naturverbunden, ist der Bauer zwar bedächtig in seinen Entscheidungen und nicht so schnell zu täuschen, aber eben auch unflexibel. Wer im Gleichklang mit der Natur lebt und sein Leben am Ablauf der Jahreszeiten orientiert, kann nur schwer kurzfristige Veränderungen und schnelle Entschlüsse akzeptieren. Der gleichmäßige Ablauf des Jahres bringt ein ebenso stabiles Denken hervor.

Doch eines Tages geht einer der Bauern bei Sonnenschein in den Birkenwald, um sich eine Pause zu gönnen und trifft auf Sigurd, den strahlenden Helden. Blitzartig verändert das sein Leben, denn Sigurd weiß, wie man siegt. Der Bauer erkennt die Möglichkeit, siegreich zu sein, wenn man nur die Sonne in sich selbst erkennt und ein gesundes Selbstbewußtsein entwickelt. Nur die Sonne gibt die Kraft zum Sieg. Sigurd ist ein strahlender Held, er hat ein sonniges Gemüt, denn so gut wie jeder Sieg ist ihm sicher. Sein Selbstbewußtsein beeindruckt unseren Bauern und steckt an.

Aber allzu schnell wird aus einem Bauern kein Held, er muß erst noch vieles lernen. Stürzt er sich gleich fröhlich unbedacht durch neues Selbstwertgefühl in den Kampf, wird er mit Sicherheit vom Feind oder vom Blitz erschlagen. Er muß vorsichtig vorgehen und das Risiko sorgfältig abwägen und lernen, es richtig einzuschätzen. Unberechenbar und flexibel muß er werden, sich die Raffinesse und Weisheit der Schlange zu eigen machen.

Das geht nicht so schnell, auch eine blitzartige Erleuchtung macht aus einem bodenständigen Menschen nicht umgehend einen siegreichen Helden, der sich wagemutig ins Abenteuer stürzen kann. Neue Erkenntnisse wollen zuerst einmal verstanden und verinnerlicht sein, bevor sie umgesetzt werden können. Jetzt hilft dem Bauern seine Bedächtigkeit, nichts zu überstürzen und sich gründlich vorzubereiten. Hat er sich dann endgültig umgestellt, wird die Sonne ihm erstrahlen. Dann erst ist er bereit, den Sieg zu wagen. So beweist er, daß auch Bauern siegen können.

119.

SIG – LAF   LAF – SIG

Leben in der Sonne

Wer siegt, lebt im Licht der Sonne, solange der Sieg anhält oder die Sonne scheint. Ein siegreicher Mensch hat zwar gute strategische Pläne in der Tasche, bewahrt aber stets die Aufmerksamkeit, um bei Veränderungen blitzschnell einzugreifen. Denn der Weg zum Sieg führt nicht immer geradeaus, sondern hat überraschende Wendungen, geht oft im Zickzack.

Intuition muß mitbringen, wer siegen will, er muß unberechenbar und schnell sein. Wer siegt, steht im grellen Licht der Öffentlichkeit, dadurch wird er angreifbar. Das Leben des Siegers ist schwer. Oft ist es gefährlich, im Mittelpunkt der Aufmerksamkeit zu stehen.

Die andere Seite des Sieges ist die Niederlage. Will man sie vermeiden, muß man sich gelegentlich aus dem Rampenlicht der Öffentlichkeit zurückziehen und den Weg der Schlange gehen. Ganz ehrenhaft geht es dabei nicht immer zu, denn die Schlange ist verschlagen, ihre Zunge ist gespalten. Sie ist auf Sieg aus, und jedes Mittel ist ihr recht. Lange kann sie im Verborgenen lauern, bis sich Zeit und Umstände günstiger zeigen für ihr Vorhaben. Dann jedoch ist sie blitzschnell da, hoch aufgerichtet, bereit zum Angriff und entschlossen zum Sieg. So lebt die Schlange.

Auch das ist ein Lebensweg, allerdings ein der Sonne abgewandter Weg, der zu einem von der Sonne abgewandten Leben führt – des Lebens eines strahlenden Helden nicht würdig. Wenn es notwendig ist, kann man ihn gehen, aber man sollte nicht versäumen, so schnell wie möglich ins Licht der Sonne zurückzukehren. Denn nur die Sonne bringt die Kraft, die der Sieger braucht, um die Sonne in sich aufgehen zu lassen und in ihrem Lichte ein sonnenhaftes Leben zu leben. Mit Sonne im Herzen und sonnigem Gemüt. Und in der Sonne läßt es sich besser leben.

120.

SIG – MAN   MAN– SIG

Sonne und Mond

Der Mensch steht auf der Erde, sein Blick ist nach oben gerichtet. Zur Sonne oder zum Mond, je nach Tageszeit. Für ihn ist es gleichgültig, ob gerade die Sonne oder der Mond am Himmel steht, denn Tag und Nacht sind seine Freunde.

Wer sich bei Tag und Nacht gleich gut auskennt, sollte eigentlich siegreich sein. Und im allgemeinen ist er das auch. Leichte Siege machen den Menschen aber oft eitel und unvorsichtig. Er fühlt sich dann unbesiegbar, ja, er sonnt sich im Sieg. Und während er das tut, schleicht sich der Feind hinterrücks heran, und aus dem Sieg wird eine Niederlage.

In der Nacht ist der Schatten-Mensch, der Schlangen-Mann, unterwegs. Auch er will den Sieg. Er ist gefährlich, denn er ist unberechenbar. Plötzlich und unerwartet taucht er auf. Hindernisse weiß er geschickt zu umgehen. Er ist beweglich und flexibel, die Dunkelheit schreckt ihn nicht, ganz im Gegenteil. Sie ist sein Schutz, denn die Nacht ist sein Freund. Ein Schlangenmensch hat kein Rückgrat. Das macht ihn zwar wendig, aber unter Umständen auch unmoralisch oder böse. Denn leichter ist es, zum Sieg zu kommen, wenn man sich nicht von moralischen Bedenken hindern läßt. Allerdings wird sich der Sieg im nachhinein – früher oder später – meist als Niederlage entpuppen, doch das hat der Schattenmann vergessen oder verdrängt.

Ist man auch des Nachts unterwegs, so sollte man doch den sonnenhaften Anteil des Daseins nicht vergessen. Denn die Sonne bringt an den Tag, was auch immer in der Nacht passierte. Und es ist gut, in seinen Taten auch vor dem Licht der Sonne bestehen zu können.

Wer Tag und Nacht, Sonne und Mond, also praktisch alle Möglichkeiten zur Verfügung hat, ist auf unehrenhaftes Handeln nicht angewiesen. Selbst wenn der sonnige Weg etwas länger dauern sollte – der Mensch wird siegen, wenn er die Sonne im Herzen behält. Gleichgültig, ob er als Sonnenmensch am Tage oder als Schlangenmensch in der Nacht unterwegs sein wird, bleibt er mit Sonne im Herzen ein siegreicher Mensch.

121.

SIG – EH   EH – SIG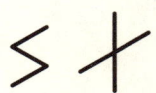

Der echte Sieg

Das Gesetz herrschte schon immer, seit ewigen Zeiten, und wird auch in Zukunft nicht an Bedeutung verlieren. Damals, heute und in alle Ewigkeit ist es unverändert gültig. Das ist der Sieg des ewigen Gesetzes.

Doch was ist das ewige Gesetz, das alle Zeiten überdauert? Es ist das Gesetz des ewigen Wandels, die Tatsache, daß das einzig Beständige der Wandel ist. Die Naturgesetze zeigen es ganz deutlich: Obwohl die Sonne Tag für Tag erst auf- und dann wieder untergeht oder das Jahr sich immer im gleichen Rhythmus der Jahreszeiten wiederholt, ist ein ewiger Wandel da. Der Aufgang der Sonne verschiebt sich, ihre

Bahn ist an keinem Tag des Jahres die gleiche, und das Jahr verändert sich vom Frühling über Sommer und Herbst zum Winter.

Veränderung ist ewig und unvermeidlich. Sie kann langsam, fast unbemerkt vor sich gehen oder aber ganz plötzlich stattfinden. Je »elektrischer« ein Mensch ist, je eher ist mit unerwarteten Veränderungen zu rechnen. SIG ist das Zeichen für Wechselstrom, Hochspannung. Der spannungsgeladene Mensch kann plötzliche Durchbrüche im Sinne der Vergeistigung erleben. Dann hält ihn nichts mehr. »Erkenne und handle« ist sein Motto. Er wird sofort die Konsequenzen aus seiner Erleuchtung ziehen und sein Leben umgestalten. Schlagartig. Überraschend für die anderen und manchmal auch für sich selbst.

Der beste Sieg ist der Sieg über sich selbst. Feste Vorstellungen müssen aufgegeben werden, nichts sollte erwartet und die Welt unvoreingenommen betrachtet werden. Dann wird man den ewigen Wandel erkennen und akzeptieren und flexibel darauf reagieren. Über sich selbst zu siegen bedeutet, einen Teil von sich aufzugeben, um etwas Neues zu gewinnen. Ein echter und ewiger Sieg.

Auch eine sonnige Ehe ist ein solcher Sieg. Man opfert einen Teil seiner Persönlichkeit, um von der des Partners etwas dazu zu gewinnen. Doch auch hier ist der Wandel das ewige Gesetz, die einzige Möglichkeit, der Langeweile und Routine des Alltags zu entgehen und dafür zu sorgen, daß die ewige Sonne der siegreichen Ehe nur nachts untergeht.

122.

TYR – TYR   TYR – TYR

Treue ist das Ziel

Treue ist eine Tugend, die heute leider nicht mehr sehr gefragt ist. Trotzdem ist es sinnvoll, seinem Leben eine Orientierung oder Richtung zu geben und treu dazu zu stehen.

Treu sein kann man einem Menschen, einer Idee, einem Ideal oder auch sich selber. Auch Gesetzestreue ist möglich. Ohne Ziel ergibt sich kein Sinn. Soll das Leben sinnvoll sein, muß man ein Ziel vor Augen haben. Treu ausgerichtet trifft man dieses Ziel so gut wie der Speer, wenn sorgfältig gezielt wurde.

Viel Treue gibt viel Stabilität. Wer nicht ständig abgelenkt wird und neue Ziele anvisiert, kann langfristige Projekte planen und Großes wagen. Dann kann man sein Leben in großen Entwürfen planen und vom Beruf zur Berufung finden. Natürlich muß man stets gezielt vorgehen, sich nicht verzetteln und treu zu seiner Sache stehen.

Materielle Ziele sind leichter zu erreichen als ideelle, sind dafür aber auch schneller vergänglich. TYR ist an der Weltachse ausgerichtet und weist zum Nord- oder Polarstern, dem Angelpunkt des sichtbaren Universums. Eine kosmische Weltanschauung wäre das passende Ziel. Eingebettet in größere Zusammenhänge, wird dieses in Harmonie mit allen Planeten und Sternen stehen, und solch ein Leben bekommt einen universalen Sinn. – Der Mystiker hat sein Ziel erreicht, wenn das Leben selbst zum Sinn wird. Der Schlüssel zur schmalen Tür hinter dem breiten Tor liegt in seinen Händen, und die Treue zum Sinn wird zur Treue zum Leben, welche als Bewußtsein selbst den Tod zu überwinden vermag.

Diese hohe Stufe erreichen allerdings nur wenige. Aber man muß ja nicht gleich das Universum erobern wollen. Auch mit kleinen Schritten ist schon viel getan, denn jede große Reise beginnt mit einem kleinen Schritt.

123.

TYR – BAR   BAR – TYR

Weibliche Mysterien

Die Bartür steht offen, doch nicht jeder mag eintreten. Das Publikum ist ausgewählt. Es wirkt ein wenig exzentrisch, philosophisch. »Abgehoben«, wie man so sagt. Wer nur zu materiellen, »handfesten« Dingen Bezug hat, wird sich hier nicht wohlfühlen. Neugierig lugt er durch die schmale Tür, schüttelt verständnislos den Kopf und geht.

Hier ist eine Gesellschaft von Menschen, die mehr will als nur die Dinge, die man zum täglichen Leben braucht. Denn: »Der Mensch lebt nicht vom Brot allein.« Man will eine Weltanschauung, die eine Moral beinhaltet und einen Sinn, ein Ziel aufzeigt. Die himmlische Ausrichtung des irdischen Geschehens ist gefragt.

Die TYR-Rune will über die stoffliche Wirklichkeit hinaus, BAR bringt den mütterlichen Aspekt hinzu, kehrt den Speer um und zieht ihn zu sich herunter. Matriarchalische Gesellschaftsordnungen mit ihrem Bezug zur Erde und der Verehrung der Naturgötter kommen den Inhalten von TYR-BAR am nächsten. Hier, bei den mütterlichen Mysterien, ist die Verbundenheit mit den zyklischen Abläufen der Natur stark ausgeprägt. Spekulationen über eine theoretische Welt im Himmel oder über ein Leben nach dem Tod sind zu wenig konkret, die weibliche Religion bejaht das Diesseits. Ihre Göttinnen haben durchaus mit dem Himmel und den Himmelsgöttern zu tun, allerdings schon zu Lebzeiten und auf der Erde. Diese Religion orientiert sich an der Natur, die immer wieder neues Leben schenkt, aber auch den Tod bringt. Freude und Leid, Gut und Böse gehören untrennbar zusammen. Die Natur ist erbarmungslos, die mütterlichen Mysterien enthalten verborgene Rituale in der Nacht. Den Göttern kommt man näher durch Ekstase und geheimnisvolle Bräuche.

Das Natürliche schließt alle Gegensätze ein, der Tod ist genau so selbstverständlich wie die Geburt und das Leben. Nichts wird ausgespart oder verneint. Es geht um die Vereinigung von Kelch und Speer: Im Wasser des Brunnens spiegelt sich der Polarstern.

124.

TYR – LAF   LAF– TYR

Treue Liebe

LAF ist das Leben, und zwar das Leben an sich und auf allen Ebenen. LAF ist Leib, Liebe und Licht und umfaßt damit Körper, Seele und Geist.

Auch Wasser ist Leben, der Mensch besteht sogar zum größten Teil daraus. Wasser fließt, das Leben fließt, die Richtung ist noch unklar. Wasser, das sich richtungslos verteilt, versickert schnell. Ein Leben, das sich im Zufall verliert, ergibt keinen Sinn, es verliert sich in Bedeutungslosigkeit. Das Leben läuft wie das Wasser, und es will in seinem Lauf bestimmt sein, so wie sich das Wasser ein Flußbett sucht, das seinen Lauf bestimmt.

LAF ist aber auch das Licht, das durch die Wolken bricht und die Situation erleuchtet. Und die Situation verlangt einen Richtungsweiser, einen Sinngeber. Damit kommt TYR ins Spiel. TYR mit seiner zielgebenden Spitze, dem Pfeil, der anzeigt, wo es langgehen soll.

Das Leben wird damit höheren Prinzipien untergeordnet. Aus wahllosen Liebschaften wird die treue Liebe, die sich an einem einzigen Menschen ausrichtet. Treue Liebe bringt Vertrauen und Zuversicht, lenkt das Leben in eine andere Bahn. Die Gefühle werden gebündelt statt zerstreut und versiegen damit nicht so leicht.

Diese Liebe kann entweder ruhig und zuverlässig sein wie der Fluß in einem breiten Bett, aber auch stürmisch wie ein Wasserfall, der von den Klippen stürzt. Oder aber auch standhaft wie die Trauerweide, die ein LAF-Baum ist und am Ufer des Wassers steht. Fest verwurzelt, die Krone im Licht und die herunterhängenden Zweige im Wasser, aus dem alles Leben kommt.

Leben und Liebe gehören zusammen, und beiden sollte eine Richtung gegeben werden. Aus treuer Liebe wird Treue zum Leben, und diese weist die Richtung für den Lebensfluß.

125.

TYR – MAN   MAN– TYR

Der Mann an der Tür

Der Mensch hat das breite Tor durchschritten und steht vor der Tür. Die Tür ist die Himmelspforte. Der Mensch will in den Himmel. Der Mann an der Tür ist unentschlossen, ob er eintreten soll oder nicht, er weiß nicht recht, was ihn hinter der Tür erwartet.

Wenn er lange unentschlossen bleibt, kann er sich auch als Türsteher verdingen. Er wird dann ein treuer Wächter sein und, notfalls mit dem Speer in der Hand, nur denjenigen Einlaß gewähren, die zum Eintritt berufen sind. Vielleicht gefällt es ihm mit der Zeit so gut dort, daß er für immer Türsteher bleibt.

Wenn er das nicht will, muß sich der Mann an der Tür entscheiden. Er kann zurück in die Welt gehen. Als TYR-MAN hat er gute strategische Fähigkeiten und damit in der Welt verschiedene Möglichkeiten. Strategen sind als Kriegsherren sehr geeignet, auch Geschäftsleute sollten gute Strategen sein, wenn sie auf lange Sicht erfolgreich bleiben wollen. Doch Krieg und Geschäfte führen nur in die Materie. Rein materielle Ziele verlangen, daß MAN die TYR-Rune auf den Kopf stellt. Runen mögen das nicht, und so wird die Lage unbefriedigend bleiben.

Nur Materie ist zu wenig. Die totale Abwendung von ihr dagegen führt zwar himmelwärts, birgt aber die Gefahr des Wirklichkeitsverlustes. Der Mensch wird weltfremd, und mit seinen vielleicht genialen Gedanken läßt sich nichts anfangen. Die Lösung liegt weder ausschließlich auf der Erde noch ausschließlich im Himmel. Um geistige Ziele zu verfolgen, darf der Stoff nicht verneint werden, denn nur durch ihn erkennt der Mensch den Geist.

Die Materie zu benutzen, ohne sich in ihr zu verfangen, macht es TYR-MAN möglich, den Himmel anzustreben, ohne dabei den Boden unter den Füßen zu verlieren. Dann kann man die Tür durchschreiten: Man hat sein Ziel erreicht, die Einweihung wurde vollzogen. Der Mensch ist im Himmel angekommen, ohne dabei die Erde zu verlassen.

126.

TYR – EH   EH – TYR

Sternenwelten

Das Pferd hat ein festes Ziel vor Augen, und das ist der Polarstern: EH blickt auf TYR. Etwas ungewöhnlich für die heutige Zeit, in der weder heilige Pferde als Staatsorakel dienen noch der Polarstern, sondern die Sonne im Mittelpunkt des Interesses steht.

Doch das war nicht immer so. Bevor die Sonne im Mittelpunkt der Symbolik, Kosmologie und der Religion stand, war die Weltsicht ausgerichtet auf die Sterne, das Himmelsgewölbe und die Galaxis. Es galt das Gesetz der Sterne. Von besonderer Bedeutung war der Nordstern, der, ewig am selben Punkt verankert, den Himmelsgott versinnbildlichte, um den sich alle anderen Sterne drehen.

Nach und nach ging dieser große Zusammenhang verloren, und man stellte die Sonne in den Mittelpunkt. Doch was ist unsere Sonne im Vergleich zur Unendlichkeit der Galaxis? Nur ein mittlerer Stern und auch nicht mehr die Jüngste. Während es auf der Sonnenebene um das individuelle Bewußtsein geht, geht das Gesetz des Polarsterns darüber hinaus ins Transpersonale. Natürlich muß zuerst die Sonnenstufe gelebt werden, stellt sie doch das Selbstbewußtsein dar und läßt das Individuum entstehen. Das ist notwendig und richtig für das mittlere Lebensalter. Doch sollte man nicht in diesem Zustand verharren, sonst wird außer Egoismus nichts erreicht.

Die Runenkombination von TYR und EH geht über die Sonnenstufe hinaus. Das Persönliche wird überwunden und unter Aufgabe des individuellen Denkens stößt das Bewußtsein vor in die Galaxis. Es führt ins Transpersonale und zur Weisheit, in die eigentliche Aufgabenstellung des Alters. Jetzt ist Geben wichtiger als Nehmen. Der Mensch, der das Sonnen-Denken überwunden hat, ist über die Sonnenwelt hinausgelangt in die unendliche Vielfalt der Welt der Sterne. Der Nordstern wurde erreicht.

BAR – BAR   BAR– BAR

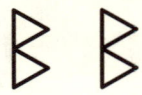

Der Barbar

»Barbar« war die Bezeichnung der Römer für die Fremden. Diese Fremden hatten keinen Bezug zur römischen Kultur, zu Städtebau, verfeinerter Lebensweise, zur Zivilisation schlechthin. So galten sie als unkultiviert und minderwertig. Die Bezeichnung »Barbar« hat einen abwertenden Unterton. Barbaren haben barbarische, grobe Sitten und keinen Sinn für das Feine. Doch die Überkultiviertheit der Römer führte zu Dekadenz und Niedergang, der Barbar mit seiner natürlichen Einstellung und seiner gesunden Lebenskraft übernahm die Führung.

Der Barbar ist nämlich alles andere als minderwertig, er steht lediglich dem Boden näher, was ihm Kraft verleiht und den Bezug zur Natur nicht verlieren läßt. Auch der Bauer ist bodenständig, er lebt mit und von der Mutter Erde, er braucht keine vergeistigte Welt, denn er sieht den Geist in der Natur selbst. Er ist dem Boden verhaftet, wie auch die Mutter durch das Gebären eher erdgebunden ist als der Mann. Erdkontakt gibt Stärke und einen sicheren Blick für das, was für das Überleben notwendig ist.

Als die Welt den Frauen gehörte, in Zeiten der mutterrechtlichen Gesellschaft, war der Weltenbaum eine Birke. Sie löste die Eibe von Atlantis ab und war den Schamanen ein heiliges Symbol. Das war die Zeit der bäuerlichen Gesellschaften, in denen die Frauen mehr zählten als heute. Während die Männer als Jäger unterwegs waren, gebaren sie die Kinder und bestellten den Boden. Eine Birke stand im Zelt des Schamanen als Achse der Welt zum Himmel gerichtet. Birkenwälder wurden nach strengen rituellen Regeln gepflanzt, in den Birken wohnten die Seelen der Ahnen.

Doch die Zeiten änderten sich, die Macht der Mütter ging verloren, das Zeitalter der Krieger und Wikinger begann. Damit verlor die mütterliche Birke ihre Bedeutung, zum Weltenbaum wurde die Esche.

Trotzdem ging die Kraft der Mütter nicht verloren. Eine allzu kultivierte Gesellschaft, die keinen Bezug mehr zum Boden hat, ist dem

Untergang geweiht, und es kommen neue Völker, die noch die unverfälschte Natürlichkeit bewahrt haben. Dann bestimmt der Barbar, wie es weitergehen soll.

128.

BAR – LAF   LAF– BAR

Quelle des Lebens

Die Quelle des Lebens ist zweifach: himmlisch und irdisch. Der Same des Himmels ist die väterliche, das Blut der Erde die mütterliche Quelle. Wo sie sich begegnen und vereinigen, wird Leben geboren. Makrokosmisch und mikrokosmisch.

Feuer, Licht und Kometen fallen auf die Erde, Mutter Erde ist befruchtet, und das Leben auf unserem Planeten nimmt seinen Anfang. Wasser ist das Blut der Erde, es sprudelt aus den Quellen, fällt vom Himmel und bildet so die Grundlage für das Leben, für Wachsen und Gedeihen der Natur.

Auch der Mensch entspringt der Vereinigung von väterlichem Samen und mütterlichem Blut, und sein Leben beginnt im Mutterleib. Ein Mensch, der BAR und LAF in seinem Namen trägt, wird ein im weiten Sinne des Wortes »mütterliches Leben« zu führen bestrebt sein. Das kann das Leben der Mutter selbst sein, die Geborgenheit »im Haus und am Herd« vermittelt, aber auch das des Bauern, der das Feld bestellt oder das eines Menschen, der sich um die Erhaltung des Lebens bemüht und ein Gespür für die Natur behält. Kurz, es ist ein Mensch, der ein naturnahes und natürliches Leben führt.

Harmonie und Einklang mit den natürlichen Gegebenheiten sollte seinen Lebensweg bestimmen. Wer das mütterliche Prinzip verinnerlicht hat, kann dem Leben nur sorgsame Pflege und Fürsorge entgegenbringen. Zerstörung ist gegen seine Natur. Ruhe und Entspannung findet er im Garten oder im Wald, aber niemals in den Erholungszentren der modernen Welt. Sollte er sich im Alltagsstreß der Zivilisation

verzetteln und unruhig und nervös den Tag verbringen, wird ihn ein
Ausflug ins Grüne immer wieder den Zugang zur Quelle des Lebens
finden, ihn beruhigen und neue Kraft schöpfen lassen.

Ein BAR-LAF-Mensch wird die Natur ebenso wenig zerstören wie
jemand die Quelle verunreinigen wird, die ihn nährt und am Leben erhält.

129.

BAR – MAN   MAN – BAR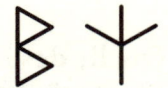

Der Mensch am Brunnen

Der Rune MAN ist das Geschlecht nicht wichtig. Sie verkörpert den
Menschen unabhängig davon, ob er männlich oder weiblich ist. MAN
ist der Mensch mit erhobenen Händen, der Sonnenanbeter, der hoch
hinaus will kraft seines Verstandes. Die Rune betont Kopf und Verstand
– und die Hände, dem Himmel entgegengestreckt. Geistig ist das
Anliegen: Man denke nach, benutze den Verstand und handle.

Kommt BAR hinzu, entstehen Mannbarkeit oder der Barmann;
aus diesen beiden kann durchaus ein Menschen-Paar werden. Unser
Mensch ist fruchtbar geworden und wendet sich nicht mehr nur dem
Himmel, sondern auch der Erde zu. Der Mensch steht an der Quelle.
Als Barmann sowieso, da steht er sogar an der Quelle der »geistigen«
Getränke, Ursprung und Geist werden im Schnaps verbunden. – Freilich
ist dieser Born nicht ungefährlich.

Der Mensch am Brunnen ist auch als Mann ein mütterlicher
Mensch, da der Brunnen die Gefühle und Träume enthält und das
Wasser bringt, das die Felder fruchtbar macht. Der Mann ist ein gottes-
fürchtiger Bauer, er fürchtet den Wettergott. Er bestellt die Felder, sorgt
für Fruchtbarkeit und erhebt die Hände zum Himmel, denn sein Wohl
und Wehe ist abhängig von den Launen der höheren Mächte. Gegen
Trockenheit und Hagel ist er machtlos, er betet.

Aber der Bauer ist kein gebeugter Mann, auch dann nicht, wenn er
sich bei der Arbeit bücken muß. Stolz und aufrecht ist er, wie er da die
Hände zum Himmel streckt.

MAN ist die Krone des Weltenbaums, nicht die Wurzel. Die Krone einer Birke, im Licht stehend und dem Himmel zugewandt. Mit der Fruchtbarkeit von BAR vereint, verbindet MAN-BAR Kopf und Bauch, Himmel und Erde. Das ist der Mensch am Brunnen.

130.

BAR – EH   EH – BAR

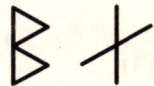

Himmel und Erde

BAR ist die Erdgebundenheit und EH die Befreiung. Durch EH wird BAR befreit. Wovon? Von der ausschließlichen Bindung an die Materie. So, wie die Birke im Boden verwurzelt ist und im Wachsen sich dem Himmel nähert, so erkennt der Mensch, daß er nicht nur ein erdgebundenes Wesen, sondern ebenfalls ein Geistwesen ist. Er sieht, daß er auch höhere Aufgaben zu erfüllen hat als die pure Bewältigung des Alltags, und begreift die Chance, sich nicht nur in der Erde, sondern auch im Himmel zu verankern.

Der Bauer und die Mutter sind extrem stark an die Erde gebunden. Ihr Leben ist von der Erde bzw. vom Kind abhängig. Der Bauer bearbeitet den Boden. Seine Arbeit und die Launen des Wetters bestimmen sein Schicksal. Auch die Mutter ist unfrei, solange ihr Kind klein ist und der Fürsorge bedarf.

Befreiung kann erst erlangt werden, wenn beide sich nicht in ihrer Abhängigkeit verlieren, sondern auch geistigen Aspekten Raum geben in ihrem Leben. Der Bauer kann seine Arbeit meditativ betrachten, wobei er nicht mehr den Profit, sondern die Arbeit an sich und die Moral in den Vordergrund stellt. Die Mutter mag nach einigen Jahren der Selbstaufgabe wieder ihre eigenen Neigungen entdecken und ihnen nachgehen, wobei sie sich von ihrem Kind nicht zwangsläufig abwenden muß.

Auch das Ehepaar unterliegt dem Gesetz von Bindung und Befreiung. EH und BAR: Die Ehe wird im Himmel geschlossen und endet auf der Erde, im Alltag, sagt man. Doch es kann, richtig verstanden, auch umgekehrt sein. Dann befreit sie: Wenn nämlich das Paar die

Aufgaben des alltäglichen Lebens gemeinsam meistert und so mehr Raum und Zeit schafft für die individuelle Entwicklung. Die Bindung erfolgt im gemeinsamen Teil, die Befreiung im individuellen. Von Alltagssorgen teilweise entlastet, hat das Ehepaar eine bessere Möglichkeit der geistigen Entfaltung. Auch die Alchemisten wußten, daß nur Mann und Frau gemeinsam das Werk vollbringen können.

131.

LAF – LAF   LAF– LAF

Lebenswasser

Alles Leben kommt aus dem Wasser. So ist das Wasser nicht nur Symbol für das Leben, es ist das Leben schlechthin, denn ohne Wasser gäbe es dieses nicht. So steht LAF gleichbedeutend für Wasser und Leben, denn das eine ist ohne das andere nicht denkbar, Wasser und Leben gehören untrennbar zusammen.

Leben erscheint auf verschiedenen Ebenen. Das Leben von Pflanzen, Tieren und Menschen zeigt, wie die Lebewesen sich stufenweise über Körper, Seele und Geist entwickeln. Die Pflanze vegetiert, das Tier fühlt, der Mensch denkt. Das Leben erscheint als Leib, als Liebe und als Licht. Erst mit dem Menschen kommt das Bewußtsein in die Welt und ermöglicht das menschliche Leben.

Das Leben verläuft wie das Wasser. Wasser und Leben fließen dahin. Und wie das Wasser sich seinen Weg bahnt, so sollte es das Leben auch tun. Es ist anpassungsfähig, umfließt alle Widerstände, ohne großen Schaden anzurichten – »leben und leben lassen«. Manchmal gibt es allerdings Flutkatastrophen – auch das Leben ist nicht gegen gewaltige Ausbrüche gefeit. Doch das sind Ausnahmen, meist fügt sich das Wasser den Gegebenheiten und kommt trotzdem weiter auf seinem Weg. »Steter Tropfen höhlt den Stein.« Langsam aber stetig kommt man weiter. Finden sich unterwegs Hohlräume, werden sie ausgefüllt. Eine besinnliche Zeit, bevor es weitergeht.

Fruchtbares Regenwasser, Lebenswasser, fällt vom Himmel und füllt die Flüsse. Das Wasser verzweigt sich und durchzieht mit seinen Flüssen die ganze Welt. Das Leben ist ebenfalls über die ganze Erde verteilt, in all seinen Abzweigungen und verschiedenen Nuancen.

Leben und Wasser sind ein- und dasselbe. Zusammen werden sie zum Lebenslauf. Es ist kein Fehler, sich am Laufe des Wassers zu orientieren, wenn man auf dem Fluß des Lebens unterwegs ist.

132.

LAF – MAN   MAN– LAF

Lebe, Mensch!

Das ist das Leben des Menschen oder ein Mensch, der lebt. Ebenso kann es die Aufforderung: »Lebe, Mensch!« sein.

Das tut der Lebemann mit Sicherheit. Er lebt das Leben in vollen Zügen, genießt den Augenblick, Genuß ist sein höchstes Ziel. Leben im Augenblick ist gar nicht verkehrt, doch sollte es bewußt erfolgen. Das Leben des Lebemanns aber spielt sich auf der Ebene der Begierden ab. Gier, Lust und Vergnügen sind sein Ziel. Er häuft die Quantitäten des Augenblicks an und vergißt dabei Qualität und Bewußtsein, die doch das menschliche Leben bestimmen sollten.

Der bewußte Mensch erlebt die Gegenwart aufmerksam, zusammen mit der Erinnerung an die Vergangenheit und der Hoffnung auf die Zukunft. Er ist intensiv im Augenblick des Hier und Jetzt und gestaltet aus dem bewußt gelebten Augenblick heraus die Zukunft.

Wirklich menschlich wird das Leben jedoch erst durch Liebe und Licht. Der liebende Mensch bezieht den anderen in sein Denken und Handeln ein, er handelt im Sinne von Ethik und Moral. Vergeistigt sich der Liebende, so gelangt er über die Liebe zum Licht, er wird zum Erleuchteten. Nicht, daß er die Materie verachtet, er muß kein Fakir werden. Die Materie sieht er als durchaus notwendig an, doch sie ist nicht sein letztes Ziel. Alles muß das menschliche Leben enthalten:

Körper, Seele und Geist. Wenn diese drei Faktoren miteinander verbunden werden, handelt es sich um ein erfülltes Leben.

LAF-MAN kann auch das Wassermann-Zeitalter bedeuten. Von diesem erhofft man sich ja viel: Wunder sollen geschehen, friedlich, fröhlich und frei soll das Leben der Menschen dann plötzlich sein. Doch Wunder geschehen selten. Auf ein vernünftiges Denken und Handeln im Hier und Jetzt zu hoffen, wäre realistischer und schon sehr viel. Wenn das möglich wäre, hätte man bereits einen Garanten für ein menschliches Leben in der Zukunft.

133.

LAF – EH   EH – LAF

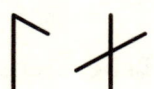

Das ewige Leben

Das Gesetz des Wassers ist der ewige Kreislauf von der Quelle über den Fluß bis zum Ozean, wo es wieder verdampft, um über der Erde abzuregnen, dann in den Boden versickert, um aus einer neuen Quelle abermals zum Ozean zu gelangen.

Ebenso wie beim Wasser verläuft auch das Gesetz des Lebens im Kreis. Von der Geburt über das Stadium des Erwachsenseins bis zum Tod, wenn der Körper wieder in die Erde und die Seele in den Himmel zurückkehrt. Mit der Wiedergeburt beginnt der Kreislauf dann aufs Neue.

Läßt man das Leben laufen, wie es eben so läuft, dann folgt es ausschließlich den Naturgesetzen. Es ist wie bei den Tieren lediglich aufs Überleben oder die Erhaltung der Art ausgerichtet und enthält keinerlei geistigen oder moralischen Anspruch. »Der Stärkere siegt«, ist das Gesetz des Lebens auf der niedrigsten Stufe.

Für das Zusammenleben von Menschen sind Gesetze notwendig, die das Leben in der Gesellschaft ermöglichen und äußerlich regeln. Das Einhalten der Vorschriften geschieht hier allerdings noch nicht aus Überzeugung. Eher aus praktischen Gründen. Es ist nichts Individuelles dabei. Das bloße Einhalten der Gesetze ist ein Leben nach Vorschrift ohne Güte.

Wird die gefühlsmäßige Ebene mit einbezogen, ist man einen Schritt weiter. Im Herzen beginnt die persönliche Liebe, die über das Notwendige hinausgeht. Die Bedürfnisse des anderen können dann wichtiger sein als die eigenen. Die Liebe zwischen Mann und Frau führt oft in die Ehe, und aus dem Eheleben wird im Idealfall eine Ehe in Liebe.

Das Gesetz des Lichtes führt weiter in geistige Bereiche. Die Liebe ist nun nicht mehr an eine Person gebunden, sondern allgemein gültig. Wird nichts mehr begehrt, gelangt der Mensch aus der Zeit in die Ewigkeit, er wird erleuchtet und erreicht das ewige Leben, das jedoch nur wenigen Heiligen vorbehalten bleibt.

134.

MAN – MAN   MAN – MAN   Y Y

Der Mann im Mond

»Mann-oh-Mann«: jetzt heißt es, menschlich vorzugehen. Um das zu tun, muß die Bezeichnung »menschlich« erst einmal definiert werden. Es scheint so, als gäbe es Verwirrung darüber, was denn eigentlich »menschlich« bedeutet.

Zur Zeit wird dieses Wort immer wieder mißbraucht, es ist zum Alibi-Begriff für ein Versagen geworden. Gibt jemand seinen Trieben oder egoistischen Wünschen nach, so wird dies entschuldigend als »menschlich« bezeichnet. Natürlich waltet überwiegend und immer wieder das Tier im Menschen. Doch »menschlich« im wahren Sinne des Wortes ist keine Entschuldigung, sondern eine Herausforderung. Menschlich ist das, was den Menschen über das Tier hinaushebt. Und das ist das vernünftige Denken und das bewußte Handeln.

»Alles, was denkbar ist, wird auch gemacht«, ist die Devise der Wissenschaft. Doch das ist oft unmenschlich. Es fehlt noch die Liebe, denn Denken und Handeln ohne Liebe oder Moral ist schnell lebensfeindlich oder destruktiv.

Mensch ist Mann und Frau. MAN-MAN: Der Mann im Mond. Der Mond steht für die Mutter, auch für die Mutter Erde. Jeder Mensch ist ein Kind der Erde. Er wird aus ihr geboren, und seine Asche kehrt zu ihr zurück. Es ist vermessen, zu glauben, über sie erhaben zu sein und sie beherrschen zu wollen. Das Leben der Menschenkinder ist stets abhängig von ihr, wie das Leben eines jeden Kindes abhängig ist von seiner Mutter.

So steht der Mensch auf der Erde, den Blick nach oben gerichtet und sehnt sich nach dem Göttlichen. Er befindet sich zwischen Erde und Himmel, zwischen Mutter und Vater und strebt über das Tierische hinaus zu den Engeln. In seinem Dasein im Boden der Erde verankert, macht ihn erst die Öffnung seines Bewußtseins zum Himmel hin wahrhaft menschlich.

135.

MAN – EH   EH – MAN

Kentaur

Der Mensch zu Pferde ist schneller, beweglicher und erweitert seinen Horizont dank größerem Bewegungsradius und besserem Überblick. Hoch zu Roß ist er erhöht und gewinnt eine bessere Sicht.

Für den Menschen hatte das Pferd schon immer einen besonders hohen Stellenwert. Helfer in Krieg und Frieden war stets sein Gaul. Er war Begleiter auf dem Schlachtfeld und treuer Arbeiter auf Feld und Flur. Zwei Pferde, Hengist und Horsa, sollen die Urkönige Englands gewesen sein. Ihre Symbole sieht man immer noch auf den Giebeln norddeutscher Häuser und Scheunen.

Pferd – Mensch – Engel. Das sind die drei Stufen der Entwicklung, der Mensch steht in der Mitte. Im Pferd sieht er seine Natur, im Engel seine geistigen Möglichkeiten. Der Mensch strebt himmelwärts. Er sieht unten das Tier und weiß, daß er das Pferd in sich schon über-wunden hat, und schließt daraus, daß ihm der Himmel auch möglich sein wird. Pferd warst du, Mensch bist du, Engel wirst du!

Auch der Ehe-Mensch, ob Ehe-Mann oder Ehe-Frau, kann diese Entwicklung machen. Dabei haben es die Ehefrauen heute dank

Emanzipation wesentlich besser als in vergangenen Zeiten. Dadurch ist die Ehe menschlicher geworden. Früher hieß es z. B., nur der ungebundene Priester sei zu spirituellem Leben befähigt. Später gestand man lediglich dem Ehemann, nicht aber dessen Frau, eine geistige Lebens-Ausrichtung zu. Doch heute, da die Frau nicht mehr ausschließlich durch das Aufziehen der Kinder »erdgebunden« ist, ist auch der Ehe-Frau der Weg in geistige Reiche nicht mehr verschlossen.

So wird es beiden möglich, das Gesetz der menschlichen Entwicklung zu begreifen, die Not zu wenden und sich vom Zwang des Schicksals zu befreien. Für diesen Prozeß steht als Symbol der Kentaur, der – halb Pferd, halb Mensch – diesen Aufstieg versinnbildlicht.

136.

EH – EH   EH – EH

Das ewige Gesetz

EH ist das Gesetz, das seit eh und jeh besteht. EH lehrt, das eigene innere Gesetz zu erkennen und danach zu handeln, auf die innere Stimme des Gewissens zu hören und sie zu befolgen. Denn im Gewissen spiegelt sich das göttliche Gesetz, wie es sich auch am bestirnten Himmel oder in den Naturgesetzen spiegelt. »Der bestirnte Himmel über mir und das moralische Gesetz in mir« sind nur zwei verschiedene Ausdrucksformen des einen göttlichen und ewigen Gesetzes, welches dreifach erscheint: Im Stoff als Naturgesetz, in der Seele als Gesetz der Liebe, im Geist als Gesetz des Lichts. Auch als Gesetz von Arbeit, Liebe und Wissen.

Der Schrägstrich der EH-Rune führt von unten nach oben, von der Erde zum Himmel, von der Materie zum Geist und zeigt damit, wie man die Not (NOT) wenden kann: durch Vergeistigung. Das Karma-Gesetz ist ein ehernes Gesetz: Solange der Mensch Stoffliches begehrt, wird er sich in der Materie verstricken und früher oder später Not herbeiführen. Will er die Not wenden und Befreiung von Karma und Schicksal erlangen, muß er sich EH zuwenden, dem ewigen Gesetz, dem Dharma, der Lehre von der Erlösung vom Karma. Anders ausgedrückt: EH macht den Materialisten zum Idealisten.

EH, das eherne Gesetz, erscheint im Menschen auch als Gesetz der Liebe. Die ewige Liebe in der lebenslangen Ehe zu üben, ist eine schöne Verwirklichung der EH-Rune. Ist es doch schon schwer, einen einzigen Menschen bedingungslos zu lieben, wie schwer muß es dann sein, das Gesetz der Liebe zu erfüllen und alle Lebewesen zumindest zu respektieren?

Als Naturgesetz erscheint EH als die unwiderstehliche Anziehung der männlichen und weiblichen Pole, sei es als Positron-Elektron, Mann-Frau oder Materie-Antimaterie. Die Gegensätze vereinigen sich – und werden zu Licht.

» So ritzte Odin vor der Tage Beginn«

ET IN ATLANTIS EGO

Die Rune FA und VA

Die Lieder kann ich, die keine Königin weiß
und niemandes Nachkomme:
Hilfe heißt das erste; es wird helfen dir
in Not und Nachstellung.

FA ist das Feuer, welches ursprünglich von oben kam und nun nach oben strebt. Der unterirdische Sternenstoff bricht sich Bahn als Vulkan; der Blitz hinterläßt die Glut, die angefacht werden kann. FA ist die Sexualkraft (Kundalini, Libido) – männlich und weiblich – , Phallus- und Vulva-Kraft. Sex ist menschlich *und* tierisch. FA ist die Rune des Fruchtbarkeitsgottes Frey und der Liebesgöttin Freya: Fro (Herr) Frey ist das größte Vieh, Frau (Herrin) Freya ist die beste Sau.

FA ist froh, frisch, frei und fröhlich.

FA (VA) ist der Vater, der Stammvater, die erste (englisch first) Rune im Runen-ABC, dem FUDORK, der Fürst. FA ist der gehörnte Gott.

FA ist der Hirsch, und Merlin ist der König der Hirsche.

FA ist das Vieh, das Rindvieh, der Viehbestand. Die alten Germanen maßen ihren Reichtum in Viehbestand und Goldreifen, FA bedeutet also auch Geld und Gold.

Der Tag der FA-Rune ist der Freitag, ihr Baum ist die Fichte.

Frey ist reich, Freya ist sexy, und im *Abecedarium Nordmannicum* steht über die FA-Rune: »Feu forman«, das heißt: »Viehstand vorne«!

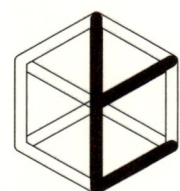

Die Rune UR und WOD

Ein andres kann ich; den Erdenkindern nützt es,
die heilende Hand üben:
es scheucht Krankheit und die Schmerzen alle,
heilt Wunden und Weh.

UR ist der Ur, der Auerochse, das Urtier, das Urvieh, das Urviech, der Urstier, die Urkuh (Audumla in der Mythologie).

UR ist die archaische Kraft, die Urkraft.

UR ist der Urquell, die Ursache, der Ursprung, der Urgrund, die Urzeit und der Urraum.

UR ist ursprünglich, urig.

UR ist die Rune von Urd, der ältesten Norne der Vergangenheit, auch die Rune von Ull, dem Wintergott aus Eibental.

UR ist eine atlantische Rune (Thule-Rune), ihr Wochentag ist der Samstag, Saturns Tag.

UR ist der Regenbogen (Bifröst in der Mythologie), der die Welten miteinander verbindet und die Erde beim Urdbrunnen erreicht.

UR ist die Rune der Unterwelt und des Unterleibes, und UR ist der Samen, der ursprünglich vom Himmel fiel und die Erde befruchtete.

UR ist auch WOD, Wotans Rune. Wotan (Wodan) ist der ältere Name von Odin, er bedeutet Wut. Doch ist diese Wut nicht nur destruktiv. Sie ist auch der Urquell jeglicher schöpferischen Tätigkeit, die wilde Kraft des Künstlers und des kreativen Menschen.

WOD ist die Urenergie, das Od, die allgegenwärtige und alles mit Lichtgeschwindigkeit durchdringende Lebenskraft, die freie, schnelle, spontane Bewegung. Urwut. Und Urwissen.

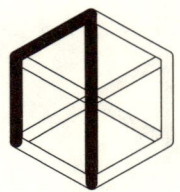

Die Rune DOR

Ein drittes kann ich, drängt mich die Not,
zu hemmen Haßgegner:
stumpf mach ich den Stahl der Feinde,
nicht beißt ihr Waffen und Wehr.

DOR (DORN, THOR, THORN) ist der Donner, der dem Blitz folgt und mit ihm verbunden ist.

DOR ist Thor, der Donnerer, der stärkste Ase, Wetter- und Fruchtbarkeitsgott, der große Beschützer der Menschen. Die Rune stellt sinnbildlich den unbezwingbaren Thorshammer dar, DOR ist der Hammer.

DOR (DURS) ist auch die Rune der Riesen (Thursen, Trolle), die wie Thor über außergewöhnliche Kräfte verfügen.

DOR ist also eine sehr starke Kraft und große Stärke.

Thor (Donar) ist zwar sehr stark, doch auch ein wenig einfältig. Seine unbändige Kraft muß klug geleitet werden, denn oft ist Thor der Tor, der das breite Tor einschlägt, bevor er es zu öffnen versucht. DOR ist somit der große Tor am breiten Tor.

DOR ist auch ein Dorn, ein Lebensdorn (phallische Sexualkraft) und Todesdorn, Schlafdorn (tödliche, verwundende Waffe) zugleich. Der Braut wurde bei den alten Germanen der Hammer bei der Hochzeit in den Schoß gelegt, und Thors Hammer tötete viele Riesen.

Zu DOR gehört der Donnerstag, der Tag des Donnerers, und die Eiche, Thors Baum.

Starker Thor, sei kein Tor, sei nicht töricht, öffne das Tor, schlage es nicht gleich ein, wenn es nicht unbedingt nötig ist!

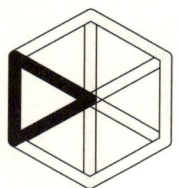

Die Rune OS

Ein viertes kann ich, wenn in Fesseln man mir
die Gelenke legt:
die Weise sing ich, daß ich wandern kann;
es springt das Band mir vom Bein,
die Fessel von der Faust.

OS ist der Osterhase, der Oster-Ase, der Ase, der zu Ostern das Osterei, das Weltei (HAGAL) bringt.

OS ist *der* Ase, *der* Ose, Odin, Wotan, oberster Gott.

OS ist Ostara, die germanische Frühlingsgöttin, die zu Ostern gefeiert wird.

OS sind die Asen (Osen), die aus dem Osten kamen, aus Asien. Wo sie vorher waren, ist eine andere Frage. OS ist also auch der Osten. Und Ostern.

OS ist auch der Mund, der Odem, der Atem, das Wort, die Sprache.

Die Pflege der Sprache beginnt mit Mundpflege, dann kommt die Atempflege, dann die Sprachpflege.

OS ist eine Entfesselungsrune. Die Fesseln des Stoffes vermag nur der Geist zu lösen, dessen Macht auch durch die Sprache wirken kann. Achte auf die Sprache, und der Geist macht dich frei!

Die involutionäre Rune bringt den Geist vom Himmel auf die Erde, wie der Ase – der Luftgott und Raumfahrer – Sprache und Schrift den Menschen brachte.

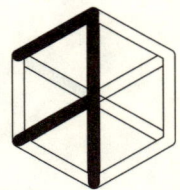

Die Rune RIT

Ein fünftes kann ich, seh ich feindlichen Speer
geschleudert in der Schlacht:
nicht fliegt er so hart, daß ich ihn nicht hemmen könnte,
wenn ich mit dem Aug ihn anschau.

RIT ist der Ritter, der Reiter, der Ritt, die Reise.

RIT ist der Richter, der Recht sprechen muß. Der Ritter muß auch Richter, Retter, Rächer und Henker sein. Das geht nur gut, wenn er im Einklang mit dem Recht und seinem Gewissen handelt.

RIT ist die Rede. Wer gut reden kann, hat vor Gericht bessere Chancen, sein Recht zu bekommen. Rederunen lerne!

RIT ist der Wagen, der Wagen, der rollt. Eigentlich rollen die Räder, und RIT ist auch RAD, das Rad. RAD rollt.

RIT (RAD) ist Richtung, Rotation, Bewegung.

RIT ist auch Rat, der rechte Rat, und die Asen sind die Rater. Runen raunen rechten Rat! Recht bedeutet hier gerecht, nicht unbedingt rechts im Sinne der Politik. Denn RIT ist zwar rechts, doch RIT ist auch rot. Rechts ist der Mann (Vater), links ist die Frau (Mutter), zusammen sind sie das Ganze, das Rund, die Runde.

RIT ist die runde Tafel von König Arthur und Merlin, der runde Tisch in Politik und Wirtschaft.

RIT (RAD, ROD) ist der Rhythmus und das Ritual.

RIT ist die kreisende Bewegung, RIT ist RRRRR…

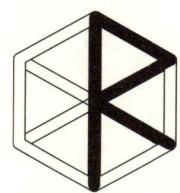

Die Rune KAN und GEN

Ein sechstes kann ich, versehrt mich ein Mann
mit böser Baumwurzel:
diesen Gegner, der Grimm mir weckt,
trifft zuerst das Unheil.

Kan ist Können, KAN kann. Wer kann, der kann, muß aber nicht unbedingt. KAN bedeutet Möglichkeit, Fähigkeit, Potenz, mögliche Macht.

KAN ist sinnbildlich eine Kienfackel, wie diese in früheren Zeiten an der Wand steckte. Der Baum von KAN ist die harzreiche Kiefer. Der abgewinkelte Ast der Rune deutet auf Abkunft und Abkömmling aus dem Stammbaum des Geschlechts, auf das Kind (Kund, Kunna).

KAN ist der Könner, der Kenner, der Kundige, der Künstler, die Kunde, der Kunde, die Kunst.

KAN ist die Rune von Königin und König (Kona, Konung, Kuning). Diese, Kinder aus vornehmen Geschlechtern, müssen potent und fähig sein, um den Thronfolger zu zeugen und zu gebären und das Königreich zu regieren. Karl der Große zum Beispiel war ein mächtiger König, doch als er die Sachsen reihenweise köpfen ließ, nur weil diese keine Christen werden wollten, war der große Karl ein schlechter Kerl.

KAN ist das Kommen und das Gehen.

Wenn die Kräfte von KAN nicht genutzt oder falsch eingesetzt werden, kommt es zur Krankheit, denn KAN ist auch Entzündung und Geschwür. Also: Komm, wenn du kannst!

GEN ist die Rune der Generation, des Generierens, der Gene und der Gen-Technik.

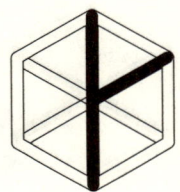

Die Rune HAG

Ein siebentes kann ich, seh den Saal ich lodern
hoch überm Hallenvolk:
nicht brennt er so breit, daß ich ihn nicht bergen könnte;
den Segen ich singen kann.

HAG (HAGAL) ist das Heil, ein heiliges (griechisch hagio) Wort, das Glück, Gesundheit, Heilung und Rettung bedeutet. Der Heiland ist Christus, der Erlöser, altnordisch Krist. Das Christusmonogramm (griechisch Chi-Rho) und die HAGAL-Rune sind verwandt.

HAG ist der Kristall, der Krist im All.

HAG ist Odin als Allvater, der alle Welten umfaßt, der Vater der Runen. HAG ist der Weltenbaum.

HAG ist aber auch der Hagel, der meist als Unheil daherkommt.

HAG ist die Rune der Ganzheit, denn heil bedeutet ganz. Heil und Unheil sind zwei Seiten der Ganzheit.

Dreidimensional betrachtet spannt die Rune die ganze dreidimensionale Welt auf, als Sechsstern findet man sie in jeder Schneeflocke, in jedem Schnee-Kristall.

HAG ist der Hag, die Hecke, die Heide und der Heide, der Hain und auch die Hexe. Gott (ob heidnisch oder christlich) umhegt die Welt und das All. Der Heide, der früher auf der Heide lebte, zieht eine Hecke, errichtet einen Hain. Der Mensch umfriedet den Wald, baut einen Hag, eine Umzäunung, ein Gehege, einen Zaun. Und auf dem Hag hockt die Hexe, die Zaunreiterin, und gewinnt so Einblick nach beiden Seiten. Heil und Hagel!

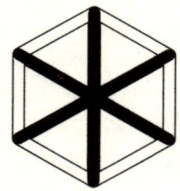

Die Rune NOT

Ein achtes kann ich, das allen Männern
zu vernehmen nützlich ist:
wenn Haß wächst unter Heldensöhnen,
kann ich's schlichten schnell.

NOT ist die Verneinung.

NOT ist nein, n-ein, nicht ein, nicht eins. Da für die Eins sinnbildlich die IS-Rune steht, welche das Ich bedeutet, ist NOT auch nicht ich.

NOT ist nicht, n-ich-t, nicht ich.

NOT ist nichts, nicht-s, nicht ist, nicht existent.

NOT ist nie, n-ie, nicht ie, nicht EH, nicht ewig, nicht immer, nicht Gesetz.

NOT ist negativ, doch NOT-NOT, die doppelte Not und Verneinung, ist wieder positiv.

NOT ist Not, Zwang, Schicksalszwang. NOT beugt das Ich und den Willen (IS) wie auch das Gesetz und die Ehe (EH). Wo Schicksal herrscht, haben Ich und Du nur wenig zu sagen.

NOT ist Karma, Schicksalszwang. Sinnbildlich deutet die Rune den Abstieg an (Yang her), während EH den Aufstieg zeigt (Yin hin).

NOT und EH zusammen ergeben HAGAL, Heil und Ganzheit.

NOT ist die Rune der Nornen (der germanischen Schicksalsfrauen Urd, Werdandi, Skuld) und der Nacht (Nott in der germanischen Mythologie). Nacht ist N-acht, Nicht-Acht, nicht acht. Dies ist nicht nur in der deutschen Sprache so. Drum: Achte auf die Nacht! Nachts herrscht NOT, ganz zum Schluß der Tod.

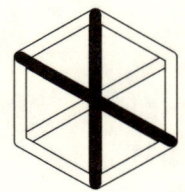

Die Rune IS und JIS

Ein neuntes kann ich, wenn mich Not auf See
mein Schiff zu schützen zwingt:
den Sturm auf dem Meer stille ich
und besänftige die See.

IS ist das Ich, das Ego des Menschen. Niemand ist eine Insel (italienisch *isola*), doch das Ich isoliert den Menschen, macht ihn einsam. Er ist allein, steht da wie eine Eins und sagt ja zu sich selbst. IS ist das Ja, die Bejahung, IS ist die Eins, IS ist das Ist.

IS (JIS) ist das Jetzt, während HAG das Hier war.

IS ist neben Körper, Seele und Geist der vierte Aspekt des Menschen, nämlich sein Wille und seine Intuition, sein Bewußtsein.

IS ist der Stamm des Weltenbaumes.

IS ist das Rückgrat, die Wirbelsäule, der aufgerichtete Mensch. Aufrecht steht er da, er sollte auch aufrichtig sein.

IS ist der Mensch als Phallus, als Kirchturm und Fabrikschlot.

IS ist Eis und Eisen. Und IS ist Isa, Jesus.

Sinnbildlich ist die Rune ein Eiszapfen oder (gelegt) eine gefrorene Eisfläche. Das Ich des Menschen ist zerbrechlich wie Eis, auch wenn sein Wille stark wie Eisen ist. Auch Marmor, Stein und Eisen bricht. Soll das Ich nicht brechen, muß es flexibel überwunden werden: Dein Wille, Herr, nicht mein Wille geschehe!

Von oben betrachtet ist IS, der senkrechte Stab, lediglich ein Punkt. Und ein Punkt ist nichts. N-ich-ts – kein Ich, nirgends!

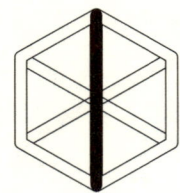

Die Rune AR

Ein zehntes kann ich, seh ich Zauberinnen
in der Höhe hinfliegen:
das gelingt mir, daß sie ledig fliehen
ihrer Hüllen heim,
ihrer Hexenkraft heim.

AR ist der Aar, der Adler, der König der Lüfte, der König der Vögel, der Vogel der Könige, der Vogel Odins.

AR ist der Arier, der Indoeuropäer; diese sind im Zeitalter des Aries, des Widders, auf der Weltbühne erschienen und waren kriegerisch wie der Kriegsgott Ares (Mars).

AR ist auch JAR, das Jahr, das Sonnenjahr. Der Adler ist symbolisch ein Sonnenvogel, und Adler, Sonne und Gold sind symbolisch gleichwertig. Somit steht AR auch für Gold.

AR steht auch für gute Ernte: Wenn das Jahr ein gutes Jahr war, mit viel Sonne und reichlich Regen, so ist auch die Ernte gut und Gold wert.

AR ist der Arbeiter und die Arbeit, welche außer gutem Wetter auch noch nötig ist, um gute Ernte zu erzielen.

AR ist der Adel, der Edle. Und Arbeit adelt, edelt und veredelt.

Adler an die Arbeit!

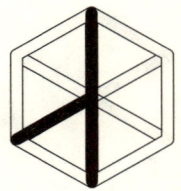

Die Rune SIG

Ein elftes kann ich, wenn alte Freunde
ins Gefecht ich führen soll:
in die Schilde raun ich, und ruhmvoll ziehn sie
heil zum Handgemenge,
heil vom Handgemenge,
kehren heil wieder heim.

SIG ist der Sieg, der siegreiche Ausgang einer Angelegenheit, einer Auseinandersetzung, eines Kampfes. Was für den einen der Sieg ist, ist für den anderen, den Gegner, die Niederlage.

SIG ist auch SOL, die Sonne und der Sonnenstrahl. Sol ist die personifizierte Sonne der germanischen Mythologie, Schwester des Mani (Mond) und Lenkerin des Sonnenwagens.

Der Wochentag von SIG ist der Sonntag, der Tag der Sonne.

SIG ist auch SAL, das Heil (lateinisch salus). Salve und salut!

SAL ist der Salman, der Heiler, der Schamane. Sal, Salman in Salem; Selam und Schalom, Salomon in Jerusalem!

SIG ist der Blitz, der die Gegensätze plötzlich durch Kurzschluß zusammenführt. SIG, der Blitz, bringt Erleuchtung.

SIG ist die Schlange, der Drache, der Salamander. Die Schlangengötter (zum Beispiel Satan, vormals Luzifer, der Lichtbringer) kamen vom Himmel, leben auf der Erde und wollen wieder in den Himmel.

SIG ist der Zischlaut der Schlange: SSSSS...

SIG ist die geflügelte Schlange, ein Raumfahrer. Und SIG ist Sex. Siegrunen lerne, willst du Sieg haben!

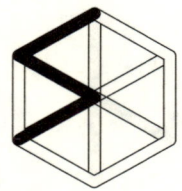

Die Rune TYR und ZIU

Ein zwölftes kann ich, seh ich zittern im Wind
den Gehenkten am Holz:
so ritze ich und Runen färb ich,
daß der Recke reden kann
und vom Galgen geht.

TYR ist die Treue, eine Tugend, die früher – wie auch die Ehre – höher als heute angesehen wurde. Der Himmels- und Kriegsgott Tyr opferte aus Treue zu seiner Sippe (den Asen) einen Arm.

TYR (ZIU) ist der Speer und der Pfeil, welche auf ein Ziel gerichtet sind.

TYR (ZIU) ist das Ziel und die Richtung.

TYR ist der Polarstern, der nach Norden weist und um den herum sich täglich das ganze Himmelsgewölbe dreht, die treue Angel.

TYR ist die Weltachse. Die Richtung der Rune hat mit Recht und Gerechtigkeit zu tun, Tyr war auch Rechtsgott.

TYR ist eine alte atlantische Rune, ihr Baum ist die Eibe, ihr Tag der Dienstag.

TYR ist Hangatyr, der am Weltenbaum hängende Odin.

TYR ist der ursprüngliche Himmelsgott, als späterer Kriegsgott galt er als Sohn Odins. Sein Bruder ist der Wettergott Thor. Die beiden Söhne Odins, Tyr und Thor, stehen in sehr enger Beziehung zueinander, wie auch die Runen TYR und DOR, die Planeten Mars und Jupiter, die Buchstaben T und D (der Sächsische Dreh oder Treh).

TYR ist die schmale Tür, meist hinter dem breiten Tor (DOR), oft gibt es aber auch eine Hintertür.

Die Treue ist das Ziel!

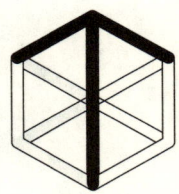

Die Rune BAR und PAR

Ein dreizehntes kann ich, wenn eines Degens Sohn
mit Wasser ich weihen soll:
nicht wird er fallen, wenn ins Feld er zieht,
ihn erschlägt kein Schwert.

BAR ist der Born, der Brunnen, die Quelle. Es gibt eine weibliche und eine männliche Quelle, sie bilden ein Paar – BAR ist auch PAR.

BAR ist ein Paar, BABA, Papa und Mama. Der väterliche Born ist der Samen des Himmels, der mütterliche Born ist das Blut der Erde.

BAR ist die Birke, der Baum der Erdmutter, der als Schamanenbaum in den Himmel führt.

BAR ist Mater und Pater, Mutter und Vater. Der Vater zeugt, die Mutter empfängt und ist schwanger. Aus der Geborgenheit des Mutterschoßes, der Gebärmutter (früher hieß es Bärmutter), wird das Kind geboren, nackt, aller Güter und Ehren bar (bloß). Bei der Geburt wird aus dem B ein P – BAR ist PAR –, Mutter und Kind sind ein Paar.

BAR stellt sinnbildlich die weiblichen Brüste dar – ein Paar –, aber auch (gelegt) den Schattenriß einer empfangenden oder kreißenden, gebärenden Frau. Zwei Berge, zwischen denen eine Quelle entspringt und eine neue Sonne aufgeht.

BAR ist aber auch die Bahre, der Tod: Nach erfülltem Leben nimmt die Mutter Erde den entseelten Leib des Menschen in ihrem Schoß auf, während seine Seele zum Vater im Himmel fliegen mag. Im Grab (lesen Sie das Wort rückwärts!) wird der Leib erneut geborgen, die Seele im Geiste: Blut und Samen sind wieder getrennt – und haben hoffentlich etwas dazugelernt!

BAR ist der Bauer und die Bäuerin, ein Paar, ein Erdenmenschenpaar.

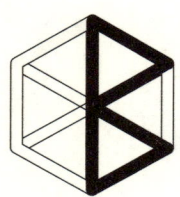

Die Rune LAF

Ein vierzehntes kann ich, soll ich dem Volk der Menschen
die Himmlischen herzählen:
von Asen und Alben weiß ich alle Kunde;
kein Witzloser weiß davon.

LAF ist das Leben. Wer lebt, der klebt, bleibt nämlich am Leben kleben.
Die Wörter leben, kleben und bleiben gehen auf die gemeinsame Wurzel LAF zurück, wie auch Lehm, Leim und Schleim.

LAF ist das Wasser, ob als Meer, See, Fluß, Wasserlache oder
Wasserfall oder Regen. Lache, die Lichte – heißt es im *Abecedarium*
Nordmannicum über die LAF-Rune. Ohne Wasser gibt es kein Leben.

LAF ist Leib, Leben, Liebe und Licht.

Der Körper ist Leib und Leben. Der Löwe oder Leu ist Symbol für
das blühende Leben und für LAF.

LAF ist Lauch und Leber.

Die Seele ist Liebe. Liebe – sagt man – geht durch den Magen, doch
sie geht auch durch Herz und Leber. Der Lauch, der prächtig wie das
Leben gedeiht, ist Medizin für die Leber. Der Lauch reinigt Körper,
Seele und Geist.

Der Geist ist Licht. Die Erlaucht kommt vom lichten Lauch und
sollte eigentlich erleuchtet sein, denn LAF steht auch für das lichte
Reich des Geistes, wo alles leicht ist und wo Licht und Erleuchtung
herrschen.

LAF, das Leben, ist ewig, und das Leben gedeiht und läuft, wie der
Lauch gedeiht und das Wasser läuft …

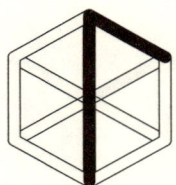

Die Rune MAN

Ich kann dies als fünfzehntes, das vor Dellings Tor
Thjodrörir ertönen ließ:
er sang Kraft den Asen, den Alben Gewinn,
Weisheit Walvater.

MAN ist der Mensch, unabhängig von seinem Geschlecht, Mann *und* Frau. MAN ist menschlich.

MAN ist Mann und Ma, Mama. Auch Mannen, Memmen, Männe, Mädel und Mädchen, Maid und Magd gehören zur MAN-Rune. Wenn man »man« sagt, meint das den Menschen, wie auch Redewendungen wie »mit Mann und Maus« oder »etwas an den Mann bringen« Mann *und* Frau meinen.

MAN ist der Mann im Mond. Mani heißt in der germanischen Mythologie der Mann, der über den Lauf des weiblichen Mondes wacht.

MAN ist der Mond und der Monat, deren Rhythmus der weibliche Zyklus (lateinisch *mensis*) unterstellt ist. Zu MAN gehört der Montag, der Mond-Tag, der Tag der Ma(te)ria.

MAN ist die Mater (Mutter), die Matrix (Mutterstruktur) und die Materie (Stoff). MAN ist aber auch der Vater, nämlich Mannus, der Stammvater der Germanen, und Manu, der indische Urvater.

MAN ist eine sprechende Rune, sie stellt einen Menschen mit erhobenen Armen dar. Damit ist MAN der Mensch ohne Unterleib (geschlechtslos), die Rune betont Kopf und Verstand (lateinisch *mens*, indisch *manas*, englisch *main*) und Hände (lateinisch *manus*, französisch *main*).

MAN: Man denke nach, benutze den Verstand und handle danach!

MAN: Der Mensch ist das Tier, das sich zu Gott erhebt.

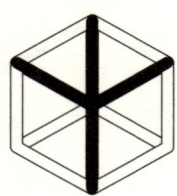

Die Rune YR

Ein sechzehntes kann ich,wenn von besonnener Maid
ich Liebe und Lust begehr:
dem weißarmigen Weib wend ich den Sinn
und wandle den Willen ihr.

Irren ist menschlich, aber nicht nur. Irren ist auch irdisch.

Genau das besagt die YR-Rune, die sowohl Erde als auch Irrtum bedeutet.

YR ist die Verführung.

Der Mensch, der seine himmlische Herkunft vergessen hat, wird durch die Materie verführt und irrt verwirrt auf der Erde herum.

YR ist das Labyrinth des Stoffes. Auch das irdische Leben erscheint oft als Labyrinth, und nach dem Tod nimmt die Erde den entseelten Leib des Menschen auf.

Die Rune YR steht als Eibe-Rune für das verführerische Weib (W-Eibe), nicht immer aber für die emanzipierte Frau.

Die YR-Rune stellt die dreifache Wurzel des Weltenbaumes dar, während MAN dessen Krone versinnbildlicht.

YR ist der Unterleib des Menschen. Als sprechende Rune stellt sie einen Menschen dar, der auf dem Kopf steht.

Dunkle Nacht und dunkle Erde, Mensch bedenke das Ende.

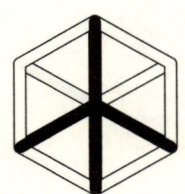

Die Rune EH

Ein siebzehntes kann ich, daß mich selten flieht
die mädchenhafte Maid:
dieser Lieder wirst du, Loddfafnir,
lange bar bleiben,
ist dir´s heilsam auch, hörst du sie,
nützlich, vernimmst du sie,
frommend, befolgst du sie.

EH ist die Ehe, welche gesetzlich geschlossen wird und ursprünglich für die Ewigkeit (Lebenszeit) gedacht war. »Der Mensch wird zum Ich durch ein Du.« (Martin Buber) EH ist Embla (Ulme), die erste Frau der germanischen Mythologie, die germanische Eva, die die Götter aus dem weichen Holz der Ulme schufen – Ask (Adam) ist die harte Esche.

EH ist das Ewige und das Echte. EH ist die Ehre.

EH ist das eherne Gesetz, das seit eh und je besteht.

EH (EHU) ist auch das Pferd. Die Pferde der Götter waren heilig, der alte Germane war, wie bis vor kurzem noch der Cowboy, mit seinem Pferd fast »verheiratet«. Heilige Pferde wurden in alter Zeit als Orakel benutzt: Wahrsager deuteten das Verhalten der Tiere als Schicksalsfügung.

EH wendet Not, EH ist Notwende, EH ist die gewendete NOT-Rune.

EH führt von unten (Erde, Yin) nach oben (Himmel, Yang) *hin*. NOT führt von oben (Himmel, Yang) nach unten (Erde, Yin) *her*. EH ist der Aufstieg (NOT ist der Abstieg). Yin hin – Yang her.

EH ist das Dharma (Gesetz, Lehre), der das Karma (Schicksal, Not) wendet. Die Kenntnis und Befolgung des Gesetzes kann die Not wenden. Eh!

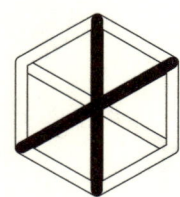

Die Rune OD

Ein achtzehntes kann ich, das ich allen hehle,
sei´s Mutter oder Maid –
das beste ist immer, was nur einer weiß;
das sei mein letztes Lied -,
außer der einen, die im Arm mich hält
oder deren Bruder ich bin.

OD (ODIL) ist das Od, die geheimnisvolle und allgegenwärtige Lebenskraft, welche Karl Baron Reichenbach so gründlich studiert hatte. OD ist auch das Orgon (OR), wie Wilhelm Reich die Lebensenergie nannte.

OD ist der Odem, der Atem. Atem ist Leben, Atem ist Seele.

OD ist die Rune Odins, der den Menschen schuf und ihm die Seele gab. Sinnbildlich stellt die Rune Odins Haupt und Helm dar, sowie (gestürzt) Freyas Schoß. OD ist Od, Odin als Freyas Mann.

OD ist das Odal, Sippeneigentum an Grund und Boden, Erbbesitz, den man in früheren Zeiten vererben und erben konnte, kein Privatbesitz, den man wie heute frei verkaufen und kaufen kann.

OD ist die Heimat, die Sippe, die Familie, Blut und Boden (das Blut Christi in der Mutter Erde), der Gral.

Zu OD gehört der Mittwoch, Odins Tag, Wotans Tag.

Odin, Wotan, Watan sind indogermanische Götternamen für die schnelle, freie, spontane Bewegung, die sich hauptsächlich äußert als Dichtung, Sprachkunst, Mut und Wut.

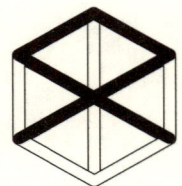

Die Rune GIB und GOD

GIB (GIBUR) ist die Gabe. Die Gabe ist ein Geschenk, etwa ein Gastgeschenk, welches Geben und Nehmen miteinander verbindet. Um das Gleichgewicht zu wahren, erfordert jedes Geschenk ein Gegengeschenk – zumindest sahen es die alten Germanen so. Die Gabe ist aber auch eine Begabung, ein Gottesgeschenk sozusagen. Das Gegengeschenk für eine Begabung ist das Opfer an Gott: die uneigennützige Anwendung der Begabung.

GIB ist auch GOD, die Rune Gottes, der früher *das* Got hieß.

GOD ist die Rune des Guten, der Guten und der Goten. Gott und Mensch sind aber nicht nur gut, sie geben und nehmen, sie sind auch schlecht. Manches Geschenk (englisch *gift*) entpuppt sich als Gift. GIB ist die Rune des Grals, und im Gral sind das Gute und das Böse miteinander vereinigt.

Das Symbol der Rune ist das Malkreuz, das Andreaskreuz, das andere Kreuz. GIB bedeutet also Vereinigung, Verbindung, Vermählung. Dies kann zwischen Gott und Mensch oder zwischen zwei Menschen erfolgen: als Vermählung zwischen Gatte und Gattin, als sexuelle Vereinigung zwischen Mann und Frau. Auch ein Kuß verbindet; in englischsprachigen Ländern dient das Schrägkreuz als Zeichen für einen Kuß.

GIB ist Odins geheimnisvolle Rune, über diese spricht er nur mit seiner Frau. Sicher aber ist: Geben ist seliger als nehmen!

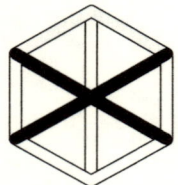

Das Runen-Mandala

Jeder, der sich für diese Dinge interessiert, weiß, daß Odin oder Wotan, der germanische Gott der Runen und der Sprache, 18 Runen kennt. Er zählt sie auf in der Edda, in den »Zauberliedern«, er nennt sie allerdings nicht bei den Namen. Odin verrät nur die Wirkungen der Runen und dies auch nur bei den ersten 17. Bei der 18. Rune meint er, es sei besser, wenn er das Geheimnis für sich bewahre, darüber spräche er nur mit seiner Frau. Diese, Frigg oder Freya, die »alle Menschenschicksale kennt, wenn sie auch nicht weissagt«, ist ebenfalls runenkundig. Als Freya beherrscht sie auch das Seidwerk, die Drogen- und Sexualmagie also, welches sie Odin lehrt. Möglicherweise hat ihr dafür Odin das Galdwerk, die Wort- und Blutmagie, beigebracht. Beide, Odin und Freya, kennen und können also sowohl die Magie der Wanen (Seid) als auch die Magie der Asen (Gald).

In jener Zeit war Odin der Hauptgott der Asen und der Germanen, als solcher besaß er viele Funktionen und ebensoviele Beinamen. Odin war *der* Ase oder *der* Os. Als Allvater kannte und beherrschte er alle neun Welten der germanischen Mythologie. Odin ist zweifellos der Vater der Runen. Er fand sie nach der fürchterlichen Tortur einer schamanischen Einweihung unter einer Eibe auf der grünen Wiese:

»Ich weiß, daß ich hing
am windigen Baum
neun Nächte lang,
mit dem Ger verwundet,
geweiht dem Odin,
ich selbst mir selbst …
Sie spendeten mir
nicht Speise noch Trank;
nieder neigt ich mich,
nahm auf die Stäbe (Runen),
nahm sie stöhnend auf,
dann stürzte ich herab.«

Dort im grünen Gras unter der Eibe fand also der Gott die Runen. Er fand sie, er *erfand* sie *nicht*, sie waren vorher schon da. Odin ist der Vater der Runen. Wer aber war ihre Mutter?

Will man diese Frage beantworten, führt die Spur zu den Frauen. Die Nornen Urd, Werdandi und Skuld sind die drei Schicksalsfrauen der germanischen Götterlehre. Sie sind älter als Odin, sind seit Urzeiten da, leben am Urdbrunnen, und sie sind ebenfalls runenkundig. Bei der Geburt eines jeden Menschen und selbst eines jeden Gottes werfen und deuten sie die Runen, und sie walten auf diese Weise dessen Schicksal. Sie lenken das Schicksal nicht, sie walten es nur. Sie könnten die Mutter der Runen sein.

Runen sind aber in erster Linie Ideogramme, Begriffszeichen, hinter denen Ideen stehen, nicht nur Buchstaben. Will man sie wirklich begreifen, so muß man sie zuerst ideographisch analysieren, das heißt, auf ihre grundlegende Idee hin untersuchen. Man könnte die nötige Analyse auch hieroglyphisch und hagiographisch nennen, denn die Runen sind als Bilderschrift dunkel und rätselhaft, und ihre Deutung erfordert auch Kenntnisse der Götterlehre.

Die nordische Runenreihe, FUTHORK, besteht aus 16 Runen, welche weitgehend einstäbig sind. Ihre Analyse ist aus diesem Grund einfacher als die der gemeingermanischen Runenreihe, FUTHARK, die 24 Runen umfaßt und bei der die Einstäbigkeit der Runen nicht überwiegt. Wie gesagt, Odin kannte und nannte 18 Runen. Guido von List aus Wien (1848 – 1919) fügte daher der nordischen Reihe zwei weitere Runen hinzu, als er 1908 als erster auf den Zusammenhang zwischen Runen und Edda hinwies und damit die esoterische Runenkunde begründete. Leider identifizierte er die 18. Rune unter anderem mit dem Hakenkreuz, das in Wirklichkeit keine Rune ist. Dies tat er wohl aus dem völkischen Eifer seiner Zeit. Diese Tatsache wollen ihm manche bis heute nicht verzeihen und machen ihn gar mitverantwortlich für das Dritte Reich. Solche Behauptungen sind selbstredend völlig überzogen und ganz und gar falsch.

Eine vollständige ideographische Analyse der Runen ist bis heute nicht erfolgt. In meinem »Buch der Runen« (München 1985) habe ich vieles dazu gesagt, Analyse und Synthese sind im großen und ganzen bereits dort vorhanden, jedoch nicht systematisiert. Solches habe ich auch hier nicht vor, hier soll nur eine kurze Einführung in die Idee der Ideographie der Runen, in ihre Deutung als Sinnbilder, folgen. Fest steht, daß ohne solche Vorgehensweise die Runen nicht wirklich begriffen werden können. Was wir dazu brauchen, ist lediglich das Runenmandala, das aus Runenmatrix und Runenpatrix besteht. Vater und Mutter der Runen aber haben wir gerade eben identifiziert.

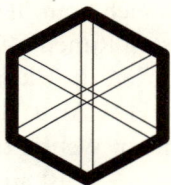

TUL

TUL ist die Runenmatrix, die Mutter der Runen. Es ist das Sechseck. Es gibt nur drei Runen, nämlich TYR, UR und LAF, welche außer dem senkrechten Stab nur Teile der Mutter enthalten. Sie sind ideographisch die ältesten Runen (10000 Jahre alt) und führen nach Atlantis zurück. Daher der Name TUL = Thule = Atlantis. TUL ist TYR-UR-LAF = Treue-Ur-Leben. TUL bedeutet also die Treue zum Ursprung des Lebens. Treue zu Atlantis. Ob Atlantis dabei den versunkenen Kontinent im Ozean oder einen fremden Stern im Universum bedeutet, spielt nur eine zweitrangige Rolle. Gemeint ist vielmehr die treue Überlieferung einer lebendigen, in Raum und Zeit verschollenen Tradition. Hierfür steht das Code-Wort Atlantis. Wer es begreift, für den steht hinter dem Code-Wort Atlantis der Tabu-Begriff Treue-Ur-Leben. Und für den Runenmagier wird aus dem Tabu-Begriff Treue-Ur-Leben der geheime Name TUL oder Thule, der nicht leichtfertig auszusprechen ist.

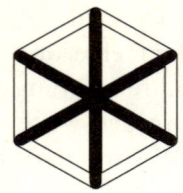

HAGAL

HAGAL ist der Runenpatrix, der Vater der Runen. Es ist der Sechs-stern. Es gibt neun Runen, welche nur Teile des Vaters enthalten. Sie sind ideographisch die jüngsten Runen (4000 Jahre alt) und führen in die Zeit der arischen Eroberungen zurück. HAGAL ist Odin als Allvater, der alle neun Welten erreicht. HAGAL ist der Weltenbaum mit Stamm, Wurzel und Krone, der alle neun Welten zusammenhält. Als Hag hegt und pflegt HAGAL das All. HAGAL ist auch der Kristall, der Krist im All. Und HAGAL ist Heil und Hagel, die Rune der Heiligen und Hexen.

Wenn sich Vater und Mutter vereinigen, entsteht das Runenman-dala. Patrix + Matrix = Mandala. Es ist das Sechseck mit dem eingezo-genen Sechsstern. Das Runenmandala enthält alle 18 Runen als Teile. Umgekehrt ergibt die Summe aller 18 Runen das Mandala. Drei der 18 Runen sind enger mit der Mutter verwandt und älter (die Thule-Runen), neun sind enger mit dem Vater verwandt und jünger (die Hege-Runen). Die übrigen sechs Runen liegen sowohl verwandtschaft-lich als auch zeitlich im Zwischenbereich. Der Weltenbaum war zur Zeit der Thule-Runen eine Eibe, in der Zwischenzeit eine Birke, zur Zeit der Hege-Runen eine Esche. Heute ist er nur noch die Eiche.

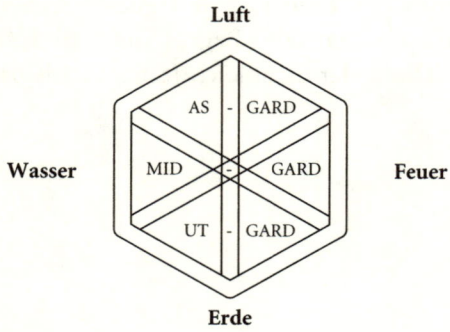

Oben	Asgard	Himmel	Kopf	Geist
Mitte	Midgard	Erde	Oberkörper	Seele
Unten	Utgard	Hölle	Unterleib	Körper

Oben	Luft	Hell
Rechts	Feuer	Männlich
Links	Wasser	Weiblich
Unten	Erde	Dunkel

Wenn wir die Runen begreifen wollen, müssen wir uns im Runen-mandala, das gleichzeitig der Garten der germanischen Götterlehre ist, ein wenig orientieren. Oben ist Asgard, der Garten der Asen, die ja Luftgötter sind. Denken Sie nur an Wotans Wilde Jagd! Während oben hell ist – tagsüber leuchtet die Sonne, nachts leuchten Mond und Sterne -, ist unten die dunkle Erde. Der senkrechte Stab (IS-Rune) ver-bindet den Mittelpunkt der Erde mit dem Polar- oder Nordstern, ist aber gleichzeitig auch die Wirbelsäule des Menschen und der Stamm des Weltenbaumes. Unten in der dunklen Erde ist Utgard, der untere Garten. Hier befindet sich das germanische Totenreich Hel (christlich Hölle), hier herrscht und haust Hel, die Göttin der Unterwelt, mit ihrem Totendrachen und Höllenhund.

Wenn Runen gestürzt, das heißt auf den Kopf gestellt werden, wechseln sie ihre Polarität zwischen Ober- und Unterwelt. Rune bleibt Rune, doch eine Sturzrune betont auch die jeweils andere Hälfte der Welt.

In der Mitte des Mandalas und des Gartens liegt Midgard, der mitt-lere Garten, auch Mittelerde genannt. Hier leben die Menschen, und hier ist auch das Herz dieses Universums. Die linke Seite von Mittel-erde ist wäßrig und weiblich, die rechte Seite ist feurig und männlich.

Wenderunen (Rune nach links oder nach rechts gewendet) betonen die jeweilige Hälfte der Welt beziehungsweise des Mandalas. Ein Beispiel: Die Rune FA steht unter anderem für die Wanengötter Frey und Freya. Steht FA links gewendet, ist sie mehr weiblich und stellt Freya dar. Rechts gewendet ist die Rune mehr männlich und stellt Frey dar. Rune bleibt Rune, doch Wenderunen betonen die männlich-weibliche Polarität.

Eine ausgezeichnete Orientierung im Runenmandala ermöglicht die bekannte Lehre von den sieben Chakras. Die Chakren (Räder) sind Kraft- und Energiezentren oder -wirbel, welche sich entlang der Wirbelsäule befinden und den Energiefluß im menschlichen Organismus regulieren. Das erste (unterste) Chakra befindet sich unterhalb des Körpers und verbindet den Menschen mit dem Erdmittelpunkt. Das letzte (oberste) Chakra ist oberhalb des Körpers und verbindet den Menschen mit dem Polarstern. Das tibetische System faßt die beiden oberen und unteren Chakras jeweils zusammen und spricht so von nur fünf Chakras. In Runen gesprochen haben wir die IS-Rune vor uns, die gleichzeitig der Stamm des Weltenbaumes, die Weltensäule und die Wirbelsäule des Menschen ist. Damit haben wir eine fünffache vertikale Unterteilung des Runenmandalas erreicht. Im Zentrum des Ganzen ist das Herzchakra. Es ist das Symmetriezentrum des Mandalas. Von hier ausgehend erkennt man, daß einerseits Hals- und Nabelchakra, andererseits Augen- und Sexchakra symmetrisch zusammenhängen und zusammenwirken. Es handelt sich jedenfalls um polare Ergänzungen.

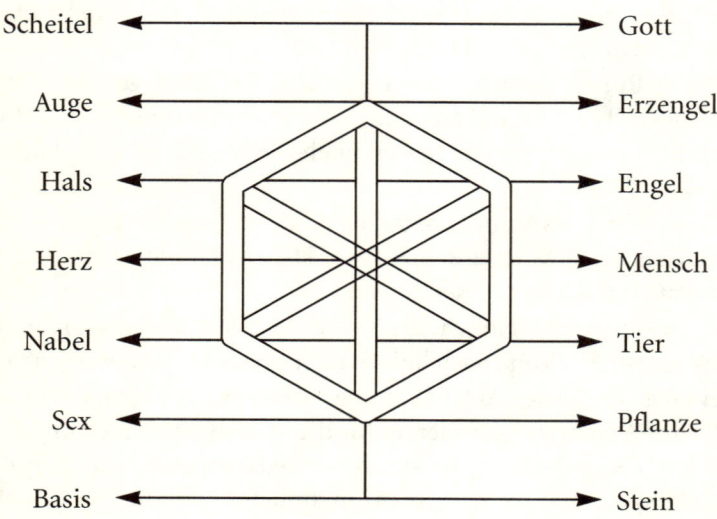

7. Scheitelchakra	Gottwesen
6. Stirnchakra	Erzengel
5. Halschakra	Engel
4. Herzchakra	Mensch
3. Nabelchakra	Tier
2. Sexualchakra	Pflanze
1. Basischakra	Mineral

Der Mikrokosmos Mensch und der Makrokosmos Welt sind gleich strukturiert – besagt das uralte Gesetz des Hermes Trismegistos. Der germanische Hermes heißt Odin, und er ist der gleichen Meinung. So entsprechen den sieben Chakras auch die sieben Evolutionsstufen der Schöpfung. Daß die Naturwissenschaft in dieser Stufenleiter beim Menschen stehenbleibt, hat nicht viel zu sagen. Es gibt auch Engel und noch höhere Wesen. Ein Engel ist sozusagen ein überbewußtes Tier. Engel träumen bewußt, wie Menschen bewußt denken (können). Für einen Engel sind Denken und Fühlen niemals Gegensätze. Der Mensch wird dann zum Engel, wenn er das Tier in sich bewußt macht und erlöst. Dann wird er auch die Tiere um sich anders behandeln und sie nur im Notfall töten oder verspeisen.

Die Götter im Garten

Wo ein Wille ist, ist auch ein Weg. Wo ein Wili ist, ist auch ein We. Und ein Wotan. Die drei Asen und Brüder Wotan, Wili und We erschufen die Menschen; den ersten Mann, Ask, schufen sie aus dem harten Holz der Esche, die erste Frau, Embla, aus dem weichen Holz der Ulme. Nachdem das Christentum den germanischen Göttern zugesetzt hatte, das Volk aber seine Götter nicht hergeben wollte, mußten die alten Götter in den Untergrund gehen. Ihre Namen wurden *verkalt,* das heißt verhehlt, mit einem Decknamen genannt, den der nicht Eingeweihte nur schwer deuten konnte.

Der Hase, den man auch den Grauen nennt, ist der H-Ase, der Hohe Ase, und steht also in diesem Zusammenhang für Odin mit seinem grauen Mantel. Der Hase galt schon immer als unheimliches Tier, weil er unberechenbare Haken schlagen kann. Der Osterhase, der zu Ostern die Eier bringt, ist der Oster-Ase, der Frühlings-Ase Thor, Odins Sohn, der Asen-Thor, der Donnerer.

Odin als »Grauschimmel«

Der Esel (lateinisch *asinus,* englisch *ass*), der Grauschimmel, ist ein weiterer Tabu- und Deckname für Odin. Im Mittelalter wurde zur Zeit der Wintersonnenwende in den gotischen Kathedralen die Esels-Messe gefeiert. Ein Esel wurde feierlich in die Kathedrale geführt, und man feierte zu seinen Ehren die heilige Messe. Wer hier zur Weihnachtszeit geehrt wurde, ist kein anderer als Odin. Selbst hinter Esel und Ochs an der Krippe des Jesuskindes versteckt sich der Ase Odin und der Auerochse, der Ur, Wotan.

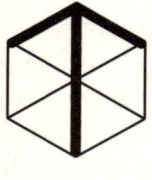

Tyr

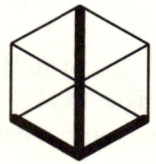

Das Tier

Der älteste germanische Gott ist der Himmelsgott Ti, Tyr, Tiu oder Ziu. Tyr geht auf die indogermanische Zeit zurück, bei den Griechen zum Beispiel hieß er Zeus. Als Hangatyr, hängender Gott, bezeichnet er den am Weltenbaum hängenden Odin. Als dieser später die Führung übernahm, galt Tyr als Odins Sohn und als Kriegs- sowie Rechtsgott.

Die Thule-Rune TYR ist die schmale Tür, die in den Himmel führt. Ihre Balken stellen das Himmelsdach dar, das Sterngewölbe. Die Speer- beziehungsweise Pfeilform der Rune weist auf den Polarstern hin, der bei den alten Germanen eben Tyr hieß. Als Ankerpunkt steht der Nordstern unbewegt am Himmel, während sich das gesamte Himmelszelt um ihn herum dreht. Für die seefahrenden Wikinger war Tyr ein *treuer* Wegweiser, der stets die Richtung nach Norden anzeigte. Treue bewies Tyr auch, als die Asen den Wolf Fenrir fesselten. Die Götter versprachen dem Wolf, ihn nach der Fesselung wieder loszubinden, doch ihr Versprechen war eine Lüge. Der mißtrauische Wolf verlangte als Pfand einen Arm in seinem Rachen. Nur Tyr war bereit, aus Treue zum gegebenen Wort seinen Arm hinzuhalten, obwohl er wußte, daß der Arm verloren war. Seither heißt er auch der Einarmige und ist Rechtsgott.

Die gestürzte TYR-Rune ist die schmale Tür, die zum Mittelpunkt der Erde führt. Dort herrscht das unterirdische Feuer. In dieser Form versinnbildlicht die Rune das Tier im Menschen und die feurige Phallus-Kraft.

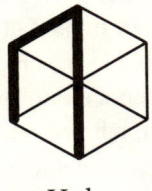

Urd

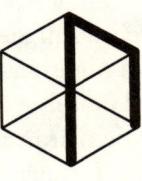

Wotan

Eine weitere Thule-Rune ist UR. Ihr Bogen (Ur-Bogen, Urd-Bogen, Bifröst = Regenbogen) verbindet die obere, mittlere und untere Welt miteinander. Wo der Bogen Mittelerde berührt, befindet sich ein Eingang in die Unterwelt, dort liegt ein Schatz begraben.

Links gewendet (weiblich) stellt die Rune Urd, die älteste Norne, die Schicksalsfrau der Vergangenheit dar. Sie war es, die in der Urzeit die Runen weitergereicht hatte an Wotan, welcher von der rechtsgewendeten (männlich) UR-Rune versinnbildlicht wird.

»Wotan, id est furor« – schrieb der christliche Mönch Adam von Bremen – »Wotan, das heißt Wut«. Tatsächlich bedeutet Wotans Name

Wut, Besessenheit, Raserei, aber eben auch Ton, Stimme, Dichtung, Dichtkunst sowie Wahrsager, Seher, Prophet. Der Name ist passend für den Gott der Krieger und Dichter. Der südgermanische Name Wotan ist älter als der nordgermanische Odin. Wie auch Tyr, geht die Rune UR (und damit Urd und Wotan = Uotan) auf Atlantis zurück.

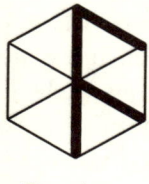

Der Ase

Odin

Die Rune OS ist die Rune der Osen (Asen) und insbesondere *des* Asen: Odin-Wotan. Links gewendet betont sie das Weibliche und stellt damit die Osinnen (Asinnen) dar, insbesondere *die* Asin: Frigg, Odins Frau. Die OS-Rune ist eine *involutionäre* Rune, ihre seitlichen Äste verlaufen von oben nach unten. Involution ist der Weg des Geistes in den Stoff, die Verstofflichung des Geistes. Die Asen sind Luftgötter, sie kommen aus dem Weltraum. Sie sind die Schöpfergötter, die gefallenen Engel, die die ersten Menschen Ask (Adam) und Embla (Eva) erschufen. Vereinfacht und einseitig ausgedrückt, vermischten sie den himmlischen Samen mit dem irdischen Blut. Ganz so einfach war dieser Vorfall natürlich nicht, doch in unserer heutigen Zeit der Gentechnik und Raumfahrt läßt sich das damalige Geschehen durchaus realistisch nachvollziehen. Dies ist der Punkt – und soweit sind wir heute – an dem die abstrakte Religion und die konkrete Wissenschaft miteinander vereint werden können und müssen. Götter in UFOs – warum nicht?

Die Rune OD (ODIL) ist Odins Rune. Sie stellt den goldenen Helm Odins dar:

>»*Auf dem Berg stand Odin,*
>*trug auf dem Haupt den Helm;*
>*da sprach Mimirs Mund*
>*wahres Weisheitswort*
>*und redete Runenkunde.*«

Der nordgermanische Name Odin hat sich aus dem älteren südgermanischen Wotan entwickelt: Wotan – Wodan – Uodan – Uodin – Odin. Während Wotan zwar auch Kriegsgott, doch noch mehr der oberste Schamane war, entwickelte sich der nordische Odin – nicht zuletzt wegen des Vordringens der Christen – mehr und mehr zum wütenden Schlachtgott, wobei er natürlich trotzdem auch Schamanengott blieb. Wuot und Od bedeuten eben eine ins Extreme gesteigerte Lebenskraft. Sie kann sich als destruktive, rasende Wut äußern, die dann auch tötet, aber auch als konstruktive, schöpferische Kraft der Inspiration, ohne die es keinen Dichter, Künstler oder Propheten geben kann. Ein guter Soldat ist ein Berserker, doch der gute Künstler ist auch nicht weniger besessen. In beiden wirkt Odin-Wotan, weshalb sie ihn denn auch als ihren speziellen Gott verehrt hatten.

Das Symbol der OD-Rune enthält (wie auch TYR) das Himmelsdach. Unter Asgards Dach finden wir die GOD- oder GIB-Rune (Schrägkreuz), welche unter anderem Göttergeschenk bedeutet. Somit bringt ODIL (GODIL) die Gabe der Götter auf Erden unter Dach und Fach.

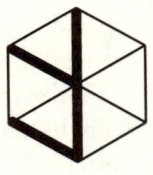

Freya

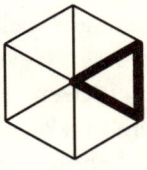

Thor

Die Rune FA ist die Rune der Wanen. Dieses Göttergeschlecht ist älter als das der Asen. Im Gegensatz zu den Luftgöttern Asen sind die Wanen mehr mit Wasser, Erde und dem unterirdischen Feuer verbunden. Die FA-Rune ist *evolutionär*, ihre seitlichen Äste streben von unten nach oben und zeigen damit die Vergeistigung des Stoffes an. FA ist die Rune der Geschöpfe und deren Entwicklung zum Geist und Bewußtsein hin. Links gewendet stellt sie Freya, rechts gewendet deren Bruder Frey dar. Sie sind Götter der Fruchtbarkeit, der Fülle, des Wohlstandes und der Liebe. Man kann es auch so ausdrücken: »Frey ist das größte Vieh, Freya ist die beste Sau.«

Während die Asen die eigentlichen Götter der alten Germanen waren, verweisen die Wanen auf die ältere Zeit der Kelten, bis hin in die Zeit der Megalith-Kulturen. Später leben dann allerdings Wanen und Asen zusammen. Anfangs ist *die* Wanin Freya mit ihrem Bruder, *dem* Wanen Frey verheiratet, später hat sie Od als Ehemann, der allerdings nie zu Hause ist. Od ist aber niemand anders als Odin. Somit ist Odin, dessen offizielle Frau Frigg ist, Freyas geheimer Mann. Aus diesem Grund fällt es schwer, zwischen Frigg und Freya zu unterscheiden.

Die Rune DOR (DORN) ist die Rune von Thor und die der Riesen (Thursen). Sinnbildlich stellt sie Thors Hammer (Mjölnir) dar. Thor hält sich meistens in Mittelerde auf, wie auch seine Rune den mittleren Bereich des Runenmandalas einnimmt. Er ist der stärkste der Götter, ein Wettergott, der große Beschützer der Menschen, der einzig allein in der Lage ist, Mittelerde vor den Riesen zu beschützen. Darum hält er sich meistens gen Osten auf, um dort »Trolle zu erschlagen«. Von den Bauern und dem Volk wurde er am meisten verehrt, mehr als Odin, vor dem die einfachen Menschen eher Angst hatten. Der starke Thor aber ist *das breite Tor* für das Volk.

Wenn man so will, sind diese verschiedenen Götter und Göttinnen nur verschiedene Aspekte des einen Gottes, der allerdings gleichzeitig eine Göttin ist. Die Vorzüge der »Vielgötterei« leuchten allerdings unmittelbar ein, wenn man bedenkt, daß auf diese Weise jeder Mensch den Gott verehren konnte, der ihm charakterlich am besten zusagte. Je nach Anlaß konnte man sogar verschiedene Götter oder Göttinnen anrufen, und helfen konnten sie schließlich alle, waren sie doch alle Götter. Eine vereinfachte Zusammenstellung der wichtigsten Götter und ihrer heiligen Bäume zeigt die Genealogie der verschiedenen Göttergeschlechter über die Zeiten hinweg:

Tyr-Ziu	Eibe	10000 Jahre alt
Frey, Freya	Birke	7000 Jahre alt
Wotan-Odin	Esche	4000 Jahre alt
Thor, Tyr	Eiche	1000 Jahre alt

Der älteste Gott Tyr kehrt zum Schluß als jüngster zurück, was beweist, daß die verschiedenen Namen die gleichen göttlichen Kräfte lediglich zeitbedingt immer wieder neu bezeichnen.

Involution und Evolution

Leben entsteht aus der Verbindung von *Samen* (männlich) und *Blut* (weiblich). Dies gilt für den Menschen, aber auch allgemein für alles Leben. Die Religionen drücken diese Tatsache so aus, daß die Himmelsgötter die Menschen (und alles Leben) aus Erde, Holz usw. formten und ihnen dann Leben einhauchten. Doch auch die Wissenschaft kommt immer mehr zur Einsicht, daß der Samen des Lebens aus dem Weltall, z. B. durch Meteorite, auf die Erde kam und sich dann hier mit der irdischen Materie (Blut) vereinigte. Es fehlt nur noch der letzte Schritt der Erkenntnis, ein Schritt, der Religion und Wissenschaft miteinander versöhnen könnte: Die Erkenntnis, daß die Götter höhere Lebewesen sind, die mit Raumschiffen auf die Erde kamen und den Menschen hier mit gentechnischen Mitteln schufen.

Die Bibel berichtet, daß die Söhne der Götter die Töchter der Erde schön fanden und diese sich zum Weibe nahmen. Aus der Vereinigung wurden Tyrannen, Halbgötter geboren. Solche Berichte finden sich auch in älteren, sumerisch-mesopotamischen Quellen, aber auch in den Legenden vieler Völker auf der ganzen Welt. In der Edda ist es unter anderem die Geschichte von Rig. Genau dieser Vorgang ist die *Involution,* die Verstofflichung des Geistes: Geistig höher entwickelte Wesen, Himmelsgötter, Luft- und Windgötter, *Adler-Götter* kommen vom Himmel auf die Erde herab und vereinigen sich mit den Geschöpfen der Erde. Die Kinder solcher Vereinigung stehen geistig nicht mehr so hoch wie ihre himmlischen Eltern, doch höher als ihre irdischen Eltern. Sie sind Halbgötter und können nicht mehr von der Erde wegfliegen, doch sie werden zu Erdengöttern, Stammeltern, Königen und Königinnen, *Schlangen-Göttern* für die Menschen. Insgesamt haben sie das geistige Niveau der Menschheit gehoben und erhöht, und genau das ist der Vorgang der *Evolution,* der Vergeistigung des Stoffes. Der Stammvater der Schlangen-Götter war laut der Bibel Luzifer, ein Adler-Gott, der vom Himmel verstoßen wurde und fortan auf der Erde als Schlangen-Gott leben mußte. Doch gab es wohl mehrere Luzifers (Lichtbringer), denn diese Vorgänge waren nicht einmalig, sondern wiederholten sich öfter im Laufe der Zeit. Endlich zu begreifen, daß in uns Involution und Evolution sich kreuzen, daß wir sowohl Schöpfer als auch Geschöpfe sind, würde für uns Menschen eine *Revolution* bedeuten, und ermöglichen, daß wir die Verantwortung für die Erde übernehmen. Sonst werden wir aussterben.

Die Beschäftigung mit den Runen kann bei solchen Überlegungen hilfreich sein, denn in den Runen finden wir sowohl die Evolution als auch die Involution wieder. Rune ist Geheimnis – geheimes Wissen, überliefert aus uralter Zeit. Freilich sind die hier behandelten germanischen Runen »nur« etwa 2000 Jahre alt, doch Runen gab es praktisch schon immer und überall auf der ganzen Erde. Sie gehen auf ältere indogermanische Zeiten zurück und noch weiter bis in die Steinzeit (Atlantis).

Vor etwa 4000 Jahren tauchte in Südrussland ein Volk mit hellhäutigen Menschen und einer indogermanischen Sprache auf: die Arier. Woher sie kamen, weiß man nicht, sehr wohl aber, wohin sie von dort gingen: Sie eroberten praktisch ganz Europa und große Teile Asiens. Im Dritten Reich wurde das Wort Arier vollständig verfälscht, indem man darunter den »Nichtjuden« verstand. Das ist natürlich völliger Unfug. Arier sind diejenigen, die eine indogermanische (arische) Sprache sprechen, wie etwa Englisch, Deutsch, Latein, Griechisch, Russisch, Persisch oder Sanskrit. Ungarn oder Finnen etwa sind keine Arier, obwohl sie auch keine Semiten (z. B. Juden oder Araber) sind. Durch den nationalsozialistischen Sprachmißbrauch ist ein großer Schaden entstanden, und dem möchte ich ein wenig entgegenwirken, indem ich hier den jüdischen Autor Zecharia Sitchin (aus seinem Buch »Der zwölfte Planet«) zitiere:

»Nach Ansicht der Wissenschaftler begab sich im zweiten Jahrtausend v. Chr. ein Volk, das eine indoeuropäische Sprache hatte und in Nordiran oder im Kaukasusgebiet beheimatet war, auf eine große Wanderung. Eine Gruppe zog nach Südosten, nach Indien. Die Hindus nannten sie Arier (»Vornehme«). Sie brachten ums Jahr 1500 v. Chr. den Weda mit. Eine andere Woge dieser indoeuropäischer Völkerwanderung wurde westwärts, nach Europa, getragen. Einige umrundeten das Schwarze Meer und gelangten über die russischen Steppen nach Europa. Aber der Weg, auf dem diese Menschen mitsamt ihrer Überlieferungen und ihrer Religion nach Griechenland kamen, war der kürzeste: über Kleinasien. In der Tat liegen manche der ältesten griechischen Städte nicht auf dem Festland, sondern an der Spitze Kleinasiens.

Wer aber waren diese Indo-Europäer, die Anatolien als ihre neue Heimat wählten? Die westliche Wissenschaft vermag nur wenig Licht darauf zu werfen.

Wieder einmal erweist sich das Alte Testament als einzige verfügbare und zuverlässige Quelle. Darin fanden die Forscher mehrere Hinweise auf die Hethiter als ein Volk, das in den Bergen Anatoliens lebte. Im Gegensatz zu den Kanaanitern und anderen Nachbarvölkern wurden die Hethiter von den Israeliten als Freunde und Verbündete betrachtet. Bath-Saba war, bevor König David sie heiratete, die Frau des Hethiters Uria, eines Obersten in König Davids Heer. König Salomo, der sich Verbündete gewann, indem er die Töchter fremdländischer Herrscher heiratete, nahm sowohl die Tochter eines ägyptischen Pharaos als auch eines hethitischen Königs zur Frau. Zu einer anderen Zeit flüchtete ein eingedrungenes syrisches Heer, als ruchbar wurde, der König von Israel habe die Könige der Hethiter und die Könige der Ägypter gegen die Syrer aufgeboten. Das zeigt, in welch hohem Ansehen die militärischen Fähigkeiten der Hethiter bei anderen Völkern im alten Vorderorient standen.«

Die arischen Hethiter und die semitischen Israeliten waren also miteinander befreundet, wenn nicht sogar verwandt. Für Annahme des letzteren spricht die Tatsache, daß sowohl die semitischen als auch die indogermanischen Sprachen flektierende (beugende) Sprachen sind. Wie die alten indogermanischen Schriften, war auch das alte hebräische Alphabet eine Runenschrift. Die hebräischen Buchstaben sind wie die Runen Begriffszeichen, sie haben Namen und Bedeutung. Zwischen germanischen und hebräischen Runen- und Götternamen bestehen bedeutsame Zusammenhänge; hierüber haben der Philosoph und Runenforscher Manfred Graf Keyserling und der Rebbe Friedrich Weinreb, ein berühmter Erforscher der hebräischen Sprache, einen interessanten Dialog geführt. Auch der Stammbaum des biblischen Noah verweist in diese Richtung: Während Noahs Sohn Schem als Stammvater von Juden und Arabern gilt, stammen die Indogermanen möglicherweise von Noahs Sohn Japhet ab. Wie auch immer, am

Ende stammen alle Menschen laut der Bibel von Adam ab, und den haben vielleicht Außerirdische durch Genmanipulation erschaffen.

Das Sanskrit-Wort Arier bedeutet Vornehme, Edle – die Arier waren die *Adler-Menschen,* ihre Götter die Himmels- oder Adler-Götter. Der Adler ist ein edler Vogel, aber eben auch ein Raubvogel. Die großen Eroberungen der Arier in ganz Eurasien waren wohl deshalb so erfolgreich, weil ihre männlich orientierte Gesellschaft mehr Freude am Kampf hatte als die von ihnen besiegten mehr weiblich ausgerichteten Gesellschaften, welche weniger kriegerisch und mehr am friedlichen Leben interessiert waren. Mit dem arischen Sieg besiegelten die Männer ihre Weltherrschaft, und wenn man genau hinschaut, wird man leicht bemerken, daß die Arier auch heute noch die ganze Welt beherrschen. Allerdings regt sich immer mehr Widerstand.

Die Rune der Arier ist die AR-Rune, die ihrer Götter, der Adler-Götter, ist die Rune OS – beide involutionäre Runen. AR, Arier und Adler-Menschen sind »Söhne« von OS, Asen und Adler-Göttern. Die Parallelen in Religion und Weltanschauung der germanischen und indischen Arier sind auffallend: Die Germanen nannten ihre Götter Asen, die Inder u.a. Asura. Odin und Indra schenkten ihren Auserwählten eine Wunderdroge (Dichtermet oder Soma), zur VA-Rune gehört auch Varuna. Bei den Germanen brachte der Luftgott Wotan (Odin) den Menschen Runen und Schrift, bei den Indern galt der Windgott Watan als Erfinder des ersten Alphatets, das wie die Runen eine Begriffsschrift war und ebenfalls Watan hieß. Die Weisheit der germanischen Arier findet sich in der Edda, die der indischen Arier im Weda. Die Namen Wotan, Watan, Weda, Edda – in Edda ist das W verschwunden wie Wotans W in Odin – gehen auf die indogermanische Wurzel WD bzw. WT zurück, die sowohl Weisheit als auch Wut bedeutet. Hier sind Götter und Wissen von Weisen, Dichtern und Kriegern zu erkennen, von Odins Gefolgsleuten eben.

Die Schlange ist keineswegs so schlecht und böse, wie sie in der Bibel einseitig dargestellt wird. Sie besitzt große Weisheit und große Lebenskraft, und sie ist Hüterin der Geheimnisse von Lebensenergie und Sexualität. Adler und Schlange sind nicht nur Feinde, sie sind auch konstruktiv sich ergänzende Gegensätze einer Polarität zwischen Himmel und Erde.

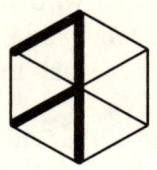

Adler-Götter:
Asen und Asura

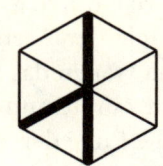

Adler-Menschen:
Arier und Arbeiter

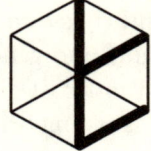

Schlangen-Götter:
Wanen und Varuna

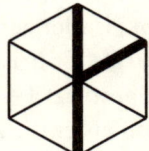

Schlangen-Menschen
Könige und Gen-Techniker

Als Luzifer vom Himmel auf die Erde fiel, wurde er verbannt und durfte nicht mehr zurückkehren. Aus dem Adler wurde die Schlange. Dafür hat er den Menschen Feuer und Licht gebracht. Die Schlange hat aber immer noch ihre Flügel, sie ist eine geflügelte und *gefiederte Schlange,* und sie wird eines Tages wieder Adler werden und in den Himmel zurückfliegen.

Stürzt man die Adler-Runen OS und AR – stellt man sie auf den Kopf -, entstehen die Schlangen-Runen FA und KAN. Diese sind evolutionäre Runen, die sich entwickeln und fortzeugen können. FA oder VA sind Feuer oder Vater, KAN ist Können: Der Vater kann Feuer machen. Das Feuer fällt vom Himmel auf die Erde und wird hier gehütet, oder es kommt aus dem Inneren der Erde. Nach der germanischen Mythologie gab es am Anfang nur Feuer und Eis. Der untere seitliche Ast der FA-Rune stellt die Sexualkraft dar (siehe Runenmandala), hier unten ist die Kundalini-Schlange, welche die Lebenskraft ist und nach oben strebt. Was beim Mann die Zeugungskraft ist, ist bei der Frau die Empfängniskraft. Während FA zeugen (oder empfangen) muß, muß

OS *überzeugen:* durch Wort oder Gewalt. Hieraus wird verständlich, daß die Magie der Asen das Galdwerk war: Wort- und Blutmagie, während die Wanen das Seidwerk beherrschten: Sexual- und Drogenmagie. Odin kannte und konnte beides.

FA ist die Rune der Wanen. Die Wanin Freya, die Schlangen-Göttin, war die größte Magierin des Seidwerks. Ihre Begleittiere waren Katzen, aber auch der Falke, denn die Schlange konnte noch fliegen. Die Katze entspricht in der Symbolik der Schlange, wie auch der Hahn (der H-Ahn, der Hohe Ahn) dem Adler entspricht. Freya reitet auch gerne auf dem Eber, und ihr Falkengewand leiht sie gelegentlich dem Loki aus. Loki ist der germanische Luzifer: Lichtbringer und Verführer. Dieser gestürzte Gott ist auch ein Schlangengott und gehört zur FA-Rune (auch gestürzt LAF = FAL). Eins seiner Kinder ist die Midgardschlange, und als er die Asen endgültig aus der Fassung bringt, bestrafen ihn diese mit Schlangengift. Loki ist ein Feuergott, die Wanen sind Erd-, Wasser- und Feuergötter. Obwohl sie alle keine Luftgötter mehr sind, können sie alle noch fliegen, denn sie sind geflügelte Schlangen und kommen möglicherweise – wie alle Götter – aus dem Weltraum.

Am Anfang waren also alle Götter im Himmel, sie schwebten in den Lüften – oder flogen im Weltall. Auf der Erde war nur *die Göttin,* doch sie war die Erde selbst, das Blut der Erde. Der Samen war noch im All. Als die gestürzten Götter und die gefallenen Engel vom Himmel auf die Erde fielen – oder, wenn Sie so wollen, als die Astronauten-Götter auf der Erde landeten -, richteten sie sich auf der Erde ein, sie gründeten Kolonien. Die anderen Adler-Götter waren immer noch im Himmel – sie waren im Orbit. Manchmal besuchten auch sie die Erde, doch nur für kurze Zeit. Auch die Schlangen-Götter fuhren manchmal in den Himmel zu Besuch – nicht alle, Luzifer zum Beispiel war verbannt und durfte nicht -, doch sie lebten auf der Erde, sie sind Erdgötter geworden. Nur selten bestiegen sie ihre Raumfähren und starteten zum Mutterschiff. »Es waren auch zu den Zeiten Tyrannen auf Erden; denn da die Kinder Gottes zu den Töchtern der Menschen eingingen und sie ihnen Kinder gebaren, wurden daraus Gewaltige in der Welt und berühmte Männer.« (1.Mose 6.4.)

Die Rune KAN ist das »Kind« der FA-Rune. Die Söhne und Töchter der Schlangen-Götter, die sie mit den Töchtern der Erde zeugten, waren Halbgötter: Tyrannen und Gewaltige. Die KAN-Rune ist die Rune des Kenners, des Könners und der Könige. Die Schlangen-Götter führten auf Erden das Königtum ein und setzten ihre Söhne und Töchter als Könige und Königinnen ein – für diese steht die Rune KAN. Dieses Vorgehen wurde mit den Adler-Göttern im Orbit besprochen, und sie waren einverstanden. Lange Zeit ist es her …

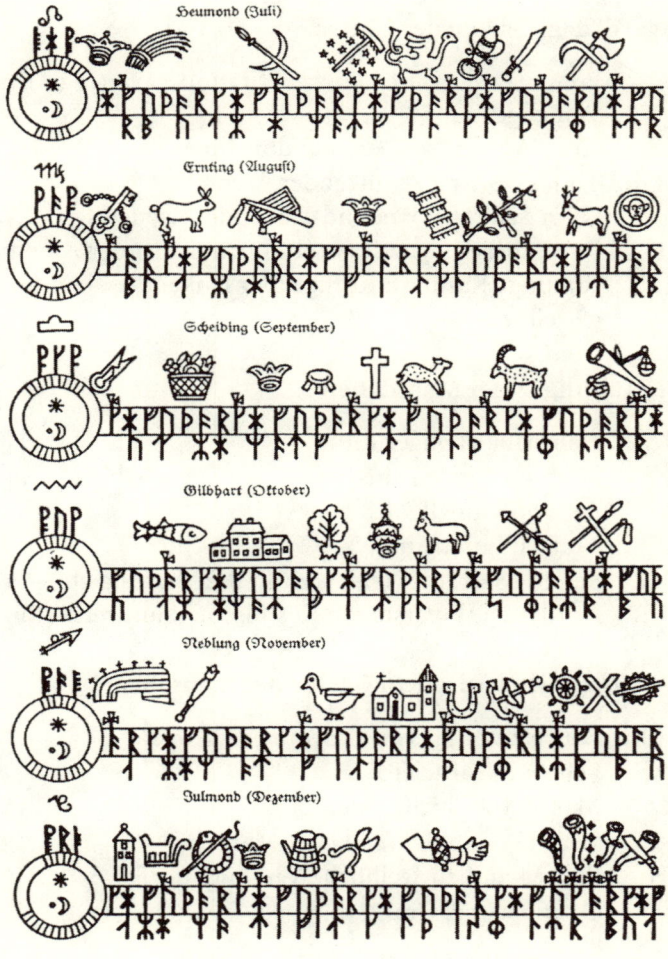

Stabkalender aus dem 18. Jahrhundert

Die Hierarchie der 18 Runen

Die 18 Runen des FUDORK stehen in einer bestimmten Reihenfolge, welche viele Rätsel aufgibt. Die hier vorgestellte Tabelle stammt von Manfred Keyserling. Sein Entwurf wurde nur geringfügig verändert (gekürzt und ergänzt).

In Asgard, dem Garten der Götter

1	FA	Frey (Fro) und Freya (Fraue): Wanengott und Wanengöttin
2	UR	Urd (Wyrd): Norne am Urdbrunnen
3	DOR	Thor (Donar): Schützender Asengott
4	OS	Odin (Wotan): Weisend-lenkender Asengott
5	RIT	Rig: Ständezeugender und sippenordnender Asengott
6	KAN	Konung (Kuning): Königlicher lenkend-waltender Eingeweihte

Götterwaltung in der Menschheit

7	HAG	Halgarita: Heiliger Ritus
8	NOT	Nothilfe: Sippenritus
9	IS	Ich: Individueller Ritus
10	AR	Ararita: Ehrenritus
11	SIG	Sigurd (Sigfrid): Held, verhilft der Waltung zum Sieg
12	TYR	Nordstern (Polarstern): Kosmische Raumzeitwaltung

In Midgard, Mittelerde, dem Garten der Menschen

13	BAR	Bauer und Bäuerin: Erdenmenschenpaar
14	LAF	Leben: In Mittelerde
15	MAN	Mann: Männlicher Mensch
16	YR	Weib (W-Eibe): Weiblicher Mensch
17	EH	Ehe: Männlich-weibliche Vereinigung
18	OD	Offenbarung: Gral

Die Ordnung des FUDORK läßt Zusammenhänge erkennen, die auf die Zeit vor 10000 Jahren zurückgehen, in die Zeit des Untergangs von Atlantis. Die Zeugen aus Atlantis, aus dem Ur-land, verstecken sich hinter der Thule-Rune UR: die drei Nornen Urd, Werdandi und Skuld am Urdbrunnen. »Sie schnitten ins Scheit, Lose lenkten sie, Leben koren sie Menschenkindern, Männergeschick.« Diese Schicksalsfrauen besaßen über das Schicksal der Menschen ein Wissen, das dem der Götter überlegen war. Selbst über das Schicksal der Götter wußten sie Bescheid. Das geheimnisvolle Wissen der Urd-Schwestern muß ein Urwissen aus Atlantis gewesen sein, das die Nornen an Wotan weitergaben, als dieser die Runen fand.

Die drei Thule-Runen TYR+UR+LAF=TUL verweisen auf atlantische Geheimnisse: TYR, der Nordstern, und nicht die Sonne stand im Mittelpunkt der Thule-Kosmologie. LAF deutet darauf hin, daß das Leben in Mittelerde aus Thule-Atlantis stammt.

Die 18 Runen des FUDORK bilden drei Gruppen von je sechs Runen. Zahlensymbolisch interessant: 18=6+6+6 und 666 ist die Zahl des Tieres und der Illuminaten. Diese drei Gruppen ergeben eine hierarchische Ordnung der Runen.

In der ersten Gruppe (Runen 1-6) befinden wir uns in Asgard, im Garten der Asen. Hier leben die atlantischen Götter (UR), die Wanengötter (FA) und die Asengötter (DOR, OS, RIT). Halbgötter (KAN) sind regelmäßig zu Besuch da. Von hier aus regieren sie weisend, lenkend und waltend die Welt.

In der dritten Gruppe (Runen 13-18) sind wir in Mittelerde, wo die Menschen leben. Es ist eine bäuerliche (BAR), eng mit dem Boden verbundene Welt des Nährstandes. Mann (MAN) und Frau (YR) leben (LAF) zusammen (EH), und manchmal entdecken sie ein Geheimnis (OD).

Die Oberschicht (Wehr- und Lehrstand) dieser ländlichen Gesellschaft von Midgard, die Krieger (SIG), Priester (HAG), Edlen (AR) und Weisen (TYR), finden wir in der mittleren Gruppe (Runen 7-12). Hier findet die Begegnung zwischen Göttern und Menschen statt, hier wird das Göttliche in der Menschenwelt verwaltet.

»Einst ging, sagt man, grüne Wege ein kluger Ase, kräftig und alt, gewaltig und kühn, der Wanderer Rig.« Rig (RIT) zeugt mit Menschenfrauen Söhne, Halbgötter also. Sein Sohn Jarl ist König (KAN) in Mittelerde. Ein anderer Halbgott ist Sigurd (SIG) aus Wotans Geschlecht, der mit Hilfe seiner übermenschlichen Kraft den Willen der Götter auf Erden durchsetzt.

Was wollen die Asen? Es sieht so aus, als wollten sie unter anderem auch eine sittlich-moralische Erhöhung im menschlichen Bewußtsein durch Einführung von Ritualen erreichen. Darauf deuten die Runen HAG, NOT, IS, AR. Hinter der Thule-Rune TYR (Nordstern) versteckt, hüten die Weisen das atlantische Geheimnis des Kalenders und die Kunst, sich bei der Seefahrt an den Sternen zu orientieren.

In einem anderen Szenario, immer noch in der Zeit vor 10000 Jahren, kreist das Raumschiff Asgard im Orbit um die Erde. An Bord sind die Asen, Außerirdische, die von den Menschen auf der Erde als Götter verehrt werden. Der Kapitän ist Odin (OS, der Vierer, der Führer, der Feuerer), Thor (DOR, der Dreier, der Dreher) ist Erster Offizier. Den Urd-Schwestern (UR) sieht man noch ihre reptoide Abstammung an. Frey und Freya (FA) sind die Gen-Techniker an Bord. Sie leiten die gentechnischen Experimente, die zur Zeit mit den Erdenmenschen durchgeführt werden. Rig (RIT) war vor Jahren als Samenspender eingesprungen, sein mit einer Menschenfrau *in vitro* gezeugter Sohn, Halbgott und Gottkönig (KAN) bei den Menschen unten auf der Erde, ist ebenfalls an Bord, um Instruktionen zu empfangen.

Die Menschen werden hauptsächlich als Arbeitssklaven eingesetzt, um zum Beispiel für die Außerirdischen Gold zu schürfen oder riesige Steinbauten zu errichten. Doch die Götter haben auch Mitleid mit ihren gentechnisch manipulierten Kinder-Geschöpfen und versuchen, ihnen Zivilisation, Wissen und Kultur beizubringen. Die Übermittlung erfolgt durch die Mischlinge, Halbgötter und Gottkönige (SIG, KAN) für die Menschen, sowie durch Ausgewählte aus dem Wehr- und Lehrstand (HAG, AR, TYR).

Eines Tages waren das Raumschiff aus dem Orbit und die Götter von der Erde verschwunden. Die Menschen blieben sich selbst überlassen und warten bis heute auf die Wiederkunft der UFOs.

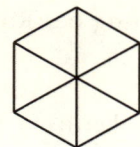

Das *Abecedarium Nordmannicum* ist ein Runenlied, ein Merkgedicht für die Reihenfolge der Runen im FUDORK. Es stammt aus dem 8. Jahrhundert, wurde im 9. Jahrhundert von Walahfrid Strabo, Abt im Kloster Reichenau im Bodensee, aufgeschrieben und befindet sich als Teil eines Manuskripts in der Stiftsbibliothek St. Gallen:

1   Feu (FA) forman.
2   Ur (UR) after.
3   Thuris (DOR) thritten stabu.
4   Os (OS) ist himo oboro.
5   Rat (RIT) endost ritan.
6   Chaon (KAN) thanne cliuot.
7   Hagal (HAG) Naut (NOT) habet.
8   Is (IS). Ar (AR und EH) endi Sol (SIG).
9   Tiu (TYR). Brica (BAR) endi Man (MAN) midi.
10 Lagu (LAF) the leotho.
11 Yr (YR) al bihabet.

Das Gedicht wurde von Karl Wolfskehl wie folgt übersetzt:

1   Viehstand (FA) vorne.
2   Urochs (UR) andringt.
3   Thurs (DOR) dräut am dritten Stab.
4   As (OS) der ist ihm über.
5   Rad (RIT) am Ende ritzt.
6   Knistern (KAN) daran klebt.
7   Hagel (HAG) die Not (NOT) hegt.
8   Eis (IS). Anfang (AR und EH) und Sonne (SIG).
9   Tiu (TYR). Birke (BAR) und Mann (MAN) inmitten.
10 Lache (LAF) die lichte.
11 Yr (YR) enthält alles.

Und nun eine freie Übersetzung des Runenliedes im Sinne unseres Weltraum-Szenarios:

1 Freya (FA), die Gentechnikerin an Bord der Asgard, leitet das Experiment.

2 Urd (UR), die atlantische Expertin mit einschlägigen Erfahrungen (Spezialgebiet: Kreuzung von reptoiden und humanoiden Lebensformen) dient als Beraterin.

3 Thor (DOR), der Dritte im Stab, Erster Offizier der Asgard, ist für die Sicherheit verantwortlich.

4 Der Ase (OS), Odin, als Kapitän der Asgard Thors Vorgesetzter, ist ebenfalls dabei.

5 Rig (RIT), der bereits früher an ähnlichen Versuchen beteiligt war, ist das letzte Mitglied im Team der Außerirdischen.

6 Konung (KAN), Sohn des Rig und einer Menschenfrau, König unter den Menschen, klebt an den Fersen seines Vaters.

7 Der heilige Ritus (HAG) ist schicksalhaft (NOT) für Gott und Mensch.

8 Ich (IS). Durch gentechnisch vergrößerte Großhirnmasse soll dem Menschen zu mehr Bewußtsein verholfen werden. Arbeitskraft (AR) und Ehrgefühl (EH) sollen durch weitere genmanipulative Methoden erhöht werden, wie dies bei gelungenen Mischlingen, wie etwa bei Sigurd (SIG), bereits der Fall ist.

9 Nordstern (TYR). Die Asen kommen aus der Gegend des Polarsterns, aus dem Sternbild des Schwans. Auch ihre wissenschaftlichen Techniken kommen von dort, und diese sind erfolgreich. Der neue Mensch (MAN) wird geboren (BAR).

10 Er erblickt das Licht der Welt (LAF). Es ist ein Mädchen.

11 Das Weib (YR) hat alle Eigenschaften, die das Team wollte. Das Experiment ist gelungen.

Über die Autoren

Die Autoren leben in Konstanz am Bodensee. Zoltán Szabó kam entlang des 48. Breitengrades vom Osten und ging nach dem Westen, Ingrid Szabó kam entlang des 9. Längengrades aus dem Norden und ging in den Süden, bis sie sich 1976 im Südwesten Deutschlands trafen. Dieses Buch ist ihr erstes gemeinsames Buch. Zoltán Szabó ist als Astrologe tätig, von ihm sind bereits folgende Bücher erschienen: *Astrologie der Wandlung*, München 1985, *Buch der Runen*, München 1985, *Astrologie des Schwanes*, St. Gallen 1990. (Neuausgaben der beiden letztgenannten Titel sind im Jahr 2001 bei NEUE ERDE geplant.)

Runenwissen aus der Quelle

Neben dem skandinavischen und dem isländischen Runengedicht, die wesentlich jüngeren Datums sind, gibt es das »Altenglische Runengedicht«, und diese Quelle ist eine der wenigen, die uns etwas über die Bedeutung der Runen sagen.

Diese Quelle ist es auch, die diesem Buch zugrunde liegt. Die bildhaften Runenverse bilden den Ausgangspunkt für acht Orakelspiele, die in ihrer Vielschichtigkeit und Aussagekraft zunehmen. Auch jene, die bisher noch keinen Zugang zu den Runen gefunden haben, werden hier lernen, die Runen als Hilfsmittel zu nutzen, um die Schicksalsfäden klarer zu erkennen und so die eigene Zukunft zu gestalten.

Marijane Osborn & Stella Longland
Rune Games – Macht und Geheimnis der Runen
256 Seiten, Paperback
ISBN 3-89060-402-2
Neue Erde

Das Buch gibt es auch als Set mit 30 Runensteinen aus Holz.
Buch wie oben
30 Runensteine + Baumwollbeutel
ISBN 3-89060-404-8

Das Runenset mit Runen aus echtem Holz

Endlich gibt es sie, auf die viele seit Jahren warten: Runenorakel-»Steine« aus echtem Holz mit Gravur. Dazu ein kleines Buch, das ohne viel Ballast einen schnellen Einstieg in die Kunst des Runenwerfens vermittelt.

Was bisher fehlte, waren »Steine«, die handlich sind und aus natürlichem Material, angenehm anzufassen und mit fertiger Gravur. Hier sind sie endlich! 25 etwa daumenkuppengroße, mandelförmige Holzscheiben, die sich zum Werfen und Ziehen eignen.

Dazu gibt im Buch eine Anleitung für das Werfen oder Ziehen des Orakels und die Deutungen der einzelnen Runen, die eine Auslegung des Orakels ermöglichen. – Buch und Runen werden zusammen mit einem Beutel im Schuber geliefert.

Heike Schmidt
Das Runen-Orakelset
Buch: Pb., ca. 120 Seiten, 14 x 21 cm
+ 25 Runen aus Holz und Baumwollbeutel
im Papp-Schuber
ISBN 3-89060-419-6

Auf Wunsch senden wir Ihnen gerne unser aktuelles Verlagsverzeichnis kostenlos zu. Schreiben Sie an:

Neue Erde
Rotenbergstr. 33
D-66111 Saarbrücken

Fax 0681 - 390 41 02

Außerdem halten wir eine ausführliche 4-Farb-Broschüre mit 48 Seiten für Sie bereit: »*Geomantie & Tiefenökologie*«. Wenn wir Ihnen das zuschicken dürfen, senden Sie uns hierfür bitte die Schutzgebühr von DM 3,00 inkl. Porto an die obige Adresse.